Ciudadanas incapaces

VERÓNICA GIORDANO

Ciudadanas incapaces

La construcción de los derechos civiles de las mujeres en Argentina, Brasil, Chile y Uruguay en el siglo XX

teseo

Instituto de Estudios de
América Latina y el Caribe

Giordano, Verónica
Ciudadanas incapaces : la construcción de los derechos civiles de las mujeres
en Argentina, Brasil, Chile y Uruguay en el siglo XX . - 1a ed. - Buenos Aires :
Teseo, 2012.
304 p. ; 20x13 cm. - (Ensayo)
ISBN 978-987-1859-07-8
1. Ciudadanía. 2. Derechos Civiles. 3. Mujeres. I. Título.
CDD 323

Instituto de Estudios de
América Latina y el Caribe

teseo

© Editorial Teseo, 2012

Buenos Aires, Argentina

ISBN 978-987-1859-07-8

Editorial Teseo

Hecho el depósito que previene la ley 11.723

Para sugerencias o comentarios acerca del contenido de esta obra,
escríbanos a: **info@editorialteseo.com**

www.editorialteseo.com

Índice

AGRADECIMIENTOS

Este libro recoge y amplía la investigación de tesis para el Doctorado en Ciencias Sociales de la Universidad de Buenos Aires presentada en 2007. La misma estuvo dirigida por Waldo Ansaldi y Dora Barrancos. A ellos, mi gratitud y reconocimiento, en especial por la generosidad con la que transmiten y legan su trabajo a las generaciones que venimos tras ellos.

Quiero expresar, también, un especial reconocimiento a mis compañeros y colegas de Historia Social Latinoamericana, curso en el cual he enseñado desde 1993 y que ha sido para mí una verdadera usina de ideas. En particular, quiero agradecer a Mónica Alabart, Mara Burkart, María Soledad Catoggio, Inés Nercesian, Julieta Rostica y Lorena Soler, porque juntas hemos construido un espacio de trabajo que me ha dado muchas satisfacciones. Y a Adriana Valobra, con quien compartí espacios de reflexión que me ayudaron a dar forma y contenido a este libro.

Asimismo, quiero expresar mi gratitud hacia los tantos alumnos de grado y de posgrado con quienes he compartido aulas, porque esta investigación es también producto de un proceso de maduración que se ha alimentado de ese intercambio.

A Santiago y a Francisco, por todo.

PALABRAS INICIALES

Cuando inicié la investigación de la cual este libro es en parte resultado, mi interés era estudiar la construcción de la democracia y la ciudadanía en América Latina a partir de la observación de los derechos civiles. Mi inquietud surgía de un espacio colectivo, el proyecto "Nación, Ciudadanía y Derechos Humanos en los países del MERCOSUR", dirigido por Waldo Ansaldi y financiado por la Secretaría de Ciencia y Técnica de la UBA.

Hacía un tiempo, me había topado con algunos indicios que señalaban un camino atractivo hacia donde avanzar. A modo de ilustración, reproduzco el siguiente fragmento:

> Revisando los diarios llegados de Europa con el último vapor me ha impresionado una cosa singular, [...] he notado que los hechos relacionados con las mujeres han tomado proporciones hasta ahora ignoradas en el sistema periodístico. [...] Las mujeres, que después de todo son una bella mitad de la población, ¿qué queréis que hagan de un diario nuestro que no sea envolver bultos o emplearlo en otros usos? Se entiende que hablo de las damas gentiles y bellas, que no tienen la manía de leer las crónicas policiales para proporcionarse emanaciones terroríficas. Las mujeres que tienen tales manías no son mujeres porque me hacen el efecto de verlas fumando en pipa. Si un diario llegase a interesar a las mujeres triplicaría el número de la venta diaria y de los abonados. Este es el secreto de los diarios europeos. ("Los diarios y las mujeres", *Sud-América*, 29 de diciembre de 1886).[1]

Esta interpelación a las mujeres proviene de un diario liberal, detentor de una idea de *progreso* que se asienta sobre una noción de *orden* construida sobre principios de

---

[1]   Se trata de indicios que relevé durante mi investigación de tesis de Maestría, véase: Giordano (2003).

exclusión flagrante de género, de clase y étnica. El diario interpelaba a las mujeres en un sentido doblemente limitado: en primer lugar, limitado a la esfera del consumo; y en segundo lugar, limitado a las "damas gentiles y bellas", es decir, solo a aquellas mujeres que se acomodaban al rol social que les era asignado en el orden patriarcal. Las otras, entre ellas, las "maniáticas" y las que "fumaban pipa", eran consideradas patológicas, y en nombre de unas supuestas patologías, eran objeto de una doble exclusión.

El tema enseguida concitó mi curiosidad. ¿Cómo se relaciona la participación de las mujeres en el mercado con el desarrollo de la ciudadanía y los derechos? ¿Qué implicancias jurídicas tiene para la construcción de la ciudadanía la inclusión de las mujeres en la instancia de consumo del orden capitalista? Así comenzó a tomar forma el problema que este libro estudia: la construcción de los derechos civiles de las mujeres, precisamente por ser estos derechos los que regulan la libertad y la autonomía de las personas.

Por mi propia formación académica decidí situar el problema en Argentina, Brasil, Chile y Uruguay en el siglo XX, y abordarlo desde una perspectiva de hibridación de disciplinas (de la sociología, la historia, el derecho y los estudios de género). Desde 1995, coordino el Taller de Investigaciones en Sociología Histórica sobre América Latina en la Facultad de Ciencias Sociales (UBA). El conocimiento acumulado sobre los principales debates en el ámbito de la sociología histórica me ha permitido constatar la poca penetración de los estudios de género en esa área de estudio y me ha incitado a avanzar en el sentido de ponerlos en diálogo. La investigación inicialmente abarcó los casos de Argentina, Brasil y Uruguay, con vistas a la presentación de la tesis doctoral (Giordano, 2007b). Y desde 2008, a partir de mi ingreso como investigadora al Consejo Nacional de Investigaciones Científicas y Técnicas (CONICET), sumé el caso de Chile. Este libro recoge la investigación de tesis de doctorado y la reformula en función de los resultados obtenidos respecto de este otro caso.

A medida que avancé en la indagación pude confirmar que los derechos civiles constituyen una clave interesante para poner en cuestión la ciudadanía y su carácter procesual y conflictivo. Espero que al cabo de la lectura de este libro el interés por seguir profundizando en el conocimiento de los derechos de las mujeres sea compartido.

Introducción

Los estudios de género han producido una vastísima cantidad de material sobre derechos de las mujeres, pero han sido escasos los trabajos que se ocuparon de los derechos civiles. Más escasos aun han sido aquellos que se han detenido específicamente en las fórmulas jurídicas. En relación con estos temas, los institutos más frecuentemente estudiados han sido el divorcio y los regímenes de herencia y de acceso a la propiedad privada, y más recientemente, aspectos relativos a la libertad de decidir sobre el propio cuerpo. En general, además, la visión histórica de largos procesos y la comparación entre casos no han sido elementos asimilados.

Este libro propone abordar la construcción de los derechos civiles de las mujeres en Argentina, Brasil, Chile y Uruguay en el siglo XX desde la perspectiva de "hibridación" de disciplinas (Dogan y Pahre, 1993), en particular, la de una nueva "ola" de sociología histórica que dialoga con los estudios de género (Adams, Orloff y Clemens, 2005). En general, los intercambios entre la sociología histórica y los estudios de género se han dado respecto del Estado y las políticas del *welfare* y, en América Latina, del populismo. Pero poco se ha indagado respecto de la esfera civil del derecho.

Precisamente, la categoría género permite la visibilización y la visión de procesos históricos poco o nada evidentes en las narrativas consolidadas de cada disciplina –en este libro: de la sociología, la historia y el derecho–. Más aun, se especifica la "hibridación de disciplinas" como sociología histórica de lo jurídico.[2] De este modo, se busca

---

[2]   La expresión sociología histórica de lo jurídico está inspirada en Déloye (2004).

captar la historicidad de las relaciones entre el fenómeno jurídico y el orden político y social tanto como sus formas de constitución recíprocas.

Una sociología tal supone la aplicación de la "visión" y el "método" de la sociología histórica (Skocpol, 1991) a la investigación en el campo del derecho y de las ciencias jurídicas. Pero también supone una concepción de lo jurídico que sostiene que el fenómeno legal es un fenómeno social, y que la génesis y la configuración del derecho resultan de la correlación entre las condiciones sociales y los conflictos propios de una trama de relaciones diversas, por un lado, y del orden jurídico disponible, por el otro.[3]

Con la sanción de los primeros códigos civiles, las mujeres casadas fueron definidas como sujetos de *incapacidad* de hecho relativa. Se entiende por capacidad jurídica a la aptitud legal para ser sujeto de derechos y obligaciones. La incapacidad de hecho impide a determinadas personas ejercer por sí mismas actos jurídicos válidos, es decir, ejercer y cumplir sus derechos y obligaciones.

Las viudas y las solteras, menores o mayores de edad, en teoría, tenían la misma capacidad que el varón, pero su situación se veía disminuida por algunas incapacidades de derecho: por ejemplo, no podían ejercer tutela, o ser testigos en juicios, o no podían alcanzar la mayoría de edad al mismo tiempo que los varones. Algunas reformas, como la de Argentina de 1926 que se verá más adelante, igualaron la condición civil para las mujeres solteras, viudas o divorcias, pero no dieron el reconocimiento de la capacidad plena a las mujeres casadas.

El estatus de incapacidad de las mujeres casadas venía anudado a la noción de *potestad marital*, que suponía un conjunto de derechos que eran exclusivos del marido sobre la persona y los bienes de la esposa. Entre otras cosas,

---

[3]   Este punto se basa en algunos señalamientos de Bourdieu (1986).

el marido tenía la facultad de representar legalmente a la familia, administrar el patrimonio de la sociedad conyugal, ejercer la patria potestad sobre los hijos, establecer el domicilio legal y ejercer prerrogativas sobre el nombre de los hijos y de la esposa. En razón de tales cláusulas, las mujeres casadas no podían, sin autorización del marido: trabajar fuera del hogar, abrir cuentas bancarias, firmar contratos, solicitar pasaporte, servir de testigo en causas judiciales, entre otras acciones socialmente relevantes.

En los cuatro países que este libro estudia, las reformas que instituyeron la *capacidad civil plena* para las mujeres casadas ocurrieron en distintos momentos del período 1945-1990. En Uruguay, se promulgó la Ley de Derechos Civiles de la Mujer (Ley N.º 10.783) el 18 de septiembre de 1946, durante la vigencia de un régimen democrático de transición.[4] En Brasil, se promulgó el *Estatuto da Mulher Casada* (Ley N.º 4.121) el 27 de agosto de 1962, también bajo un régimen democrático, en este caso, tutelado por los militares.[5] En los otros dos países, la reforma ocurrió bajo un régimen de *facto*. En Argentina, con el decreto de Reforma del Código Civil (Ley N.º 17.711) del 22 de abril de 1968, durante la dictadura institucional encabezada por el general Juan Carlos Onganía.[6] En Chile, con un decreto relativo al Nuevo Estatuto de la Mujer (Ley N.º 18.802) del 23 de mayo de 1989, poco antes de convocadas las elecciones

---

[4]   Se trata de la transición del régimen terrista (por el presidente Gabriel Terra, 1933-1938) y el gobierno de Alfredo Baldomir (1938-1946) –dos presidentes que encabezaron, con distinto signo, sendos golpes de Estado en su país– a la restauración de la democracia, según la visión presentada en Frega, Maronna y Trochon (1987).

[5]   La tutela militar reiterada es un tipo de militarismo que Rouquié (1984) asigna a Brasil.

[6]   Sobre este tipo de dictadura, véase: Rouquié (1981), Garretón (1984), Quiroga (1994), y especialmente, Ansaldi (2004), quien propone la categoría "dictadura institucional de las Fuerzas Armadas".

que definieron la transición de la dictadura institucional, personalizada por el general Augusto Pinochet, a un régimen democrático "incompleto".[7]

Como es evidente, el libro abarca un proceso *largo*, que es analizado desde una perspectiva comparativa con el fin de identificar tanto las características nacionales como las regularidades entre casos. La estrategia de comparación "individualizadora" permite el despliegue del proceso histórico, mostrando las peculiaridades de cada caso (Tilly, 1991). Esto no significa abandonar por completo las pretensiones explicativas universalizadoras. De hecho, en el último capítulo, para tratar de captar las características comunes, se ha aplicado una estrategia de comparación que intenta captar la unidad del proceso ("universalizadora") (Tilly, 1991). El objetivo del libro no es, sin embargo, establecer modelos generales. Por tratarse de un tema abordado solo fragmentariamente en la literatura académica, se ha optado por una estrategia que pone de relieve la temporalidad del proceso... las sincronías y las asincronías; la unidad pero también las contradicciones. Esta mirada atenta a la acumulación histórica está guiada por dos proposiciones de Tilly (1991: 28): "El *cuándo* pasan las cosas dentro de una secuencia afecta al *cómo* ocurren", y "toda estructura o proceso constituye una serie de posibilidades de elección".

El largo proceso puede periodizarse del siguiente modo: un primer bloque que corre entre 1900 y 1945; y un segundo bloque que se inicia con la "democracia interamericana", esto es, en aquel simbólico año 1945, y finaliza en 1989, con el fin de la "era bipolar". El primer corte coincide con el surgimiento y desarrollo del primer feminismo y de varios antecedentes legislativos acerca de la condición jurídica de las mujeres; y el segundo coincide con la sanción

---

[7]   Sobre este punto, puede confrontarse: Garretón (1995) y Moulián (1997).

de la capacidad civil plena para las mujeres en Uruguay en 1946 y, en el otro extremo, en Chile en 1989.[8]

Therborn (1999: 110 y 2004: 73-106) propone una periodización del proceso hacia la "familia legalmente igualitaria" o de "debilitamiento del patriarcado" a la vez más precisa y más general. La misma tiene tres oleadas: la primera se inicia con la Primera Guerra Mundial, fuera por la vía de la reforma o la revolución; la segunda, poco después de la Segunda Guerra Mundial, una coyuntura que denomina "momento constitucional"; y la tercera, después de "1968", es decir, de los levantamientos de la segunda mitad de los años sesenta que tuvieron "empuje global". En este último, Therborn señala la importancia del Año Internacional de la Mujer de 1975.

Los casos estudiados en este libro se insertan cómodamente en dicha periodización. Observemos la secuencia. En los años 1920, el pacto de dominación que selló la formación de los Estados modernos en América Latina entró en crisis y las demandas de ampliación de la ciudadanía se multiplicaron. En Chile (1925) y en Argentina (1926) hubo reformas tendientes a ampliar el estatuto civil de las mujeres. En Uruguay (1946), en el marco de la afirmación de la democracia liberal "contra toda forma de totalitarismo", avalada por el clima de posguerra, se dictó la Ley de Derechos Civiles de la Mujer, una ley cuyo antecedente más prominente era un proyecto del reformismo *battlista* (presentado, precisamente, en 1923). Durante los años 1960, nuevamente, se ensayaron soluciones revolucionarias, reformistas y autoritarias para los desafíos planteados por

---

[8]   Inicialmente, la investigación tomó los años 1900-1940 (inspirada en Lavrin, 2005), pero enseguida la evidencia empírica (*i.e.* el momento de institución de la capacidad plena en cada país) exigió una revisión de los parámetros temporales. La periodización aquí delineada fue primeramente presentada en Giordano (2009).

los Estados de compromiso, las cuales, cada una a su modo, se atribuyeron la tarea de refundar la democracia y fueron marco propicio para creaciones institucionales de diverso tipo. En este contexto, en Brasil (1962) y en Argentina (1968) se legisló sobre capacidad civil plena de las mujeres. Más tarde, en la coyuntura del Año Internacional de la Mujer, se avanzó sobre cuestiones pendientes de la legislación ya aprobada. En Chile, los cambios fueron demorados y más tímidos, pero finalmente las mujeres accedieron al estatuto de capacidad plena (1989).

En síntesis, el largo período 1900-1990 está atravesado por cambios, más o menos intensos según el caso, pero también por continuidades, y es este conjunto el que vale la pena relevar.

Desde la perspectiva aquí asumida, la promulgación de las leyes no señala sólo y simplemente un cambio normativo. Se trata de un fenómeno que se inscribe en el campo jurídico pero que es analizado atendiendo a la doble y recíproca determinación señalada más arriba. De esta forma, el libro ofrece una interpretación de la construcción de los derechos civiles de las mujeres en relación con el universo de soluciones jurídicas disponibles en cada momento y en relación con el proceso de larga duración de construcción de un *orden democrático*. Es, precisamente, en esta doble relación donde se puede apreciar el carácter sociológico-histórico de la perspectiva asumida, que complejiza las miradas más difundidas sobre el tema, en general, o muy enfocadas en la especificidad del fenómeno jurídico, o muy asentadas en una visión indiferente a las particularidades del derecho.

Es evidente que aquí la expresión orden democrático refiere a una visión procesual y multifacética de la democracia que implica algo más que la identificación de esta con la competencia electoral y por ende entiende a la ciudadanía como algo que excede la mera extensión del sufragio.

Desde este punto de vista, la democracia es, además de un tipo de régimen político, una forma de ejercicio del *poder* que se construye en tanto proceso histórico complejo de formación de un orden social.

Esta concepción es tributaria de la tradición de la sociología "histórica" inaugurada por Moore en *Los orígenes sociales de la dictadura y la democracia* (1966). Pero también está filiada a la visión de Therborn (1999: 12), quien entiende que el concepto modernidad no contiene ninguna referencia institucional concreta. No define a la modernidad "en función de ciertas instituciones y condiciones sociales concretas" sino que mira "la dialéctica de la modernidad", esto es, "sus características contradicciones, tensiones y conflictos". Así, en vez de contraponer lo tradicional a lo moderno, como en la teoría de la modernización, Therborn especifica fases institucionales diferentes hacia y a través de la modernidad, que aparece, según esta visión, como un conjunto de modernidades y no como una entidad única y monolítica.

Desde este punto de vista, la democracia moderna entraña procesos de democratización política pero también de urbanización, industrialización, crecimiento demográfico, secularización, extensión de la educación, entre otros. Así, las transformaciones en el estatuto civil de las mujeres guardan relación con esas dinámicas, con la configuración de fuerzas sociales y experiencias concretas, en particular (pero no solo), con la presión que a lo largo del tiempo ejercieron las mujeres para provocar transformaciones en la vida privada (articulada en torno a la familia y el matrimonio) y en la vida pública (articulada en torno al Estado-Nación) en el marco del orden democrático del cual eran parte constitutiva (aunque lo eran dentro de una relación de subordinación y exclusión). En el análisis del proceso, estos elementos están contemplados, pero el foco está puesto en el proceso legislativo y político de sanción de las leyes. Queda pendiente un estudio que aborde el mismo problema a partir de la práctica social de los derechos.

Por último, por tratarse de América Latina, el libro considera la "situación de dependencia" y aborda el problema atendiendo conjuntamente a los factores externos e internos que influyen en el proceso, o dicho en los mismos términos que usan Cardoso y Faletto (1990: 27): "Las características de las sociedades nacionales que expresan las relaciones con lo externo", primordialmente, atendiendo a las relaciones con los organismos internacionales que se ocuparon de los derechos de las mujeres durante el largo período en cuestión.

Mirando la construcción de los derechos civiles desde esta perspectiva, llama la atención que el acceso de las mujeres a la condición jurídica de *personas plenamente capaces* haya ocurrido cuando las mismas ya habían sido interpeladas como *sujetos de protección social* por parte del Estado, en su condición de madres y esposas y, fundamentalmente, cuando ya habían sido constituidas como *ciudadanas políticas*.

En Uruguay, a partir de 1928, un conjunto de factores de índole internacional y nacional propiciaron la revitalización de la causa de los derechos políticos de las mujeres y la adscripción a la misma por casi todas las fuerzas del espectro ideológico y político. El 14 de diciembre de 1932, poco antes del golpe de Estado que encabezó el propio presidente en ejercicio, el colorado Gabriel Terra, se aprobó la Ley de Sufragio Femenino. Terra fue presidente constitucional entre 1931 y 1933 y entre 1933 y 1934 instauró una dictadura civil. Con la sanción de una nueva Constitución fue erigido nuevamente presidente de *jure*. Aunque surgido de las entrañas del *batllismo* –corriente reformista, liberal y anticlerical del Partido Colorado, que impulsó una modernización desde arriba, originada en las ideas y en la doctrina política creada y liderada por José Batlle y

Ordoñez–, hizo un gobierno conservador y autoritario que se enfrentó ferozmente a la izquierda y al propio *batllismo* (Jacob, 1985). En rigor, la reforma del estatuto de ciudadanía retomaba la propuesta de los colorados Lorenzo Batlle Pacheco y Pablo M. Minelli, elaborada antes, en el marco del reformismo *batllista*. En 1933, Montevideo sería sede de la VII Conferencia Interamericana y la modernización de la legislación electoral era un elemento a favor.

Más tarde, la Constitución de 1934, auspiciada por el bloque conservador que Terra encabezaba, incorporó la reforma a su texto. La primera elección de la que las mujeres participaron fue en 1938, pero su participación tuvo mayor impacto en 1942. Ese año asumieron, en la Cámara de Diputados, la colorada Magdalena Antonelli Moreno (por el ala reformista *batllista*) y la comunista Julia Arévalo; y en la Cámara de Senadores, las coloradas Sofía Álvarez Vignoli de Demicheli (por el ala conservadora) e Isabel Pinto de Vidal (por el ala reformista *batllista*). En Uruguay, el voto es obligatorio desde 1967.[9]

En Brasil, la proclamación de la República en 1889 trajo consigo cambios en la legislación electoral. Se habilitó el voto directo a todos los hombres alfabetos mayores de 21 años, pero se excluyó de este derecho a los varones analfabetos, los mendigos, los militares de carrera y a todas las mujeres.[10] En 1932, después de la Revolución de 1930 liderada por Getúlio Vargas, por decreto del Poder Ejecutivo, se dictó un Código Electoral Provisorio en el cual se estipuló el voto "sin distinción de sexo". A partir de allí,

---

[9]   Sobre sufragio femenino puede confrontarse un texto clásico y otro más reciente: Rodríguez Villamil y Sapriza (1983) y Osta (2008). Ehrick (2005) se ocupa del tema en un trabajo sobre las relaciones entre el primer feminismo y el Estado en el período 1903-1933.

[10] La cláusula que prohibía el voto de los analfabetos siguió vigente hasta que se enmendó la Constitución en 1985. La Constitución de 1988 ratificó la universalidad del sufragio (Carvalho, 1995).

quedaron habilitadas para sufragar las mujeres casadas que tuvieran autorización del marido y las mujeres solteras y viudas con renta propia.

La Constitución de 1934 ratificó el voto femenino, sin restricciones, y amplió el universo de votantes, corriendo el límite de edad de 21 a 18 años para ambos sexos. Ahora bien, el texto establecía que el sufragio femenino era obligatorio solo para las mujeres que ejercieran una función pública remunerada. Como el sufragio estaba, además, limitado para ambos sexos por la cláusula de alfabetismo, lo cierto es que, finalmente, la reforma electoral solo alcanzó a las pocas mujeres alfabetizadas y solo obligó a las poquísimas que desempeñaran un cargo público y recibieran remuneración por ello. En los años 1930, fueron excepcionales los casos de mujeres que accedieron a una banca en el Congreso. El sufragio femenino tuvo mayor impacto después de 1946, tras la caída de la dictadura del *Estado Novo* (1937-1945) que el mismo Vargas encabezó. La Constitución de 1946 estableció la plena obligatoriedad del voto tanto para varones como para mujeres.[11]

En Argentina, las dos fuerzas que compitieron en las elecciones presidenciales de 1946, el Partido Laborista y la Unión Democrática, incluyeron en sus programas el sufragio femenino. La consigna no era nueva pero había vuelto a tomar notoriedad a partir, por un lado, de un contexto internacional favorable, que recomendaba su aprobación como forma de afirmar la democracia frente al totalitarismo, y, por otro, de iniciativas propiamente nacionales como las que articularon Juan Domingo Perón y su esposa Eva Duarte.

En 1945, en su función de secretario de la cartera de Trabajo y Previsión, Perón impulsó la creación de la

---

[11]   Sobre sufragio femenino en Brasil, véase un texto clásico y otro más
        reciente: Tabak y Toscano (1982) y Soihet (2006b).

Comisión Pro Sufragio Femenino. Cuando con el triunfo de la fórmula del Partido Laborista, Perón asumió el Ejecutivo, el tema volvió a tomar impulso. A partir de 1947, con la enérgica acción de Eva al frente de la campaña y de la movilización de las mujeres, la reforma tuvo rumbo firme. El 23 de septiembre de 1947, por Ley N.º 13.010, se consagró el voto femenino. La primera votación ocurrió dos años más tarde. El sufragio era obligatorio y las mujeres fueron igualadas a los hombres respecto de este derecho/deber.[12]

En Chile, el 9 de marzo de 1934, durante el segundo gobierno de Arturo Alessandri Palma (1932-1938), el Congreso promulgó una ley de sufragio femenino, pero limitada al nivel municipal. La ley otorgó a las mujeres el derecho a elegir y ser elegida. Muy pronto las organizaciones de mujeres intensificaron su lucha por los derechos políticos plenos. Pero fue recién el 8 de enero de 1949, con el auspicio del presidente Gabriel González Videla (1946-1952), que la legislación tuvo alcance nacional. Una reforma concretada en 1958 consagró el voto obligatorio (y con cédula única), ampliándose considerablemente la base electoral. El voto, que excluía a los analfabetos de cualquier sexo, pasó a ser universal en 1970.[13]

Todo lo dicho pone en cuestión la existencia de una conexión inmediata entre derechos civiles y derechos políticos, sea en el sentido de afirmar los derechos políticos como la llave de acceso a los derechos civiles, sea en el sentido de afirmar los derechos civiles como plataforma capacitaria para el acceso a los derechos políticos.[14] La

---

[12] Véase una interesante interpretación de los alcances (limitados) de la "igualación" en Valobra (2010).

[13] Para una referencia general sobre este tema, véase: Salazar y Pinto (2002), especialmente el tomo IV, "Hombría y Femineidad".

[14] Asimismo, sugiere asumir una perspectiva compleja a la hora de evaluar y comparar el acceso de las mujeres al voto. Evidentemente, no son idénticos los efectos de una legislación de alcance municipal, estadual

evidencia histórica muestra que, durante un tiempo, más o menos largo según el caso, las mujeres de Argentina, Brasil, Chile y Uruguay fueron *ciudadanas incapaces*.

La ausencia de correspondencia, simultaneidad o concordancia en el acceso a los derechos, y las aceleraciones y desaceleraciones evidentes en la producción de los mismos y en la articulación de estos entre sí, sugieren la posibilidad de interpretar la ciudadanía como un proceso de *construcción discontinua* de derechos.

Como se ha dicho arriba, la capacidad plena fue introducida en las leyes en algún momento de la segunda mitad del siglo XX. No obstante, desde una perspectiva sociológico-histórica y jurídica se aprecia que el problema es más complejo que la sola indagación acerca de la cuestión de la capacidad jurídica. Todos los conceptos son históricos y relacionales, y este aspecto es aquí primordial, pues la noción de capacidad aparece articulada conflictivamente con otras nociones jurídicas, como la ya mencionada noción de potestad marital.[15] En razón de la persistencia de prerrogativas de los varones en la vida familiar, más allá de la sanción de la capacidad civil plena, es posible interpretar la ciudadanía como un proceso de *construcción desigual* de derechos.

De este modo, el proceso estuvo orientado prioritariamente en el sentido de proteger la estructura de la familia, constituida a partir de una visión patriarcal, inscripta en el matrimonio civil e indisoluble y subordinada a la autoridad del varón (en tanto padre y en tanto esposo). La familia tuvo una función *matricial* en la producción y reproducción del orden social, político y jurídico. Ella está "suspendida entre

---

o nacional; en el marco de un régimen centralista o federal; extensa o con restricciones a los analfabetos; o con carácter optativo u obligatorio.

[15]   Esta noción de conceptos históricos y relacionales está tomada de Bourdieu (2000).

el sexo y el poder en tanto fuerzas biológicas y sociales" (Therborn, 2004: 1).

A la elaboración de esta visión compleja se ha añadido, en el curso de la investigación, una reflexión acerca de un hallazgo inesperado: en dos de los cuatro países (Argentina y Chile), se legisló sobre cuestiones relativas a la condición jurídica plena de las mujeres bajo regímenes de dictadura. Y en los otros dos (Brasil y Uruguay), donde la capacidad civil plena fue una figura introducida en los códigos bajo regímenes democráticos, también hubo importantes reformas tendientes a la igualación de derechos de varones y mujeres en el marco de sus respectivos regímenes autoritarios. En Brasil, en 1977, se promulgó la ley de divorcio vincular, que además modificó el régimen *legal* de bienes, esto es, el estatuto jurídico que regula los efectos pecuniarios (intereses económicos de los cónyuges entre sí y en sus relaciones con terceros), que es el que rige si no hay determinación expresa en otro sentido. En Uruguay, en 1978, se establecieron nuevas causales de divorcio, entre las cuales se consideró el adulterio sobre el principio de igualdad de penas para varones y mujeres.

¿Cómo ocurrió que dictaduras institucionales de las Fuerzas Armadas, fundadas en monolíticas visiones patriarcales y feroces conculcadoras de los derechos relativos a la libertad, pusieron en marcha proyectos y reformas legislativas tendientes a *cierta* ampliación de los derechos de las mujeres?[16]

---

[16]   La relación dictaduras / derechos de las mujeres ha sido abordada por Htun (2003) en relación con ciertos aspectos del desarrollo de los derechos civiles en Argentina, Brasil y Chile, aunque la autora está más particularmente preocupada por el aborto y el divorcio en tanto *políticas de Estado* y no en tanto elementos de un *proceso histórico*.

Sin duda, el componente tecnocrático de la alianza de poder que sostuvo a estos regímenes y el contexto nacional e internacional de modernización (económica, pero también jurídica) son datos insoslayables. Este dato pone de relieve la inexistencia de un proceso maestro de modernización, en la cual democracia y ciudadanía están indefectiblemente vinculadas. Antes bien, las vías por las cuales las sociedades se modernizan (se hacen modernas) son variables y sinuosas. El concepto amplio de orden democrático presentado arriba apunta a captar las variaciones y los giros, e incluso dislocar la oposición típica democracia vs. dictadura.

Hay que notar, además, que las reformas legislativas introducidas bajo regímenes autoritarios no tuvieron carácter deliberativo ni vínculo alguno con los movimientos y las demandas específicas de las mujeres. La escisión respecto de esos movimientos y respecto de esas demandas hizo que las reformas legales carecieran de un compromiso político para un cambio social más o menos inmediato. Por lo tanto, las luchas de las mujeres para lograr un cambio real continuaron más allá de aquellas modificaciones a la letra de la ley.

A partir de los años 1990, los derechos de las mujeres se han instalado en la agenda de los Estados como un problema relativo a la diversidad y a la diferencia sexual, ahora interpelados como derechos humanos.[17] En 2010, Inés Alberdi, por entonces directora ejecutiva del Fondo de Desarrollo de las Naciones Unidas para la Mujer (UNIFEM, ahora disuelta e incorporada a *UN Women*), señaló que algunas investigaciones recientes "realizadas en 17 países, han demostrado que las creencias acerca de la autoridad

---

[17]   Véase un interesante enfoque teórico en Pechény (2009), en un estudio que aborda estos conceptos en referencia a la institución del divorcio vincular en Argentina.

masculina, que sustentan tanto los hombres como las mujeres, 'justifican' que se golpee a la esposa por diversas causas, entre ellas salir sin decírselo a su cónyuge, descuidar a los hijos, no preparar la comida ni realizar las labores domésticas, desobedecer a su marido o a su pareja, negarse a tener relaciones sexuales, hablar con otro hombre, ser infiel o levantar sospechas de su marido o la familia de este de que es infiel" (Alberdi, 2010: s/n). Como es evidente, las luchas por la eliminación de la violencia de género y por los derechos de las mujeres, en particular los que rigen la vida privada, son inescindibles de la sociología y de la historia de la construcción de los derechos civiles.

Capítulo 1
Los derechos civiles: un objeto esquivo

1. Ciudadanía y derechos: viejos y nuevos debates

En las sociedades modernas, el proceso histórico de construcción de la ciudadanía se ha desarrollado simultáneamente con el de construcción del Estado-Nación. En este marco, la ciudadanía ha asumido un carácter universal en razón del cual todos los miembros de la comunidad han sido definidos como sujetos neutros y abstractos, libres e iguales ante la ley. De esta forma, la democracia moderna se ha erigido sobre la contradicción entre una instancia de igualdad formal y una instancia real en la que son manifiestas las diferencias y las exclusiones (por sexo, propiedad, educación, etnia, etc.) –tal como señalara Karl Marx en *La cuestión judía* (1844)–.[18]

Esa contradicción es un rasgo a tal punto persistente que el Informe "La Democracia en América Latina", preparado por el Programa de las Naciones Unidas para el Desarrollo (PNUD, 2004: 26) afirma que en las democracias latinoamericanas actuales, "[l]as dimensiones de la ciudadanía política, civil y social no están integradas. La más avanzada ha sido la primera. Todavía todas las garantías propias de la ciudadanía civil no alcanzan de manera igualitaria a todas las ciudadanas y todos los ciudadanos". Estas apreciaciones refuerzan dos argumentos presentados en la Introducción: la cuestión de la discontinuidad y la cuestión de la desigualdad en la construcción de derechos.

---

[18] En general, se ubica la noción contemporánea de ciudadanía en la "escena fundadora de la democracia" del 1800, según la expresión de Fraisse (1991: 14).

La concepción de ciudadanía que subyace al Informe del PNUD es la concepción tripartita acuñada por el sociólogo británico Thomas H. Marshall en su libro *Ciudadanía y Clase Social* (publicado por primera vez en 1950). Allí, Marshall propuso un concepto inequívocamente liberal de ciudadanía, que definió en dos planos: como pertenencia a una comunidad política y como posesión de derechos y responsabilidades. Con fines analíticos y a riesgo de "parecer un sociólogo típico", Marshall dividió dicho concepto en tres partes o elementos.[19] Definió los derechos de ciudadanía civil como los asociados al individuo para el ejercicio de su libertad y de su autonomía; a los de ciudadanía política como los referidos a la participación en el ejercicio del poder político, a elegir y a ser elegido; y los de ciudadanía social como un gran abanico de derechos, desde el derecho a un mínimo de bienestar económico y de seguridad, hasta el derecho a tener acceso pleno a la "herencia social" (Marshall, 1998: 22-23).

La visión marshalliana ha sido un referente teórico para muchos de los análisis posteriores. La reedición de su libro en 1992, con el añadido del capítulo de Tom Bottomore ("Citizenship and social class forty years on") (véase: Marshall, 1998), da cuenta de la actualidad del tema y del persistente interés por la visión del autor.

La interpretación de Marshall que más ha trascendido es la de un desarrollo secuencial y lógico de los derechos. Esta interpretación comenzó a difundirse en los primeros años sesenta, fundamentalmente cuando el sociólogo Reinhart Bendix (véase: Bendix, 1974) arremetió contra las explicaciones evolucionistas y ofreció una lectura de

---

[19]   En el momento en el que Marshall escribe, la expresión "un sociólogo típico" remite a una práctica de la sociología abocada a análisis atemporales, con énfasis en la búsqueda de leyes generales para procesos unilineales y en la definición de variables, conceptos y gran teoría.

Marshall que precisamente subrayaba en tono crítico el rasgo evolucionista de la visión del autor británico. Finalmente, esta lectura se instaló en los debates académicos por largo tiempo.

Y aunque Marshall (1998: 22) hiciera explícito que su análisis estaba dictado ante todo por la "historia" y no por la "lógica", es cierto que en su relato se aprecia un desarrollo no conflictivo de los derechos. En efecto, sostiene que durante el siglo XVII, en Inglaterra, la separación entre los tres tipos o elementos era tal que es posible asignar un siglo al período de formación de cada uno de ellos: 1) siglo XVIII derechos civiles, 2) siglo XIX derechos políticos y 3) siglo XX derechos sociales. Aunque Marshall afirma que estos períodos deben ser tratados con razonable elasticidad y que hay entre ellos superposiciones evidentes (sobre todo, en los dos últimos tramos), lo cierto es que no se detiene en el análisis de las tensiones inherentes a las secuencias de derechos.

La crítica a esta visión se exacerbó en las dos últimas décadas del siglo XX, cuando proliferaron los estudios sobre ciudadanía. En América Latina, esta proliferación estuvo potenciada por las urgencias intelectuales propias de los procesos de transición de las dictaduras a las democracias.[20] En términos generales, puede decirse que, aunque críticos, los estudios recientes sobre ciudadanía nunca abandonaron completamente la tripartición propuesta por el sociólogo británico.[21]

---

[20]   Por su permeabilidad al carácter histórico del fenómeno y por sus referencias a miradas de conjunto sobre América Latina, véase: Jelin (1997); Jelin y Hershberg (1996); O'Donnell (1993 y 1995); y Sábato (1999), aunque cabe señalar que muchos de los artículos de este libro refieren más a la dimensión estatal, electoral y política de la ciudadanía (y menos a la Nación y a las otras dimensiones de la ciudadanía).

[21]   Giddens (1982 y 1985), Mann (1988), Tilly (1995) y Turner (1990 y 1993) formulan fuertes críticas al modelo tripartito de Marshall por su evolu-

Dos estudios que se inspiran en el trabajo de Marshall interesan aquí particularmente. El primero es el de Carvalho (1995), *Desenvolvimiento de la ciudadanía en Brasil*, quien recogió la tripartición marshalliana, pero rechazó su "lógica" (seguramente, omitiendo esas breves pero contundentes líneas en las que el sociólogo británico hacía expresa su intención de presentar un análisis vertebrado por "la historia" y no por "la lógica"). El trabajo de Carvalho es interesante porque muestra la compleja articulación de derechos civiles, políticos y sociales, en la que algunos avanzan mientras otros retroceden o se superponen en el devenir histórico. El trabajo del historiador brasileño interesa, además, porque abarca un período largo: desde el orden colonial hasta la última transición a la democracia.

El segundo estudio que interesa considerar es el de Lobato (1997), quien trabajó sobre las políticas del Estado sobre las mujeres obreras en Argentina, en particular la legislación protectora de los años 1930. Este trabajo ha sido fuente de inspiración para la formulación del proceso de ciudadanía en términos de discontinuidades y desigualdades enunciada en la Introducción. Lobato (1997: 42) señala la importancia de identificar "las tensiones existentes en cuanto a desigualdades, diferencias y asincronías en la formación de la ciudadanía y el reconocimiento de los derechos civiles, políticos y sociales". Asimismo, el trabajo indaga sobre la cuestión de la maternidad como sustento de la ciudadanía, indagación que aquí ha resultado inspiradora para definir a la familia como unidad matricial de derechos.

Desde hace un tiempo, cada vez más frecuentemente, la visión acumulativa de la ciudadanía (derechos civiles + derechos políticos + derechos sociales) está siendo

---

cionismo y anglocentrismo pero no porque consideren equivocada la división del concepto ciudadanía en los tres elementos señalados antes.

reemplazada por una visión que evalúa el Derecho según criterios de diferencia, haciendo hincapié en los conflictos en el acceso a los derechos y en los conflictos inherentes a la articulación entre ellos.[22] En cuanto a los derechos de las mujeres, estas reformulaciones se vieron enriquecidas por las elaboraciones provenientes de los estudios de género y del derecho crítico, y dentro de este, de la línea de investigación seguida por la filosofía feminista y el feminismo teórico jurídico.[23]

La propuesta de Marshall, no obstante, sigue siendo una herramienta útil para analizar el problema que este libro aborda. En primer lugar, porque el autor propone una visión sociológica "atípica", esto es, de sociología histórica. En segundo lugar, porque la tripartición permite poner de relieve la articulación entre distintos tipos de derechos y con ello calibrar las discontinuidades y desigualdades en la construcción de los mismos, claro está, desde una perspectiva histórica (que es la que el autor adopta) y conflictiva (que no es la del autor). Por último, porque, antes de desechar de plano la visión de Marshall en razón de su carácter acumulativo, una lectura cuidadosa de ella permite advertir la existencia de dos lógicas de creación de derechos: por un lado, una forma basada en la inclusión en un supuesto universal; por otro, una forma basada en la inclusión a partir de la diferencia (aunque el autor no la explore en profundidad).

Esas dos lógicas, "paradójicamente", conviven a lo largo de todo el proceso de construcción de ciudadanía que es objeto de estudio en este libro. La "paradoja" es un

---

[22]   Garretón (2004) señala esto en sus observaciones al Informe del PNUD (PNUD, 2004).
[23]   En los desarrollos sobre ciudadanía y género, han tenido fuerte acogida los trabajos de Fraser (1993) y Pateman (1995). Desde la perspectiva del derecho crítico, véase una excelente selección en Facio y Fries (1999). También puede consultarse: Birgin (2000) y Olsen (2000).

señalamiento que hizo Scott (1996), quien advirtió que en el desarrollo del feminismo francés desde la Revolución francesa hasta la sanción del sufragio femenino en 1944, se observa, precisamente, esta "paradoja": las formulaciones que intentaron incluir a las mujeres en un régimen de igualdad, al mismo tiempo que reivindicaron la universalidad de la igualdad como valor asociado a la condición humana, justificaron dicha inclusión a partir de un criterio particular, la diferencia sexual, esto es, la identificación de las mujeres con su condición de madres y esposas.[24]

Ahora bien, la constatación histórico-empírica de esta forma de creación de derechos, a partir de su inclusión en un supuesto universal, no indica necesariamente asumir en el plano de la teoría y para el ejercicio de la investigación una visión acumulativa *à la* Marshall. Antes bien, la propuesta analítica es apreciar las discontinuidades y las desigualdades en el movimiento histórico que los propios sujetos históricos definieron tanto a partir de criterios de universalidad y evolución como de diferencia sexual.

Los derechos civiles de las mujeres no fueron objeto de análisis de Marshall. Sin embargo, este advirtió la desigualdad entre los sexos y se detuvo mínimamente en ella al señalar:

> [L]a historia de los derechos civiles en su período formativo se caracteriza por la inclusión gradual de nuevos derechos en un estatus ya existente que se consideraba propio de todos los miembros adultos de la comunidad, aunque habría que decir de los miembros varones, ya que el estatus de la mujer, al menos de la casada, era especial en muchos aspectos. (Marshall, 1998: 28).

---

[24]   La autora tituló su libro *Only Paradoxes to Offer*, inspirándose en las palabras de la revolucionaria Olympe de Gouges: *"femme qui n'a que des paradoxes à offrir et non des problèmes faciles à résoudre"*.

Desde la década de 1970, con el desarrollo de los estudios de género, han aparecido interpretaciones de la historia preocupadas por problematizar ese carácter "especial" del estatus de ciudadanía de "la mujer".

En ese campo, ha sido emblemático el trabajo de Scott (1990).[25] La autora norteamericana define el concepto género en dos partes: a) como "un elemento constitutivo de las relaciones sociales basadas en las diferencias que distinguen los sexos" y b) como "una forma primaria de relaciones significantes de poder", aludiendo esta segunda instancia a un "campo primario dentro del cual, o por medio del cual, se articula el poder" (Scott, 1990: 44-47). Asimismo, sostiene que la categoría género no es intercambiable con el término mujeres ni debe ser entendida como el mero estudio de "cosas relativas a las mujeres" (Scott, 1990: 29). Insiste en que la perspectiva de género no debe servir simplemente para connotar que las relaciones entre los sexos son sociales, sino que también debe servir para mostrar cómo funcionan y cómo "tienen lugar los cambios" (Scott, 1990: 43).

En definitiva, Scott convoca al análisis de procesos para superar los abordajes basados en categorías estancas: sexualidad, patriarcado, familia. Al respecto, afirma:

> Son los *procesos* lo que debemos tener en cuenta continuamente. Debemos preguntarnos con mayor frecuencia cómo sucedieron las cosas para descubrir por qué sucedieron; según la formulación de la antropóloga Michelle Rosaldo, debemos perseguir no la causalidad universal y general, sino la *explicación significativa* [...] Para alcanzar el significado, necesitamos considerar *tanto los sujetos individuales como la organización social*, y descubrir la naturaleza de sus interrelaciones, porque todo ello es crucial para comprender

---

[25] La autora revisó el argumento (véase: Scott, 2008 y 2010) pero esta revisión no afecta el punto que aquí se señala.

cómo actúa el género, *cómo tiene lugar el cambio.* (Scott,
1990: 43-44; el subrayado es mío).

Scott propone un camino poco explorado en los estudios de género: explicaciones significativas pero emplaza-
das en explicaciones macrohistóricas, esto es, de procesos
que se tejen a partir de la interrelación entre la acción de
los sujetos individuales y las grandes estructuras sociales,
políticas, económicas, de mentalidades, nacionales, internacionales, etc.

Algunos trabajos provenientes de la ciencia política y
de la sociología histórica resultan de particular interés para
alimentar el enfoque centrado en los procesos. Del Re (1988
y 2002) utiliza la propuesta de Marshall en relación con los
derechos de las mujeres y advierte sobre las trayectorias
y los tiempos diferentes del proceso de su construcción
en cada una de las esferas de ciudadanía. Por su parte,
Adams, Orloff y Clemens (2005) señalan el aporte de la
sociología histórica con perspectiva de género a los análisis
de procesos sociales de gran escala, aunque advierten que
estos se han circunscripto fundamentalmente al Estado de
Bienestar y a las políticas sociales.[26]

La construcción de los derechos civiles de las mujeres
que aquí se ofrece se ha nutrido de las lecturas reseñadas.
Cada una, por motivos diversos, ha contribuido a la formulación del problema en términos de proceso complejo,
esto es, de construcción *discontinua* y *desigual* de derechos.

---

[26]   Véase, por ejemplo: Skocpol (1992); Clemens (1997); Orloff (1993a y
        1993b); Guy (2009); y el ya citado de Del Re (que retoma los planteos
        de Skocpol y de Orloff).

2. Derechos civiles: ¿qué derechos?

La categoría derechos civiles es una categoría extensa. Puede decirse que su referente empírico más evidente es la capacidad civil plena. Quizás por el carácter central que muchos coinciden en otorgar al elemento capacitario en la configuración de otros derechos es que dicha categoría ha sido superpuesta a otras tales como derechos fundamentales, derechos ciudadanos y derechos humanos.

En efecto, desde la Revolución francesa y por lo menos hasta 1948, los derechos del ciudadano y los derechos humanos no eran concebidos ni como separados ni como contradictorios. Marshall (1998: 82) los superponía:

> [M]i objetivo en estas conferencias ha sido esclarecer en la medida de lo posible un elemento cuya importancia juzgo fundamental, esto es, la influencia de un concepto que se desarrolló con enorme rapidez, cual es el de los *derechos humanos*, en la estructura de la desigualdad social. (el subrayado es mío).

Más aun, en muchos de los testimonios sobre reivindicación de derechos femeninos de las primeras décadas del siglo XX se observa esta misma superposición de las expresiones derechos civiles, derechos de ciudadanía, derechos fundamentales y derechos humanos.

Fue recién a partir de 1948, con la Declaración Universal de los Derechos Humanos proclamada por la Organización de las Naciones Unidas (ONU), que se delimitó una esfera de derechos humanos separada de los derechos de ciudadanía. Finalizada la Segunda Guerra Mundial, esta declaración asentó el "principio de coexistencia pacífica entre sociedades estructural e ideológicamente diferentes" dentro de un "sistema planetario" (Ansaldi, 1986: 48). Con esto, el concepto recuperó el "pulso ético-jurídico" de las declaraciones y los pactos previos (Rubio Carracedo, 2000: 159).

Los derechos de ciudadanía (civiles, políticos y sociales) aluden a aquellos derechos que los Estados codifican y son realizables plenamente en la comunidad política nacional, mientras que los derechos humanos refieren a ese único derecho (el derecho a tener derechos o el derecho a la ciudadanía) que trasciende los derechos del ciudadano de tal o cual comunidad (o Estado-Nación). Ahora bien, aunque es claro que ambos tipos de derechos se inscriben en órdenes distintos, según su alcance global ("planetario") o nacional, hay que notar que los derechos humanos solo tienen aplicación concreta sobre personas que viven en una comunidad política nacional particular. Innumerables debates se han ocupado de analizar las tensiones derivadas de esta doble inscripción de los derechos humanos.

Desde una perspectiva de género, igual que en la declaración de los derechos del "hombre" del siglo XVIII, la declaración "universal" de los derechos "humanos" del siglo XX se asentó sobre un sujeto supuesto en el derecho hegemónico que era exclusivamente masculino. Puede decirse que el compromiso firme de asumir los derechos de las mujeres como derechos humanos en el ámbito internacional se tomó en 1993, cuando la Conferencia Mundial de Derechos Humanos reunida en Viena así lo dispuso (art. 18).[27]

El tema es tan controvertido como interesante, pero excede los límites de este libro. Volvamos entonces el foco sobre las superposiciones de las nociones de derechos fundamentales, derechos ciudadanos y derechos civiles.

---

[27]   Véase (entre tantos): para una presentación general del problema de los derechos humanos en relación con la ciudadanía, Rubio Carracedo, Rosales y Toscano Méndez (2000); y, sobre América Latina, Jelin y Hershberg (1996). Sobre derechos humanos y género, véase: Bunster, Enloe y Rodríguez (1996), especialmente el capítulo de Facio.

Respecto de estos últimos, Ferrajoli (1999 y 2000) sostiene que se trata de una categoría espuria, aunque su uso se haya consolidado y generalizado entre los juristas. Ferrajoli distingue un concepto sociológico de ciudadanía, un estatus al que *ex lege* se le asocian los derechos civiles, políticos y sociales, y un concepto jurídico, que discrimina entre el estatus *personae* y el estatus *civitatis*. Su argumento es que la categoría derechos civiles ha sido reiteradamente utilizada (por la sociología, digamos) para englobar derechos "cuya estructura es profundamente diferente": "a) los derechos de libertad, desde la libertad personal a la de pensamiento, de expresión y de prensa; b) los derechos de autonomía privada, es decir, los que permiten estipular contratos y ejercitar acciones ante los tribunales; c) el derecho de la propiedad [...]" (Ferrajoli, 2000: 240).[28]

La unificación de derechos de libertad, autonomía y patrimonio en la "espuria" categoría derechos civiles se remonta al Código Civil de Napoleón de 1804. Siguiendo la indicación de Ferrajoli, puede decirse que los derechos civiles refieren a los *derechos fundamentales de la persona*

---

[28] Y continúa: "La confusión más llamativa es, con toda seguridad, la inclusión de la propiedad privada en la misma clase de los derechos de libertad y de autonomía. La propiedad, como el derecho de crédito y los demás derechos patrimoniales, no es en absoluto universal en el mismo sentido en que lo son los demás derechos de la personalidad y la ciudadanía, ya sean estos humanos, civiles, políticos o sociales: es un derecho por naturaleza existencial (o singular), *excludendi alias*, que no corresponde a todos, pues cada persona puede ser o no ser titular, y en caso de ser titular lo es siempre con exclusión de las demás personas. No solo. A diferencia de los demás derechos de la persona y del ciudadano, que son indisponibles e inalienables –pues quedan sustraídos tanto al mercado como al ámbito de las decisiones públicas, e incluso de las decisiones tomadas por mayoría–, y al igual que los demás derechos patrimoniales, la propiedad es por naturaleza disponible, es decir, alienable, negociable, transigible" (Ferrajoli, 2000: 241). Con esto, el filósofo llama la atención sobre la confusión entre el derecho de ser propietario (universal) y el derecho sobre la propiedad (particular).

codificados en los códigos civiles nacionales. En efecto, el filósofo italiano propone una definición mínima muy operativa: "Los derechos no pueden ser más que lo que los distintos ordenamientos establecen en cada lugar y en cada época" (Ferrajoli, 2000: 236).

En abierta oposición a la tripartición de Marshall, Ferrajoli sostiene que los únicos derechos de ciudadanía son, en rigor, los derechos políticos. Así, propone distinguir entre los derechos de la personalidad (los *derechos civiles*), vinculados a la noción jurídica de *persona*, y los derechos de ciudadanía (los *derechos políticos*), vinculados al estatuto jurídico de *ciudadano*. La cultura jurídica moderna, sigue Ferrajoli, define estos dos grupos de derechos como *derechos fundamentales*.

En realidad, el filósofo insiste en el carácter espurio de la categoría derechos civiles porque su preocupación es la posibilidad de una justicia supranacional que pueda ocuparse de las garantías de *todos* los individuos, sobre todo, de aquellos excluidos de los derechos de alcance estatal-nacional, sean derechos de la persona o derechos del ciudadano (*e. g.* los derechos de los inmigrantes). Por ello, afirma que una visión "amplia" de la ciudadanía, como la que propone Marshall, es "confusa en el plano teórico y al mismo tiempo regresiva en el plano político", pues en ella el estatus de *ciudadano* se superpone y anula el estatus jurídico de la *persona* (*e. g.* del inmigrante no ciudadanizado, por ejemplo).[29] Ferrajoli (1999: 32) descarta una visión amplia de ciudadanía porque su apuesta es a un "constitucionalismo mundial", capaz de garantizar, en particular, dos derechos fundamentales de la persona, privativos del ciudadano: el derecho de residencia y el derecho de circulación. Por eso, su trabajo es una exhortación a "tener

---

[29]   Desde una perspectiva de género, puede verse una visión crítica sobre esto mismo en Benhabib (2005).

el coraje de disociar [los derechos] de la ciudadanía [*à la* Marshall]" y, en definitiva, a hacer efectiva la universalización de los derechos fundamentales en el contexto de las democracias actuales, a las que anhela "sustanciales". En la base del planteo de Ferrajoli está su preocupación por el caso de Italia, donde la Constitución define los derechos de libertad de residencia y de circulación como derechos privativos de los ciudadanos (artículo 16).

Ferrajoli escribe en diálogo implícito con algunas doctrinas sociológicas que destacan el modelo comunitario de ciudadanía sin atender a las especificidades de las fórmulas jurídicas, haciendo de sus reflexiones, dice el autor, "meras filosofías de la justicia". En razón de esto, insiste en la necesaria y casi obligatoria comunicabilidad entre ambos campos disciplinarios (la sociología y el derecho). El párrafo completo de las líneas citadas más arriba ayuda a comprender mejor este punto:

> [C]ada disciplina tiene un lenguaje propio, y *su validez debe ser valorada según su capacidad explicativa con respecto a su objeto*. No obstante, en mi opinión, es singular que al tratar esta clase de cuestiones se prescinda por completo de lo que los juristas designan con estas expresiones haciendo referencia al derecho positivo. Y ello, no porque los juristas gocen en materia de derecho y de derechos un particular "derecho de ciudadanía", sino porque, si queremos evitar caer en posiciones *iusnaturalistas*, y formular algo más que meras filosofías de la justicia, *los derechos no pueden ser más que lo que los distintos ordenamientos establecen en cada lugar y en cada época*. (Ferrajoli, 2000: 236; el subrayado es mío).[30]

Siguiendo esta recomendación metodológica, al "valorar" la explicación de Marshall con respecto a su "objeto",

---

[30] Algunos párrafos más arriba, Ferrajoli (2000: 235) advierte que "la aproximación sociológica al tema de los derechos, sistemáticamente ignorada por la cultura jurídica, parece ignorar, a su vez, de forma igualmente sistemática, los estudios jurídicos sobre los mismos problemas".

esto es, la evolución de los derechos civiles, políticos y sociales en la sociedad inglesa hasta mediados del siglo XX, se observa que Marshall no *necesita* la distinción entre persona y ciudadano puesto que estudia la ciudadanía en tanto factor de inclusión progresiva de un sujeto histórico en el que esos dos estatutos no fueron conflictivos: el varón, blanco, letrado y propietario.

Según la propuesta de Ferrajoli (2000: 238):

> Los dos usos diferentes –amplio y restringido– de "ciudadanía" requieren una valoración diferente de la ciudadanía misma: esta, en los casos en que es asumida como estatus al que se conectan todos los derechos fundamentales, adquiere relieve como factor de inclusión; mientras que, si permanece diferenciada y enfrentada a la personalidad, se convierte en factor de exclusión.

Desde una perspectiva "amplia", Marshall propone a la ciudadanía como factor de inclusión, preciso es reiterarlo, de los varones blancos, propietarios e ilustrados, cuyo punto culminante fue el Estado de Bienestar consolidado hacia mediados del siglo XX. Su tripartición es tributaria del pensamiento liberal y está dictada por la historia de Inglaterra, donde un grupo selecto de individuos que ya gozaban de libertades, autonomía y patrimonio (derechos de la persona), adquirieron, progresivamente y en función de ese estatus inicial, los derechos políticos y los derechos sociales. Desde una perspectiva "restringida", Ferrajoli ve a la ciudadanía diferenciada de la personalidad y se detiene en la categoría como factor de exclusión.[31]

Ahora bien, hay dos puntos de encuentro que vale la pena señalar entre la visión "amplia" de Marshall y la visión "restringida" de Ferrajoli. Ambos se ocupan de los individuos tanto en su carácter de personas como en su carácter

---

[31] Recuérdese que el autor está pensando en Italia, donde los derechos de residencia y circulación están abrochados al estatus de ciudadano.

de ciudadanos, solo que en la visión del sociólogo británico, el sujeto de derecho implícito en su concepción de la ciudadanía supone que las categorías persona y ciudadano se superponen, mientras que en la visión del filósofo italiano, esas categorías están disociadas. Asimismo, tanto Marshall (desde una perspectiva que considera a la ciudadanía como factor de inclusión) como Ferrajoli (desde una perspectiva que resalta el carácter de exclusión) se ocupan de poner en evidencia los límites de los derechos. En particular, sostiene Giddens (1996), Marshall fue pionero en señalar el conflicto entre ciudadanía y clase, en un momento en el cual existía un optimismo ciego acerca del bienestar.

Aunque realista y crítico, Ferrajoli es un "normativista" (Ibáñez, 1999: 9). Su propuesta todavía está apegada a fórmulas jurídicas que resultan muy distantes de los conflictos históricos concretos que se derivan de la interacción de dichas fórmulas con la estructura social, el mercado y la democracia; en definitiva, distantes de una consideración de las vinculaciones de los derechos y del Derecho con el orden social. Sin embargo, Ferrajoli aporta un *plus* jurídico que debe ser tenido en cuenta: los derechos no pueden ser más que lo que los distintos ordenamientos establecen en cada lugar y en cada época, esto es, la ley tal y como ha sido formulada. Por su parte, Marshall aporta tres elementos, ya señalados en la sección anterior: la visión de la sociología histórica; la articulación histórica entre distintos tipos de derechos (que aunque el autor no lo haga, bien puede interpretarse en términos de sus conflictos inherentes); y una visión que habilita la distinción de dos lógicas de creación de los mismos: la de inclusión/exclusión a partir de un supuesto universal y la de inclusión/exclusión a partir de la diferencia.

Tomando en consideración las posiciones de ambos pensadores, a lo largo de este libro se utilizan las expresiones ciudadanía civil, ciudadanía política y ciudadanía social, entendiendo que el *elemento civil* se compone de esos derechos que la ciencia jurídica inscribe en la categoría *derechos fundamentales de la persona o la personalidad* y que se encuentran ordenados en los códigos civiles. Y entendiendo que el elemento civil se acumula con los otros dos (político y social) de modo discontinuo de modo tal que ciertas desigualdades persisten.

Ahora bien, todavía resta destacar otro punto. La incapacidad jurídica asignada a las mujeres en las codificaciones modernas es una inferioridad con fundamento en el matrimonio y en la potestad marital. Esta inferioridad, regulada por el Derecho Privado, estuvo reforzada por algunos instrumentos del Derecho Público, fundamentalmente, los establecidos en el Código Penal, sobre todo, los referidos a los delitos de adulterio y de aborto, que consagraron la sujeción y subordinación de los cuerpos de las mujeres.

Por lo tanto, para abordar los derechos civiles en términos complejos es necesario considerar dos cuestiones. En primer lugar, estudiar la figura "capacidad civil plena" junto con las limitaciones de su alcance, inscriptas en el capítulo de "Derecho de Familia" del *Código Civil* y relativas a la potestad marital.[32] En las sociedades modernas, que son sociedades patriarcales, el Derecho de Familia es considerado la base moral de la sociedad y un instrumento que permite imponer el interés social por sobre el interés individual. En definitiva, el Derecho de Familia se erige como límite al derecho individual. En la regulación de las relaciones sociales privadas, la *familia* constituye una *unidad matricial*.[33]

---

[32] Otros países consideran al Derecho de Familia una rama autónoma del derecho y tienen, además del *Código Civil*, un *Código de familia* (por ejemplo, algunos países de América Central).

[33] Por definición, la familia se origina en el matrimonio y en el parentesco. Aunque hay que notar que en las últimas décadas, y sobre todo a partir de la sanción del matrimonio entre personas del mismo sexo, las tras-

El Código Civil regula las relaciones privadas de acuerdo con una noción de individuo y un sujeto de derecho que, desde el momento de las primeras codificaciones (y durante largo tiempo después) fue el varón mayor de edad. Las mujeres, fueran mayores o menores, y los varones menores estaban subordinados a la autoridad del varón adulto en tanto este detentaba la condición de padre o esposo en el marco de la Familia. Solo por enmiendas y reformas sucesivas se fue incorporando la regulación de las relaciones extramatrimoniales y extrafamiliares a las nociones de igualdad jurídica.

Dentro del capítulo "Derecho de Familia", reviste particular interés el estudio del instituto de divorcio vincular, pues la derogación del matrimonio indisoluble (impuesto por el Concilio de Trento en 1563) supone un elemento fuertemente erosionador del Derecho de Familia como límite a los derechos individuales (libertad de contratar). Debe señalarse que el divorcio existía en todas las codificaciones, pero se trataba de un concepto que establecía la separación de cuerpos. Las personas solo podían contraer nuevas nupcias en el caso de muerte de uno de los cónyuges o de anulación especial. Solo el divorcio denominado absoluto disuelve el vínculo y habilita la posibilidad de un nuevo contrato.

Como se ha dicho, las regulaciones del Derecho Privado estuvieron también reforzadas por algunos instrumentos del Derecho Público. Así, en segundo lugar, para comprender más acabadamente el proceso de construcción de los derechos civiles, hay que considerar las pautas que el Derecho Penal impuso a las mujeres dentro del matrimonio.

---

formaciones sociales han llevado a algunos juristas a teorizar sobre la existencia de otras formas de constitución de la familia, esta tendencia no es en absoluto hegemónica ni predominante.

El Derecho Penal refiere a la potestad punitiva del Estado, orientada a asegurar los valores elementales consagrados en la esfera privada a través de la institución Familia y su inscripción en el matrimonio (en general, hasta bien entrado el siglo XX, indisoluble). Al respecto, Argeri (2005: 214) acerca un ejemplo que resulta muy ilustrativo del carácter ordenador (disciplinador y normativo) del matrimonio. En referencia a los varones indígenas de la Patagonia argentina, la autora señala que

> [...] si un hombre casado civilmente mataba a su mujer alegando infidelidad, no se le aplicaba la pena que el Código Penal prescribía para los homicidios; en cambio, si un concubino realizaba el mismo acto, el fiscal le acusaba de homicida y la pena dependía de la intencionalidad con la que hubiese cometido el acto.[34]

Dentro del matrimonio, el varón que matara a su mujer infiel quedaba exento de penas. Fuera del matrimonio, era un homicida. De este modo, se observa cómo el matrimonio civil (y en definitiva el Derecho Privado) actuaba para la organización del *orden* social. En los casos en los que el Derecho Privado fallaba (*e. g.,* entre los varones indígenas, todavía no *integrados* y por ende, en su mayoría, unidos a las mujeres por fuera de la Ley de Matrimonio Civil), venía en auxilio el Derecho Penal, esto es, el Derecho Público con sus mandatos "irrenunciables" y "obligatorios", que debían ser acatados por *toda* la población.

Asimismo, la consideración del Derecho Penal permite calibrar la función de la familia basada en el matrimonio como articuladora de mecanismos de dominación en otro sentido. Las penas desiguales por adulterio dentro del matrimonio (el varón solo era considerado culpable de

---

[34] Agradezco a María Argeri el haberme llamado la atención sobre este pasaje de su libro, contribuyendo con esto enormemente a la elaboración del problema de los derechos civiles.

este delito si existía "amancebamiento escandaloso") y los conflictos que surgen para los hijos nacidos de relaciones "adúlteras" están regidos por la denominada doble moral sexual. En suma, el Derecho Penal reforzaba la subordinación de las mujeres a un orden social fundado en la familia y dentro de ella en la autoridad exclusiva del varón, esto es, el orden patriarcal.

3. Los derechos en los códigos civiles

En los países latinoamericanos, los códigos civiles fueron moldeados según el Código de Napoleón de 1804. Desde luego, también hubo influencias provenientes del derecho romano, del derecho canónico y del derecho colonial. Pero, más allá del peso variable de estas diversas influencias, en todas las codificaciones se adoptó la cláusula de obediencia de la mujer al padre y al marido tomada casi literalmente de la ley francesa.[35]

La inferioridad jurídica de las mujeres no es una creación de la Revolución francesa. Puede decirse que es parte de una tendencia histórica *plurisecular* que tiene en el Concilio de Trento (1563) un momento decisivo y fundante, con la definición del matrimonio como acto sacramental indisoluble y bajo exclusiva jurisdicción de la Iglesia. En este marco, el Código de Napoleón es en verdad una institución bisagra.

En efecto, el Código francés fue emergente de las tensiones propias de toda revolución, las discurrentes entre las tendencias de ruptura y las de continuidad. Este Código no incorporó cuestiones que, en los inicios del proceso revolucionario, habían sido reivindicadas. Las ideas más

---

[35] Sobre este punto se ha consultado: Azevedo (2001); Bravo Lira (1992); Guzmán Brito (2004); Kluger (2002 y 2003); y Levaggi (2002).

radicales acerca de las mujeres pueden apreciarse en las formulaciones de Olympe de Gouges, particularmente en su Declaración de los Derechos de la Mujer de 1791. También se aprecian en el *Proyecto de Código Civil* de Jean-Jacques-Régis de Cambacérès, que con reformas se convirtiera luego en el Código Napoleónico, donde el jurista había contemplado la capacidad plena para las mujeres (luego desechada). Pero, al mismo tiempo, junto a las fórmulas de obediencia referidas más arriba, el Código estableció el matrimonio como contrato y al exigir el consentimiento mutuo de los cónyuges definió, en principio, a las mujeres como sujetos de derecho.[36]

Desde este punto de vista, puede pensarse que la codificación francesa fue una institución derivada del "giro" que significó la Revolución francesa (Sledziewski, 1993). Las mujeres, que hasta entonces no habían salido del "estado de naturaleza", según la perspectiva contractualista de la Ilustración, ahora tenían una clave legítima para acceder a la sociedad civil. Pero, como se sabe, por el mismo acto a través del cual ellas aparecían como sujetos de derecho, en razón de la potestad marital y del matrimonio, quedaban sometidas "mansamente al sacrificio", como expresara el jurista argentino Enrique E. Rivarola en una conferencia sobre los derechos de las mujeres pronunciada en 1918 (en fundamentos del proyecto de Leopoldo Bard, *DSCD*, 12 de septiembre de 1924).

Desde 1804 hasta el presente ha transcurrido un largo y lento proceso en el que los derechos de las mujeres fueron paulatinamente despojados de muchas de las fórmulas que los limitaban severamente. En ese largo y lento proceso, el matrimonio expresó un contrato social que para

---

[36] Sobre una mirada de género del proceso de la Revolución francesa, véase: Applewhite y Gay Levy (1984); Sazbón (2007); y Scott (1992).

las mujeres significó un "contrato sexual" de sujeción (Pateman, 1995). La institución del matrimonio civil delimitó una esfera de mayor incumbencia del Estado frente a la Iglesia y afirmó las capacidades estatales por sobre una sociedad en la cual hasta entonces existía una esfera privada de poder muy amplia. En efecto, la ruptura del lazo colonial había destituido el Estado monárquico, dando lugar a una fase de anarquía en la que no solo fue dificultosa la centralización del poder político (monopolio del Estado de la violencia física) sino también la regulación de la esfera privada (diferenciación institucional del Estado). Esta esfera privada se hizo cada vez más amplia en la medida que la precariedad de los arreglos estatales era contrarrestada con el ejercicio privado (o la privatización) de las funciones públicas.

En este contexto, los códigos civiles primero y el matrimonio civil después, significaron una recomposición de las fronteras entre lo público y lo privado, dotando al varón de un extensísimo poder, pero al mismo tiempo afirmando el poder del Estado sobre la vida de las personas a través del Derecho (en este caso, el Privado). Como salvaguarda del orden para todas aquellas situaciones no contempladas por el Derecho Privado, quedaba el recurso al Derecho Público. El ejemplo tomado de Argeri, más arriba, da cuenta de esto.

Así, junto a la "Ley de Matrimonio Civil" hubo otras leyes laicas a través de las cuales el Estado monopolizó y diversificó sus funciones de control: la Ley de Registro de las Personas, para anotar los nacimientos, los casamientos y las defunciones, y la Ley de Educación Laica, para "civilizar" a la población. Con el tiempo, el Estado se ampliaría aun más para absorber buena parte de las funciones por entonces en manos de asociaciones privadas (de caridad, filantrópicas, etc.) que se ocupaban de aquellos individuos ajenos a la unidad de medida de inclusión: la familia. Así, hubo políticas orientadas a las madres solteras, a los hijos ilegítimos, a los huérfanos, etc.

Sineau (1993) distingue entre el "modelo nórdico y anglosajón" y el "modelo europeo latino" de emancipación civil de las mujeres. Inglaterra y Estados Unidos fueron los primeros países que reconocieron la igualdad jurídica entre los sexos, en sucesivas instancias entre 1870-1920. La autora sostiene que es posible que la ética protestante y la industrialización hayan contribuido a esa más temprana transformación. En la década de 1920, también Noruega, Suecia, Dinamarca y Finlandia legislaron sobre igualdad civil entre varones y mujeres.[37]

Suiza es un caso curioso. En 1907 se promulgó un código civil favorable a la igualación del estatuto civil de las mujeres. Pero persistió una cláusula discriminatoria: para disponer de ciertos bienes, las mujeres necesitaban la aprobación de una autoridad tutelar (esto mismo no era requisito para los varones). El caso de Suiza es particularmente curioso también por otro aspecto: recién se legisló sobre el voto femenino a nivel nacional en 1971. A partir de allí, entonces, se superaron paradojales situaciones en las que, en virtud de la cláusula que desde mediados del siglo habilitaba a las mujeres para ejercer los derechos políticos a nivel comunal, una misma mujer podía detentar un cargo electivo en el ámbito local sin estar capacitada todavía para votar en el ámbito nacional.[38]

---

[37]   Como se explica más adelante, en el discurso jurídico, el "modelo nórdico" se inscribe en la categoría "derecho continental", mientras que el "anglosajón" se inscribe en la categoría "*common law*".

[38]   Como se verá enseguida, Suiza y Alemania no están contempladas en el "modelo europeo latino" que propone Sineau, esto es, el modelo que siguió la tradición inaugurada por el Código de Napoleón, pues según las ciencias jurídicas, las leyes de esos dos países se inscriben en el "modelo germánico". Este modelo, junto con el nórdico y el derivado del Código francés, integra la categoría "derecho continental".

Entre las características del modelo "europeo latino", según la misma Sineau, cuenta el peso del catolicismo y de la sociedad rural, que hicieron que el proceso fuera más limitado. En Italia, las mujeres accedieron a la capacidad civil plena en 1919, pero todavía subsistieron cláusulas restrictivas relativas al régimen de bienes de la sociedad conyugal. En España, las mujeres también tuvieron acceso a la capacidad civil plena, en este caso con la Constitución de 1931, pero esta pronto fue suspendida al caer la República. En Francia, hubo dos reformas, en 1938 y en 1942, aunque con carácter limitado, puesto que se mantuvo tanto la condición del varón jefe de la familia como las restricciones propias del régimen patrimonial que se adoptara. En América Latina, salvo algunos pocos casos, como se ha dicho, la capacidad civil plena se instituyó en la segunda mitad del siglo XX.

Más allá de este intento de modelización, Sineau (1993: 127) afirma que hacia 1945 "la paleta jurídica lo abarca prácticamente todo".

El jurista argentino Yorio (1943) trató de ordenar de algún modo este universo. En un ejercicio de legislación comparada, siguiendo al jurista chileno Arturo Alessandri Rodríguez, Yorio (1943: 129) clasifica las diversas situaciones nacionales relativas a los derechos civiles de las mujeres, distinguiendo tres grupos: 1) Estados donde se ha establecido la plena capacidad para las mujeres; 2) Estados en los cuales subsiste el principio de incapacidad, "pero son tantas las excepciones que se han admitido, que de hecho puede considerarse [a la mujer] capaz para la mayoría de los actos jurídicos"; y 3) Estados que mantienen el régimen de incapacidad "o que han admitido reformas muy relativas".[39]

---

[39]   El autor cita a Arturo Alessandri Rodríguez, *Tratado práctico de la capacidad de la mujer casada, de la mujer divorciada y de la mujer separada*

Aunque esta clasificación fue formulada en los años cuarenta y tiene ya más de medio siglo, todavía es muy útil para la consideración de la situación jurídica de las mujeres hacia los años 1920. En ese entonces, México estaba entre los casos que se ajustaban a la primera de las categorías. Según Yorio, esta singularidad se puede explicar por la influencia de su vecino Estados Unidos. Pero, seguramente, un factor condicionante es la Revolución mexicana de 1910 que terminó con el orden oligárquico encabezado por Porfirio Díaz (1870-1910). Más aun, ya bajo el *Porfiriato*, un régimen fundado en el orden pero también en el progreso, el Código Civil de 1884 había suavizado la sujeción de las mujeres a la potestad marital inscripta en el Código de 1870 y había dado mayores posibilidades a las mujeres para acceder a la administración de los bienes comunes, fuera por convención matrimonial o por sentencia de un juez.

El Estatuto de las Relaciones Familiares, promulgado en 1917, y luego el Código Civil de 1928, amplió las libertades de las mujeres hasta concederles la capacidad civil plena. No obstante, en México "predomin[ó] el intento por fortalecer la separación por géneros de las esferas pública y privada", puesto que al mismo tiempo que se ampliaron las libertades de las mujeres, se reforzó su obligación de dedicarse a las tareas domésticas y al cuidado de los hijos (Cano, 1993: 303). Otra instancia de avance en la legislación civil fue la institución del divorcio vincular en 1914. El Código Civil de 1928 ratificó todos estos cambios. No obstante, hasta 1974, el marido podía prohibir a la mujer el trabajo fuera del hogar. Hasta ese momento, también, correspondía a la mujer la dirección y los cuidados del hogar. El marido, en tanto, tenía la obligación del sostén económico.

También la realidad de los años 1920 de los países de América Central se inscribe en la primera de las categorías

---

de bienes, Santiago de Chile, 1940.

que Yorio ofrece. Hacia 1930, además, en esos países, regía el divorcio absoluto (también regía en Cuba, Haití, República Dominicana, Uruguay y Venezuela). Esta categorización es compatible con la que proponen Deere y León (2005). Las autoras identifican "dos trayectorias", distinguibles fundamentalmente por el impacto diferencial del liberalismo. Abordando solo tangencialmente la capacidad plena, se concentran en los derechos de propiedad de las mujeres casadas. Una trayectoria es la que siguieron los países de América Central y México, con la adopción del régimen de separación que otorgaba a las mujeres casadas el control sobre los bienes propios y sus frutos. La otra trayectoria es la seguida por los países hispanoamericanos del sur del continente, con un régimen de comunidad parcial, y por Brasil, con un régimen de comunidad universal.[40]

Ahora bien, ¿en qué categoría sitúa Yorio los casos tratados en este libro? El autor propone incluir a Argentina (de América Latina, también incluye a Colombia y a Cuba) en la segunda categoría, esto es, la que reúne a los Estados en los cuales subsiste el principio de incapacidad, pero en donde se admiten tantas excepciones que puede considerarse a las mujeres con capacidad para la mayoría de los actos jurídicos. Y propone incluir en la categoría tres, la que reúne a los países que mantienen la incapacidad o que han producido reformas muy relativas, a los casos de Chile, Brasil y Uruguay (entre otros del subcontinente). Es evidente que como el autor publicó su trabajo en 1943, coloca a Uruguay en esta tercera categoría porque todavía

---

[40]   Sobre los derechos de las mujeres en América Central, véase: León y Rodríguez Sáenz (2005) y Rodríguez Sáenz (2006). Para una visión sociológico-histórica de las particularidades del liberalismo en América Central, véase: Mahoney (2001). Para un panorama general de los derechos de las mujeres en América Latina, véase: Valdés y Gomariz (1995).

no se había sancionado la Ley de Derechos Civiles de la Mujer de 1946.

Considerando un tiempo de más larga duración, como se ha señalado ya en la Introducción, la clasificación es otra. Argentina y Chile tuvieron leyes que ampliaron las libertades de las mujeres en 1925 y 1926 respectivamente. Pero el carácter de las reformas fue en ambos casos limitado, si se tiene en cuenta la capacidad civil plena y la potestad marital. Yorio (1943: 93-98) sostiene que la reforma de Chile lo fue aun más, y por eso ubica estos dos países en "tipos" distintos. El autor se basa en que las ampliaciones establecidas en Chile dependían de la convención matrimonial que se estipulase entre los cónyuges y que esta era una práctica muy poco frecuente. Atendiendo a los mismos dos conceptos (capacidad civil plena y potestad marital), Uruguay (1946) es un caso de reforma de los derechos civiles de las mujeres de alta intensidad o extensión; Argentina (1968) es un caso de reforma de intensidad o extensión media; y Brasil (1962) y Chile (1989) son casos de reforma de baja intensidad o extensión restringida, aunque más demorada en el segundo caso.

El caso de Brasil ofrece una nota muy particular. Su Código fue proclamado en 1916 y por ende recibió influencias de fuentes posteriores a la fecha de sanción de los códigos de los otros países, datados en el siglo XIX. Fundamentalmente, Brasil tomó el Código de Alemania de 1896. Conocido como *BGB* (*Bügerliches Gesetzbuch*), el Código alemán comenzó a tomar forma en 1873, se proclamó en 1896 y entró en vigencia en 1900.

Es preciso anotar que el derecho continental europeo tiene tres grandes sistemas jurídicos: los sistemas derivados del Código francés, los sistemas derivados del derecho germánico y los sistemas jurídicos nórdicos. En todas sus variantes, el derecho continental se caracteriza por ser un derecho codificado, esto es, ordenado en un conjunto sistemáticamente articulado de normas legales, donde el juez tiene por función su aplicación. A diferencia del derecho continental, el modelo denominado *common law* se basa en las decisiones de los jueces en las cortes y tribunales, es decir, en un sistema jurisprudencial (*case law*), y no en la ley codificada como fuente de derecho (Aymerich Ojea, 2003). Estados Unidos y Canadá, excepto en solo dos de sus estados (Luisiana y Quebéc, respectivamente, que adoptaron la codificación de tipo continental), se rigen por el modelo anglosajón o *common law*.

El Código Civil de Francia de 1804 interesa en particular, no solo porque renovó profundamente el derecho continental, sino también porque fue asimilado por la mayoría de los países de América. Asimismo, interesa detenerse brevemente en el Código de Alemania, inscripto en el sistema germánico, pues, como se ha dicho antes, tuvo influencia en la codificación de Brasil.

Con un poder político fuertemente centralizado, Francia modeló un tipo de codificación en el que el juez simplemente debía pronunciar las palabras de la ley. En efecto, con el legado del pensamiento iluminista y cartesiano, el legislador se inclinó por dictar clasificaciones minuciosas y hacer de la doctrina el tronco de la codificación. Por su parte, Alemania logró la centralización del poder más tarde que Francia y cuando la restauración conservadora en Europa había dejado atrás los primeros impulsos revolucionarios. En ausencia de un poder político fuerte, fueron los juristas de la academia los que promovieron la modernización del Derecho alemán. Recién con la unificación de (Otto Eduard Leopold von) Bismark, Alemania tuvo su Código Civil. En este contexto, los tratadistas optaron por definir categorías generales y abstractas que pudieran abarcar la diversidad de situaciones vigentes. Con influencia de la filosofía kantiana, en el sistema jurídico alemán las prescripciones son breves y claras. Comparativamente, el juez tiene mayor libertad en la aplicación de la ley y en la contemplación de la variedad de circunstancias y situaciones reales.

En el sistema francés, el articulado contiene sentencias contundentes para reducir los márgenes de duda y facilitar la sentencia del juez. En cambio, en el sistema alemán, el articulado tiene un lenguaje técnico y de conceptos precisos. Para facilitar la interpretación, se omiten las teorizaciones doctrinarias y se utilizan las referencias de texto a texto del articulado (en vez de las citas al pie, utilizadas en el Código francés), que indican las concordancias de una disposición con las que le son afines.

Aunque suele decirse que representan dos "modelos" de codificación distintos, esta afirmación es más válida respecto de las formas que de los contenidos. En este segundo plano, el sistema francés y el sistema alemán no difieren: ambos "garantizan los intereses de la burguesía en las garantías de la propiedad y la familia" (Aymerich Ojea, 2003: 47).

Como se ha dicho, los códigos civiles son expresión jurídica de un momento de centralización del poder en el Estado Nacional.[41] En Argentina, Chile y Uruguay, los códigos acompañaron el proceso de modernización económica y política que se inició con la incorporación de sus mercados en el sistema capitalista mundial y con las constituciones políticas liberales dictadas a mediados de siglo. En Brasil, el código fue también expresión jurídica de un momento de centralización del poder, en ese caso, el alcanzado con la proclamación de la República en 1889.

Igual que Brasil (con la afirmación de una monarquía constitucional en 1822), Chile tuvo una temprana

---

[41]   La correlación consolidación del poder nacional / codificación se observa no solo en América Latina, sino también en Europa: en España (1889), en Alemania (1900) y Suiza (1907), entre otros.

centralización del poder político –en este caso, encarnada en una República conservadora y autoritaria–. Seguramente, esta temprana monopolización del poder con un formato republicano está en la base de su también temprana codificación de la Ley Civil de inspiración francesa.[42] El Código Civil chileno fue aprobado en 1855 y entró en vigencia en 1857. Su autor fue el jurista de origen venezolano Andrés Bello, quien comenzó la tarea en 1833 y la concluyó en 1853. El proyecto fue revisado por una comisión de especialistas de la cual el propio legislador formó parte. Bello era rector de la Universidad de Chile y su obra tuvo gran difusión en América Latina, a tal punto que muchos países adoptaron el Código por él elaborado casi literalmente. Aunque con influencia del Código de Napoleón, el Código chileno es considerado un "modelo original" tanto en su estructura como en sus conceptos.[43]

El otro código "modelo" en América Latina fue el de Argentina. Como en Chile, este también fue obra individual de un conspicuo jurista: Dalmacio Vélez Sarsfield. En 1864, el presidente Bartolomé Mitre (1862-1869) encargó a Vélez la delicada tarea. En 1869, el Código estuvo redactado y aprobado por el Congreso. Pero a diferencia de Chile, donde el proyecto de Bello fue sometido a sucesivas revisiones, en Argentina el trámite legislativo fue inmediato. El proyecto de Vélez fue remitido al Congreso el 25 de agosto de 1869. El 22 de septiembre entró en la Cámara de Diputados y tres días después pasó al Senado. Luego de álgidos debates sobre las conveniencias e inconveniencias de su sanción a libro cerrado, el proyecto se aprobó sin enmiendas. Entró

---

[42] Antes que Chile, proclamaron sus códigos civiles: Haití (1822 y 1825); Bolivia (1930); Costa Rica (1841) y República Dominicana (1845), tomando el Código Francés directamente (Guzmán Brito, 2001; Lerner, 2002).

[43] Sobre esto, véase: Bravo Lira (1992); Guzmán Brito (2004); Lerner (2002).

en vigor el 1 de enero de 1871. Como ministro del Gobierno Nacional, el propio Vélez formó parte de la Comisión de Legislación que debía aprobar su proyecto.

Aunque, en general, se reconoce la influencia del Código de Francia sobre el Código Civil de Argentina, Lerner (2002) sostiene que este estuvo influenciado por la doctrina francesa mucho más a través de sus juristas que a través del Código en sí mismo. Así, su estructura fue distinta y solo unos pocos artículos estuvieron tomados literalmente de la codificación francesa.[44] Vélez tomó como referencia el trabajo que el jurista Augusto Texeira Freitas estaba desarrollando en Brasil e intercambió con él ideas por correspondencia. Aunque mucho se ha afirmado acerca del rechazo de Vélez a las influencias del derecho español, Lerner (2002) señala que el codificador también tomó elementos de las *Concordancias* del jurista Florencio García Goyena (1851), a su vez, basado en las *Concordances entre les Codes Civils Étrangers et le Code Napoleón* de Fortuné Antoine de Saint-Joseph (1840).[45]

Un tema de gran controversia en el momento de sanción de la nueva Carta fue la cuestión del registro civil de las personas y del matrimonio civil. Quienes defendían la postura laica y liberal citaban como antecedente favorable la efímera ley de matrimonio civil de la provincia de Santa Fe, sancionada en 1867 y derogada en menos de un año. Quienes se oponían, evocaban el mismo antecedente para decir que su derogación había devuelto la paz entre el Estado y la Iglesia. Estos temas volvieron a emerger durante las presidencias de Julio A. Roca (1880-1886) y Miguel Juárez

---

[44]   Sobre la estructura del Código de Vélez, véase: Borda (1972) y Llambías (1995).

[45]   Este fue antecedente del Código Civil de España de 1889. El Código español siguió mayormente los lineamientos del napoleónico y se promulgó cuando gran parte de los países de América Latina ya habían dictado los propios.

Celman (1886-1890). En 1884, se promulgó la ley que creó
el Registro Civil de las Personas para la Capital Federal y
los Territorios Nacionales. En 1888, se proclamó la ley que
instituyó el Matrimonio Civil.

En la elaboración del Código, Vélez había pensado en
cierta igualación de la condición jurídica de las mujeres. Y
aun colocando a las mujeres casadas entre los incapaces,
introdujo algunos elementos adelantados para su época,
como el reconocimiento de la capacidad civil plena para
las mujeres solteras mayores de edad (con algunas restricciones de derecho, como por ejemplo, en materia de
testimonios), la reserva a la mujer del derecho (por cierto
muy poco utilizado en la práctica) de, por convención
antes del matrimonio, administrar algún bien raíz que ella
aportara a la sociedad o que adquiriera después por título
propio (art. 1217, inc. 2), y, fundamentalmente, el régimen
de bienes en el matrimonio de participación en los gananciales (art. 1272), que suponía una comunidad restringida.
De la sociedad, quedaban excluidos los bienes de los que
eran titulares los cónyuges al contraer el matrimonio y los
que adquiriesen después a título gratuito. Según sostiene
Moisset de Espanés (1980),

> [...] al proceder [Vélez] de esta manera lo hace inspirado por
> la idea de que ambos sexos deben recibir un trato jurídico
> igualitario, y lo dice en su polémica con Alberdi: "Nosotros
> partimos de una observación en la historia de la humani-
> dad, que cada paso que el hombre da hacia la civilización,
> la mujer adelanta hacia la igualdad con el hombre".

Tal vez sea más preciso afirmar que Vélez se inspiró
en la idea de que ambos sexos *recibirían* un trato jurídico
igualitario *gradualmente*, cuando se hubiera alcanzado
por fin la "civilización".[46]

---

[46]   Sobre la mencionada polémica, véase Levaggi (1992).

En los otros países, las regulaciones sobre las mujeres solteras eran similares, aunque hay que notar algunos elementos singulares. En Uruguay, la mujer soltera no podía abandonar la casa paterna hasta los 30 años. En Brasil, una cláusula permitía desheredar a la hija "deshonesta" que viviera en la casa paterna.

En contraste con los Códigos de Chile y Argentina, el de Brasil fue redactado y discutido en el Congreso durante más de tres lustros (entre 1899 y 1916). En rigor, Brasil fue el último país de Iberoamérica en codificar sus leyes civiles.

Como se ha dicho, allí descolló la obra del jurista Augusto Texeira Freitas. En 1854, el *Instituto dos Advogados do Brasil* (IAB) manifestó la urgencia de llevar a cabo la codificación. Freitas, que integraba el mencionado Instituto, quedó a cargo de la tarea. Aparecido en sucesivos tomos, entre 1854 y 1864, su *Esboço do Código Civil* finalmente quedó inconcluso cuando, en 1872, el legislador fue apartado de su cargo.

Ahora bien, que Brasil haya tenido su Código Civil recién en 1916 no significa que hasta entonces haya habido un vacío legal en materia de derecho privado. En efecto, durante ese largo lapso, el país estuvo regido por las *Ordenações Filipinas* legadas del orden colonial. En contraste con los otros países del Río de la Plata, que contaban con una legislación indiana, castellana e indígena, el Brasil colonial no conoció un ordenamiento "indiano" sino que directamente adoptó el lusitano (Kluger, 2002 y 2003).

Como en los otros países, en Brasil, la centralización del poder político y la voluntad de unidad nacional sirvieron de marco para impulsar la codificación de las leyes. En 1889, cuando se proclamó la República, se retomaron los trabajos legislativos. Tras la renuncia de Freitas, el gobierno del Imperio había encomendado la tarea al senador y consejero José Tomás Nabuco de Araujo, pero este murió seis años más tarde, dejando el trabajo sin terminar. En 1878, el gobierno nombró a Joaquim Felicio dos Santos. Este concluyó su obra en 1881, pero cuando la presentó al gobierno fue criticado y censurado gravemente. En 1889, la iniciativa de codificación tuvo renovado impulso. El ministro de Justicia del flamante gobierno republicano, Manoel Ferraz de Campos Sales, encomendó la elaboración de un proyecto al jurista Antonio Coelho Rodrigues –miembro destacado de las comisiones que se habían designado para analizar la iniciativa precedente–. En 1893, el proyecto estuvo concluido, pero fue rechazado tanto por el presidente Floriano Peixoto (1891-1894) como por el Senado.

En 1899, Campos Sales, esta vez en calidad de presidente (1898-1902), encomendó la tarea al renombrado jurista Clóvis Beviláqua, quien finalmente la llevó a cabo con éxito. Es importante señalar que Campos Sales fue el primer presidente civil de la República, siendo el predominio civil sobre el militar todo un signo de afirmación del poder estatal nacional.

El proyecto de Beviláqua llegó a la Cámara de Diputados los primeros días de noviembre de 1900. Una vez en el Congreso, fue sometido a un exhaustivo estudio por parte de una comisión revisora designada a tal efecto y presidida por el ministro de Justicia Epitácio da Silva Pessoa. Cuando estuvo revisado, el proyecto fue distribuido entre ilustrados juristas, el Supremo Tribunal Federal, los tribunales superiores estaduales y federales, las facultades de derecho, los colegios de abogados y los gobernadores. Tres edictos hicieron pública la convocatoria a acercar comentarios y sugerir modificaciones.

En 1901, se designó una comisión revisora compuesta de veintiún miembros. En esta instancia, fue manifiesta la influencia de Domingos Andrade Figueira, que había sido consejero durante el Imperio y que, entre otros tantos personajes ilustres, había sido convocado para auxiliar el trabajo de revisión. Figueira censuró el corte innovador de las ideas de Beviláqua en nombre de la virtud de las ideas tradicionalistas y conservadoras.[47]

En efecto, Beviláqua sostenía concepciones rupturistas respecto de los valores predominantes. Mientras el conservadurismo proclamaba la inferioridad de las mujeres en razón de su naturaleza, el proyecto de Beviláqua desestimó la existencia de desigualdades supuestamente naturales entre sexos y propuso igualar la capacidad para varones y mujeres, así como también propuso legislar sobre el divorcio vincular.[48] No obstante, fundando su argumento en la necesidad de erigir una autoridad que asumiera la dirección del matrimonio y de la familia y, de este modo, pudiera "*harmonizar as relações da vida conjugal*", propuso la jefatura de la sociedad conyugal en manos del hombre (Beviláqua, 1906: 93). Subyacía una noción de "función" y no de "naturaleza".

Finalmente, no se legisló sobre capacidad plena para las mujeres casadas ni sobre divorcio. Pero, por lo demás, según Lacerda (1916), el proyecto mantuvo sus lineamientos generales. En cuanto al divorcio, si bien este fue rechazado, se introdujo la figura de "desquite", "amigable" o "judicial" (arts. 315-318). El "desquite" denominaba, con otro término, la ya conocida figura de separación de cuerpos y de bienes (que no disolvía el vínculo matrimonial).[49]

---

[47]   Domingos de Andrade Figueira fue un conspicuo abogado y jurisconsulto recibido en la Facultad de Derecho de São Paulo. Fue diputado desde 1869 hasta 1889 y ferviente partidario del anti-esclavismo. En 1886 fue presidente de la Cámara y en 1888 consejero. Murió en 1910. Véase: www.camara.gov.br.

[48]   La cuestión del divorcio en el proyecto de Beviláqua aparece tratada en Diggiovani (2003) y Rodrigues (1982). También, en *Actas del Primer Congreso de Derecho Civil*, Universidad Nacional de Córdoba, 23 de mayo de 1927.

[49]   Se habían presentado ya varios proyectos de divorcio, dos en la Cámara de Diputados (uno en 1893, iniciativa de Érico Marinho y otro en

En 1902, el proyecto de Beviláqua volvió a la Cámara de
Diputados y de allí pasó al Senado, donde fue sometido a
una nueva revisión por parte de una comisión presidida por
el senador Rui Barbosa. Esta comisión sugirió enmiendas de
orden gramatical en casi todo el articulado de la ley, lo cual
demoró el trámite legislativo durante un tiempo más. En
1911, el Senado aprobó el proyecto de Beviláqua en segunda
lectura y el 31 de diciembre de 1912 arribó a la Cámara de
Diputados, donde fue aprobado en tercera lectura. En su
revisión, el Senado introdujo más de 1700 enmiendas, que
fueron consideradas en las sucesivas reuniones ordinarias
y extraordinarias. El texto finalmente fue aprobado el 1 de
enero de 1916, con vigencia desde el 1 de enero de 1917.

El Código Civil de Uruguay ha tenido menor trascendencia en la historia de las codificaciones latinoamericanas.
Allí, el Código fue obra de Tristán Narvaja, jurista de origen
argentino pero radicado en el país desde 1839. Narvaja
era catedrático de Derecho Civil en la Universidad de la
República. El proyecto fue redactado en 1866 y convertido
en ley en 1868. Un antecedente decisivo fue el proyecto
elaborado por el jurista Eduardo Acevedo (impreso en
1852), el cual no tuvo curso debido a que el país había
quedado devastado tras el fin de la Guerra Grande en
1851. También influyeron los trabajos del argentino Vélez
Sarsfield y del brasileño Texeira de Freitas. Una comisión
de destacados juristas fue convocada para evaluar el resultado de los trabajos de Narvaja. El Código entró en vigor
el 1 de enero de 1869.

Como se ha dicho, el Código de Napoleón estableció
que el marido debía protección a la mujer, y la mujer debía obediencia al marido (art. 213). Siguiendo en esto los

---

1896) y otros dos en el Senado (uno en 1899 y otro en 1900, iniciativa
de Martinho Garcez). Todas las propuestas fueron rechazadas, si bien
esta última tuvo tratamiento en el Congreso (Archanjo, 2008).

principios del Derecho romano, el Código de 1804 se basó en una concepción patriarcal de la familia, organizada sobre la base de la potestad marital, en razón de la cual el marido tenía amplios poderes sobre la persona y sobre el patrimonio de la mujer y de los hijos, y era el jefe de la sociedad conyugal. Estos elementos se observan en los códigos de los cuatro países estudiados.

No obstante, como también se ha dicho, el Código napoleónico estableció el matrimonio como contrato civil y el divorcio por mutuo consentimiento (art. 275 a 294). Pero con la restauración, en 1816, se suprimió totalmente el divorcio. En 1884, se lo restituyó "por causas graves", pero no por mutuo consentimiento. Hacia 1880, también los códigos de Chile, Argentina y Uruguay legislaron sobre matrimonio civil (siempre manteniendo el matrimonio como vínculo indisoluble). En Brasil, la codificación fue posterior pero la renovación jurídica en materia de matrimonio fue contemporánea (1890, Matrimonio Civil; inscripto en la Constitución Nacional de 1891).

El Código argentino fijó la incapacidad jurídica de la mujer casada (art. 55) y estableció que el marido era su representante legal (art. 57). Por la cláusula de incapacidad, la mujer casada no podía estar en juicio (art. 211), ni contratar (art. 212), ni aceptar o repudiar herencia (art. 3.334) sin autorización del marido. Por su parte, la mujer soltera mayor de edad era plenamente capaz de hecho, pero estaba afectada por algunas incapacidades de derecho. No podía ser ni tutora, ni curadora, ni testigo.[50] Asimismo, la mujer casada debía seguir el domicilio del marido (art. 90). En cuanto a la sociedad conyugal, el marido era el administrador legal de los bienes del matrimonio, incluso los de

---

[50]   Como se verá en el capítulo 3, la ley de 1926 derogó todas estas incapacidades de las mujeres solteras y también igualó los derechos de las viudas y las divorciadas.

la mujer (art. 1276). El régimen legal era el de la sociedad de bienes gananciales (art. 1272). El Código prohibió las convenciones entre cónyuges, salvo las muy circunscriptas del artículo 1217, y dispuso la invalidez de todo pacto o renuncia de los derechos sobre los gananciales de la sociedad conyugal (arts. 1217-1221).

En Uruguay, el Código estableció que el marido debía protección a la mujer, y la mujer obediencia al marido (art. 128). El legislador Narvaja había vivido varios años en Chile y fue testigo del proceso de elaboración del código del país transandino. Cuando le tocó realizar la codificación en Uruguay siguió la línea austera de aquel país, aunque en otros aspectos siguió los trabajos de Vélez y Freitas, con los cuales también había tomado contacto. En el Código de Narvaja, igual que en los otros, las mujeres casadas eran consideradas incapaces (art. 1280). El régimen de bienes era el de comunidad entre los cónyuges y el marido era el administrador legal (art. 130). Las mujeres no podían contratar ni estar en juicio sin licencia de su marido (art. 131). Tampoco podían adquirir por título oneroso ni lucrativo sin la venia del marido (art. 134).

El Código chileno estableció que el matrimonio era "un contrato por el cual un hombre y una mujer se unen actual e indisolublemente, y por toda la vida, con el fin de vivir juntos, de procrear, y de auxiliarse mutuamente" (art. 102). Siguiendo casi literalmente al Código de Napoleón, dispuso que el marido debía protección a la mujer y esta obediencia al marido (art. 131). Dispuso también "la potestad marital", en tanto "conjunto de derechos que las leyes conceden al marido sobre la persona y bienes de la mujer" (art. 132).

De estos principios se derivaba que la mujer casada era considerada incapaz (art. 1447) y que el marido era el jefe de la sociedad conyugal (art. 1749). Asimismo, la mujer unida en matrimonio debía seguir el domicilio del marido (art. 71 y 133). El marido tenía el derecho de administrar los bienes de la mujer (art. 135). Sin autorización del marido, la mujer no podía comparecer en juicio (art. 136), ni celebrar contrato, ni desistir de uno anterior, ni remitir una deuda, ni aceptar o repudiar herencia, legado o donación, ni enajenar, ni hipotecar o empeñar, ni adquirir a título onerosos o lucrativo (art. 137). La incapacidad quedaba derogada solo en caso de que la mujer ejercitase profesión o industria, cuando estuviese separada de bienes o divorciada en forma perpetua (art. 149). Para la mujer casada que ejerciera profesión o industria se presumía la autorización general del marido para todos los actos y contratos concernientes a su profesión o industria, mientras no hubiere manifestación opuesta por parte del marido (art. 150). Por capitulaciones matrimoniales, celebradas antes del matrimonio, la mujer podía separar una parte de sus bienes propios y reservarse su administración, e incluso fijar una suma de dinero que a modo de pensión podía retirar de los bienes administrados por el marido (art. 1720).

Respecto del instituto de divorcio (separación de cuerpos): en este caso, las madres quedaban a cargo de todos los hijos de cualquier sexo menores de cinco años y de todas las hijas de cualquier edad; los padres quedaban a cargo de los hijos varones (al menos que el juez estipulase otra cosa) (art. 223 y 224).

En Brasil, como se ha dicho, el Código estuvo influenciado por el BGB, y por el Código Suizo de 1907, que innovaron en materia de régimen de bienes en el matrimonio. Junto a estos dos, el Código brasileño fue considerado un caso ejemplar entre sus contemporáneos. Bevilácqua dispuso tres regímenes de bienes: de comunidad universal (todas las propiedades de la sociedad conyugal constituyen un patrimonio común); de comunidad parcial (se unen los bienes adquiridos durante la vigencia del matrimonio, excepto algunos estipulados expresamente, como herencias y donaciones, y cada uno de los cónyuges tiene reservado el patrimonio personal adquirido antes de la celebración del casamiento); y de separación total (aplicable a situaciones excepcionales). El primero de estos regímenes era considerado el legal, esto es, el vigente en caso de no optar la pareja por otra forma de administración del patrimonio.

El Código brasileño estableció que los cónyuges tenían libertad para contratar el régimen legal de bienes (art. 230) y en el caso de elegir la separación de bienes, la mujer estaba autorizada para administrar libremente los suyos y hasta enajenarlos si fueran muebles (art. 276).

El caso ofrece otra particularidad: el decreto sobre matrimonio civil de 1890 había conferido al marido la jefatura de la sociedad conyugal y la responsabilidad pública de la familia, pero al mismo tiempo le atribuyó la obligación de la completa manutención de la familia. Con la sanción del Código de 1916, la manutención de la familia pasó a ser una responsabilidad conyugal: el artículo 240 declaraba que la mujer era compañera, consorte y colaboradora del marido en el seno de la familia. Lo que pretendió ser una fórmula progresista, parece haber tenido consecuencias regresivas, pues las mujeres casadas vieron aumentadas sus responsabilidades, pero siguieron siendo consideradas jurídicamente incapaces y el esposo siguió siendo considerado jefe de la sociedad conyugal.

El Código también dispuso que a la mujer casada se le exigiera autorización marital para ciertos actos, tales como: ejercer profesión (art. 242), aceptar o repudiar una herencia o un legado, aceptar una tutela, curatela o cualquier otro cargo público, estar en juicio, y contraer una obligación que pudiera provocar la venta de bienes del hogar (art. 243). Y estableció que la mujer que ejerciera profesión lucrativa estaba facultada para practicar todos los actos relativos a su ejercicio y a su defensa, así como de disponer libremente del producto de su trabajo (art. 246). Pero el poder del marido quedó limitado al exigírsele el requisito de consentimiento de la mujer para los actos relativos a la disposición de los bienes de la pareja (en realidad, el poder de ambos, pues lo mismo se exigía a la mujer) (art. 235). Asimismo, la mujer casada estaba autorizada para comprar las cosas necesarias para la economía doméstica, para tomar préstamos para ello y para contraer obligaciones concernientes a la industria o la profesión ejercida con el consentimiento del marido (art. 247).

Aun con todos los atenuantes señalados, las libertades de las mujeres dentro del matrimonio seguían seriamente limitadas, pues además de ser consideradas incapaces (art. 6), quedaban supeditadas a la posición del marido como jefe exclusivo de la sociedad conyugal (art. 233).

En cada uno de los países estudiados, la codificación fue parte del movimiento de reformas liberales que sirvió a la centralización del poder por parte del Estado. En Uruguay, después de aprobado el Código, se legisló sobre el registro civil en 1879 y sobre el matrimonio civil en 1885. La separación de la Iglesia y el Estado quedó plasmada en la Constitución de 1919. En Chile, la Ley de Matrimonio Civil data de 1884 y la separación de la Iglesia y el Estado de 1925, cuando la Constitución proclamada ese año así lo dispuso. En Argentina, la Ley de Matrimonio Civil data de 1888. A diferencia de los otros países, no hubo una medida explícita de separación entre Iglesia y Estado, aunque algunos juristas opinan que esta ocurrió progresivamente, de hecho. En Brasil, en 1889, el mariscal Deodoro da Fonseca proclamó la República. Enseguida, bajo su gobierno provisional se instituyó la separación entre la Iglesia y el Estado y el matrimonio civil, quedando estos cambios consagrados en la primera *Constitución republicana* (1891).

Pero las reformas liberales que sirvieron a la consolidación del Estado y la estructuración de las sociedades latinoamericanas tuvieron rasgos particulares: la ideología liberal se combinó de modo original con la estratificación social y racial, la dependencia económica y una marcada tendencia al centralismo. Según el historiador Hale (1991), hacia 1870, el liberalismo era un "mito unificador". Por entonces, frente al constitucionalismo de raigambre liberal, acusado de ser demasiado abstracto, comenzó a imponerse el pensamiento positivista, que fomentaba un espíritu pragmático y un culto fervoroso al progreso material.

En referencia a los códigos civiles, la influencia del positivismo solo importa en el caso de Brasil, pues este fue el único país que promulgó su código cuando esta corriente de pensamiento ya se había erigido como justificación ideológica del orden social y político.

A diferencia de otros países, en Brasil, el pensamiento positivista fue de cuño *comteano*, con ribetes filosófico-religiosos. Carvalho (1990) señala la importancia de la Iglesia positivista en la construcción simbólica de la mujer como madre de la Nación en la legitimación de la Primera República. Esta construcción estaba edificada sobre las ideas de Benjamin Constant, Miguel Lemos y Raimundo Texeire Mendes. En la escala de valores positivistas se ponderaba la humanidad, la patria y la familia. Con ello se ponderaba a las mujeres, que representaban idealmente los tres estadios en tanto madres. Esta ponderación servía para justificar la visión de las esferas separadas: reclusión en el hogar y exclusión del foro público.

Esta visión particular del positivismo estuvo contrapesada por algunas corrientes críticas, la más notable de las cuales fue la *Escola do Recife*, liderada por Tobias Barreto y surgida en la Facultad de Derecho de Olinda, Recife, en los años 1870. Esta facultad fue creada en 1828, hoy Facultad de Derecho de la Universidad Federal de Pernambuco. La otra facultad que se creó en la misma época es la Facultad de Derecho de São Paulo (en 1927). La *Escola* tuvo tres fases sucesivas: una poética (en la década de 1860), una filosófica (en la década de 1870) y una jurídica (desde la década de 1880 hasta principios del siglo XX). El desempeño de Barreto como profesor de la mencionada facultad pernanbucana marcó el inicio de la tercera etapa. Por haberse originado en una de las primeras facultades de Derecho del país, la *Escola do Recife* fue, durante mucho tiempo, cuna de conspicuos referentes intelectuales y culturales del orden oligárquico.

De esa corriente participó, entre otros, el jurista Beviláqua. Nacido en Ceará, Beviláqua estudió derecho en Recife y fue catedrático de esa facultad en los cursos de Derecho Civil y Derecho Comparado. Así, el Código Civil que él elaboró estuvo fuertemente imbuido de esta corriente crítica.

La *Escola* reivindicaba la noción de progreso científico, pero lo hacía invocando la doctrina de Herbert Spencer por considerarla más flexible y más apta para ofrecer soluciones a los problemas de la sociedad (influencia marcada en Silvio Romero). Así, se criticaba al positivismo comteano que promovía la subordinación a un dogma, dictando a sus seguidores no solo una convicción científica, sino también un criterio moral y artístico. El carácter determinista y esterilizante propio del positivismo de cuño comteano era contrapesado por la *Escola* con la noción de conciencia o razón de inspiración alemana (influencia marcada en Tobias Barreto). Las ideas jurídicas derivadas de estas posiciones influyeron en los trabajos de codificación de las primeras décadas del siglo XX.[51]

---

[51] La *Escola* es considerada uno de los primeros movimientos de reivindicación nacional, de elaboración de un pensamiento propio y original en Brasil. Desde el punto de vista de las ideas jurídicas, el movimiento se opuso a la monarquía y a la esclavitud. En la década de 1920, cuando

Capítulo 2
Las fórmulas jurídicas a debate

1. Fuera del Congreso: las demandas de las mujeres

Los primeros esfuerzos orientados a cambiar la situación jurídica de las mujeres surgieron a comienzos del siglo XX. Cardoso y Faletto (1990: 55) denominan a este momento crucial "período de transición", destacando

> [...] el proceso histórico-estructural en virtud del cual la diferenciación de la misma economía exportadora creó las bases para que en la dinámica social y política empezaran a hacerse presentes, además de los sectores sociales que hicieron posible el sistema exportador, también los sectores sociales imprecisamente llamados "medios".

Con el comienzo del nuevo siglo, las incipientes clases medias comenzaron a reclamar su acceso a la representación política y a las garantías patrimoniales cuestionando la forma oligárquica de dominación que había acompañado a la consolidación del Estado. Así, el denominado primer feminismo debe ser añadido al conjunto de movimientos que, según Ansaldi (2003), encarnaron las "disrupciones urbanas" que pusieron en jaque a esa forma de dominación tan extendida en las "sociedades agrarias" latinoamericanas.

El escenario internacional era propicio. El cambio de siglo entrañó también un cambio sustantivo en la hegemonía internacional: el pasaje del intervencionismo europeo a la tutela norteamericana. En este marco, hubo

---

toda América Latina se abocó a la búsqueda de identidad y pensamiento propios, la *Escola* fue reivindicada y vinculada a la Semana de Arte Moderna de São Paulo, expresión del movimiento modernista en Brasil, sirviendo a la reflexión crítica y a la toma de conciencia sobre las raíces culturales del país (Chacon, 2008; y González *et al.*, 2006).

un intento de revitalización del proyecto panamericanista, promovido por Estados Unidos desde los años 1880, que asumía la igualdad, la fraternidad y la identidad de intereses entre todos los Estados del continente. El intento no estuvo exento de tensiones. En 1902 una fuerza naval tripartita (Inglaterra, Alemania e Italia) bloqueó los puertos venezolanos, suceso a partir del cual se generaron dos célebres cuerpos doctrinarios, que se incorporaron luego al derecho internacional: el Corolario Roosevelt a la Doctrina Monroe y la Doctrina Drago.

La Doctrina Monroe invoca el nombre del presidente norteamericano James Monroe (1817-1825). El corolario propuesto por el presidente Theodore Roosevelt (1901-1909) confirmaba la unilateralidad del gobierno de Estados Unidos en el manejo de las relaciones internacionales del continente americano, sosteniendo que solo correspondía a Estados Unidos el uso de la fuerza para intervenir en los países deudores. El segundo cuerpo doctrinario invoca el nombre del canciller argentino Luis María Drago, quien protestó ante el secretario de Estado norteamericano, negando la intervención de la fuerza militar en las relaciones entre Estados soberanos deudores y acreedores.

Más tarde, en medio de la debacle que significó el estallido de la Primera Guerra Mundial, el gobierno de Estados Unidos encontró oportuno el momento para reavivar su proyecto panamericanista. Nuevamente, surgieron tensiones. La V Conferencia Panamericana realizada en Santiago de Chile en 1923 y la VI Conferencia organizada en La Habana en 1928 estuvieron atravesadas por fuertes polémicas. Fundamentalmente, la mayoría de los países latinoamericanos defendía la no intervención y la igualdad jurídica entre los Estados, amenazada por los frecuentes arrebatos de Estados Unidos sobre las soberanías nacionales, ejemplarmente a través de sus *marines*.

En 1933, la VII Conferencia reunida en Montevideo finalmente consagró los principios de no agresión y conciliación. En esta época, el gobierno de Franklin Roosevelt (1933-1945) implementaba la política de la buena vecindad hemisférica, por la cual Estados Unidos renunciaba a intervenir directa y unilateralmente en los asuntos latinoamericanos. Con nuevos argumentos, ahora extraídos del *New Deal*, Estados Unidos buscaba una vez más revitalizar el proyecto panamericanista.

Pero la estrategia de cooperación interamericana recién se consolidó con la creación de la Organización de Estados Americanos (OEA) en 1948, de la cual la Unión Panamericana se convirtió en órgano central. En estos mismos años también se creó la ONU, que reemplazó a la Liga de las Naciones (1920-1946). Estas unidades supranacionales, ahora claramente bajo la hegemonía política, económica y militar de Estados Unidos, indicaban la institucionalización de las relaciones internacionales surgidas tras el final de la Segunda Guerra Mundial.

En este escenario, hubo dos hitos que reforzaron el perfil "transnacional" del primer feminismo.[52] El primero es la I Conferencia Panamericana de la Mujer reunida en Baltimore (Estados Unidos) en 1922. En 1915-1916, el Segundo Congreso Científico Panamericano celebrado en Washington había excluido expresamente la participación de las mujeres, quienes decidieron organizar un congreso auxiliar y fundar la Unión Panamericana de Mujeres. Como consecuencia, se organizaron comités de mujeres en varios países, que fueron los que luego convocaron a la reunión de Baltimore.

---

[52]   Lau (2009) toma el concepto "feminismo transnacional" de Francesca Miller, "Latin American Feminism and the Transnational Arena", en *Seminar on Feminism and Culture in Latin America, Women, Culture, and Politics in Latin America*, University of California Press, 1990, p.10.

El segundo hito es la V Conferencia Panamericana reunida en Santiago (Chile) en 1923, donde hubo presiones por parte de las mujeres y acuerdo por parte de los conferencistas de tratar en futuras conferencias la discriminación jurídica contra la mujer y de aceptar la participación femenina en dichas reuniones. Así, durante la VI Conferencia de 1928, el delegado por Uruguay, Jacobo Varela Acevedo, seguramente influenciado por su esposa Olga Capurro (quien participó de la Conferencia de Baltimore y promovió la Alianza Uruguaya para el Sufragio Femenino), propuso que se oyese a las mujeres representantes de las asociaciones femeninas que provenían de los diferentes países. La iniciativa fue aceptada. Como resultado, ese mismo año se creó la Comisión Interamericana de Mujeres (CIM). La estadounidense Doris Stevens presidió la CIM. Por Argentina, formó parte Ernestina López de Nelson. También hubo representantes de Chile (además de Colombia, Venezuela, Perú, Haití, República Dominicana, Panamá, El Salvador, Costa Rica, Guatemala y Nicaragua) (Lau, 2009).

En 1933, la CIM promovió la Convención Interamericana sobre la Nacionalidad de la Mujer, primer instrumento de carácter internacional que reconocía los derechos específicos de las mujeres, y que les permitía mantener su nacionalidad de origen en caso de matrimonio con extranjeros. En la reunión de 1933, también se oyeron resoluciones relativas a la ampliación de la capacidad jurídica de las mujeres casadas. Estuvieron presentes la brasileña Bertha Lutz (quien presentó un trabajo sobre la nacionalidad) y la uruguaya Sofía Álvarez Vignoli de Demicheli, como se verá más adelante, dos mujeres que protagonizaron los procesos de emancipación civil femenina en sus respectivos países.

En 1938, la VIII Conferencia Panamericana aprobó la Declaración de Lima, en la que hubo consideraciones a favor de los derechos de las mujeres. Pero entre 1939 y 1945, la Segunda Guerra Mundial soslayó el debate sobre la cuestión femenina. A partir de entonces, el denominado primer feminismo fue menguando hasta perder significación. Las razones son varias, pero sin duda un factor de peso fue el acceso al voto, que hizo prevalecer las inscripciones político-partidarias por encima de las voluntades de asociación autónoma.

En suma, fue durante las tres primeras décadas del siglo XX que, en el marco de la incorporación del matrimonio civil en las codificaciones nacionales y, seguramente, alentados por el contexto internacional favorable, diversos grupos de mujeres presionaron por la reforma del estatuto jurídico femenino en el ámbito nacional, reclamando derechos civiles, políticos y sociales.

El denominado primer feminismo fue un movimiento urbano, encabezado por mujeres de clases medias y altas, en general, profesionales. Como se ha dicho, paradójicamente, este movimiento no cuestionaba la matriz universalista de creación de derechos –de hecho, demandaba los tres tipos de derechos al mismo tiempo–, pero lo hacía reivindicando una condición diferencial: el sexo.

Sobre el papel de las mujeres educadas, hay que recalcar los efectos de la "empresa pedagógica" del liberalismo de los años 1870, que había entrañado la promoción de algunas mujeres universitarias. En la medida en que las mujeres accedieron a la educación, revolucionaron el concepto de ciudadanía (aunque desde luego se trata de una "revolución silenciosa"). Barrancos (2007) utiliza esta expresión en referencia a la notable política educativa llevada adelante por Domingo F. Sarmiento en Argentina en los años 1870. Pero también en Uruguay, en 1877, se inició una Reforma Escolar impulsada por José Pedro Varela, que promovía la educación "laica, gratuita y obligatoria" como educación "científica e igualitaria" para ambos sexos. Y en Brasil, en 1879, se aprobó una ley de reforma de la educación que habilitó a las mujeres el acceso a la formación superior.

En Chile, la Ley Orgánica de Instrucción Primaria data de 1860, firmada por el presidente Manuel Montt (1851-1861). Pero también hubo otro cambio en 1877, cuando se admitió a las mujeres en la universidad (decreto firmado por el ministro Miguel Luis Amunátegui).

Siguiendo la interpretación que proponen Nari (2000) y Barrancos (2002) para el caso argentino (pero extensible a los otros casos), se observa que este primer feminismo tuvo dos vertientes: una conservadora, más ligada a la tradición y al catolicismo; y otra reformista, más liberal y radical. En ambas vertientes el interés por la reforma del estatuto jurídico fue similar, en la medida que las dos definieron los derechos con base en esa matriz universalista que, como se ha dicho, anudaba los tres tipos de derechos: los políticos, los civiles y los sociales. Claro que esta clasificación no considera al anarquismo, del cual incluso las posiciones más liberales radicales distaron significativamente. Al respecto, Ehrick (2000: 229) afirma:

> [A] largo plazo la vía de la liberación sexual resultó más amenazante e incontrolable, por lo que, en general, la ventana del "amor libre" se cerró tan rápido como se abrió. En su lugar quedó un discurso feminista –escandaloso pero finalmente menos subversivo– enfocado en la obtención de la igualdad femenina dentro de la esfera legal y política, y apartado de los elementos más 'íntimos' y efímeros del anarquismo libertario.

Ese primer feminismo, tanto en su vertiente liberal como conservadora, muchas veces expresó la prioridad de los derechos políticos como llave de acceso a los otros, pero esta jerarquía pudo haber obedecido a razones de estrategia. Con el encumbramiento de los derechos políticos, es posible que las mujeres hayan buscado sortear los discursos de exclusión de muchos varones conservadores y también liberales, que postulaban la (eventual) educación femenina como llave de acceso a la ciudadanía. De este modo, el discurso de jerarquización y priorización de los derechos políticos puede ser leído como una forma de reacción contra ese otro discurso etapista, que era el dominante, de priorización de un derecho civil, la educación, por sobre los otros.[53]

Como es sabido, en los mismos años, también dentro del incipiente movimiento obrero las mujeres se movilizaron en pos de sus derechos. En rigor, hubo una progresiva incorporación de las mujeres al mercado de trabajo, en el marco del éxito del modelo primario-exportador que trajo consigo un incipiente crecimiento de industrias subsidiarias, incremento de la urbanización y ampliación del mercado interno. En las ciudades, algunas mujeres se involucraron en el movimiento obrero combativo con influencia de las ideologías socialistas y anarquistas y otras se incorporaron a las asociaciones obreras controladas por el catolicismo. Otras simplemente trabajaban. En conjunto, desde fines del silgo XIX y más enfáticamente en las primeras décadas del siglo XX, el trabajo femenino en las urbes fue un factor que desafió las concepciones culturales más arraigadas en las clases dominantes.

Las mujeres se insertaron laboralmente en las grandes fábricas con trabajos feminizados o con trabajos en cuyo desempeño competían con el varón. Sobresalieron las contrataciones en los establecimientos dedicados a la producción textil, de sombreros, alpargatas, guantes, medias, lencería, etc.; o a la producción de alimentos, cigarrillos y fósforos. Asimismo, hubo mujeres que ingresaron al mundo del trabajo en talleres medianos y pequeños, siempre dedicadas a algún tipo de producción manual. En buena parte, las mujeres eran contratadas por las empresas pero

---

[53] La educación pasó a ser un derecho social en la medida en que el dominio público avanzó sobre esta prerrogativa privada, con las leyes laicas de fines del siglo XIX y más notablemente en la era de los estados de bienestar o de compromiso en el siglo siguiente.

el desempeño de la tarea se realizaba en el propio domicilio. También se empleó mano de obra femenina en el sector terciario y de servicios, en el servicio doméstico, en educación, en salud, en comunicaciones y en actividades administrativas y de comercio.

El primer feminismo fue un fenómeno cuyo *locus* fueron las grandes ciudades. En el ámbito rural, el trabajo de las mujeres fue menos propenso a poner en evidencia las contradicciones con los discursos de la domesticidad. En la medida en que la modernización social alcanzó a las estructuras agrarias, los derechos civiles cobraron relevancia también en ese ámbito.[54]

El Estado recurrió a diversas estrategias de disciplinamiento tendientes a la institucionalización de los conflictos. Respecto de las estrategias aplicadas a las trabajadoras urbanas, Brito (*et al.*) (2007: 397) sostiene que "los haceres de las mujeres populares dejan de ser reconocidos. Las mujeres madres se transforman ahora en sujetos de derecho y se las incorpora en dicha condición; la maternidad pasa de ser un proceso natural a un objeto para la acción de políticas públicas".[55]

Uno de esos "haceres" de las mujeres trabajadoras fue la participación en las huelgas obreras. La actuación no solo a través del trabajo, sino más peligrosamente a través de la acción colectiva en pos de sus derechos era contradictoria con los valores de domesticidad y con la visión de exclusión política dominantes.

Las estrategias de disciplinamiento funcionaron a tal punto que cuando, durante las primeras décadas del siglo,

---

[54]   No son muchos los trabajos que se dedican a este punto. Véase: Deere y León (2000 y 2003).

[55]   Dos trabajos desarrollan este punto para el caso de Argentina: Lobato (2007) y Nari (2005). Para el caso de Chile, véase: Brito (2005). Lavrin (2005) se ocupa de estos dos casos y de Uruguay.

varones y mujeres comenzaron a plantear demandas de emancipación femenina, paradójicamente, estas demandas invocaron la condición de esposas y madres de familia como instrumento de legitimación. Desde luego, hubo expresiones disonantes, aunque, hay que decirlo, menos visibilizadas en los registros históricos. El siguiente testimonio anónimo da cuenta de cierta polifonía:

> Es un error grande, y de los más perjudiciales, inculcar a la mujer que su misión única es la de esposa y madre; equivale a decirle que por sí no puede ser nada, y aniquilar en ella su yo moral e intelectual [...]. Es por ello que lo primero que necesita la mujer es afirmar su yo, su personalidad, independiente de su estado, y persuadirse de que, soltera, casada o viuda, tiene deberes que cumplir, derechos que reclamar, dignidad que no depende de nadie [...]. ("Para la mujer", *La Vanguardia*, Valparaíso, 23 de octubre de 1919, en Lavrin, 1997: 75).

Aun habiendo posiciones diversas, lo cierto es que entre los hombres y las mujeres de las clases trabajadoras urbanas prevaleció un discurso acerca de la emancipación femenina que, con matices, seguía la línea argumentativa del siguiente testimonio:

> En la obra de emancipación de la mujer es necesario trabajar para arrancar de las fábricas malsanas a la *mujer madre y futura madre*, es necesario elevar sus condiciones actuales por otras de trabajo más humanas, y cultivar su cerebro a fin de que vislumbre el porvenir del proletariado, permitiéndole esto *tomar parte de la lucha de clases*. (*La Vanguardia*, Buenos Aires, 26 de septiembre de 1910, en Lobato, 2007: 214; el subrayado es mío).

A diferencia del testimonio anterior, este interpela a las mujeres en su condición de madres. No obstante, no debe desatenderse un elemento importante: la interpelación es para "la lucha". Visto desde el Estado, el problema de la tensión maternidad/trabajo femenino se resolvía en el sentido de disciplinar a las mujeres a través de políticas públicas específicas para sustraerlas de los haceres considerados peligrosos. Visto desde la óptica de la autora de este testimonio, la misma tensión se resolvía en el sentido de "emancipar" (civil, social y políticamente) a las mujeres para introducirlas en el "hacer" de la "lucha de clases".

El artículo, titulado "La emancipación de la mujer", pertenece a la socialista argentina Carolina Muzilli. El testimonio continúa y pone sobre el tapete otra cuestión conflictiva: la tensión género/clase. Muzilli arremetía contra las organizaciones feministas de clase media, las cuales, afirmaba, soslayaban a las organizaciones de mujeres obreras. Al respecto, Lavrin (1997: 76) argumenta que, entre las feministas liberales,

> [...] si hubo una conciencia de clase [...] tendremos que aceptar que no la hicieron pública. [...] Clase fue un concepto que se dibujó detrás del concepto del deber social que las inclinó a apreciar la problemática de la mujer trabajadora ya que aun como mujeres profesionales, ellas también sufrían restricciones y prejuicios masculinos.

Todos estos testimonios ponen de manifiesto tensiones implícitas que aquí simplemente son señaladas para poner de relieve la complejidad de la trama que subyace al denominado primer feminismo, complejidad que aún merece ser más profundamente explorada. No es objeto de estudio de este libro el primer feminismo en sí mismo, sino que se lo aborda en la medida que, como se verá a continuación, algunas mujeres que a él se vincularon levantaron la consigna de los derechos civiles y sus posiciones sirvieron como punto de partida para la elaboración de proyectos legislativos.

Rodríguez Villamil (1997: 209) señala que si bien los estudios referidos a la incorporación de las mujeres en el mercado laboral proliferaron en torno a temas como la industrialización, la clase trabajadora y los sectores populares, es poco lo que se ha hecho acerca de las incursiones laborales de las primeras mujeres profesionales universitarias. Esta observación fue hecha hace más de una década y algo se ha avanzado en este sentido, sin embargo, la cuestión todavía merece más exploraciones. Estudios de estas características permitirán un abordaje de la práctica social de los derechos que aquí solo se deja señalado.

1.1. Argentina: el "problema más inmediato", la "libertad de trabajo"

En Argentina, una de las propuestas precursoras de la reforma de la condición civil de las mujeres correspondió a Elvira Rawson, una de las primeras médicas del país. Rawson tuvo una participación destacada en la Revolución de 1890. En 1910, se casó con Manuel Dellepiane Sasso. Falleció en 1954. Junto a Julieta Lanteri (librepensadora, fallecida en 1932) y a Alicia Moreau (socialista, fallecida en 1986), fue conspicua representante del primer feminismo en su país.

En 1905, Rawson fundó el Centro Feminista (que hacia 1910, pasó a denominarse Juana Manuela Gorriti).[56] El Centro Feminista tomó parte del Primer Congreso Internacional de Libre Pensamiento de 1906, en el cual María Abella, otra precursora del primer feminismo, elevó a consideración su "Programa Mínimo de Reivindicaciones Femeninas". Este documento constaba de diecisiete artículos, enseguida aprobados por unanimidad, que proponían: la educación física, moral e intelectual igual para ambos sexos; la misma igualdad para acceso a cargos públicos y profesiones; la posibilidad de administración de bienes propios de la mujer casada y la garantía de los bienes gananciales; el establecimiento del lugar de domicilio como decisión común del matrimonio; el derecho de patria

---

[56] Suele confundirse el Centro Feminista con el Centro Femenino Socialista, que también tuvo acciones positivas a favor de los derechos civiles. Sobre este último, véase: Becerra (2006).

potestad para la madre; el divorcio absoluto por una sola de las partes y sin expresión de causa; la obligación del padre de mantener a los hijos cuando hubiera divorcio; la igualdad de todos los hijos ante la ley; la supresión de la prisión por adulterio; la supresión de las cárceles del Buen Pastor "en que se martiriza a la mujer por el delito de amar"; la visita mensual de la Municipalidad a los conventos; la tolerancia de la prostitución, pero no su reglamentación; los derechos políticos para la mujer argentina o ciudadana. Como se verá más adelante, los proyectos socialistas del diputado Alfredo Palacios y del senador Enrique del Valle Iberlucea contaron con el apoyo activo de Elvira y de las organizaciones en las cuales ella participaba.

En 1910, por iniciativa del Consejo Nacional de Mujeres, se realizó el Primer Congreso Patriótico de Mujeres. El evento obtuvo apoyos oficiales gracias al clima festivo que se vivía por la conmemoración del centenario de la independencia. El Consejo sostenía ciertas posturas de tono conservador. Algunas referencias de Barrancos (2002: 26) ilustran el caso:

> Por su parte, las mujeres del Congreso Patriótico habían dispuesto realizar un tributo celebratorio –pensándose continuadoras del legado de las patricias–, con el expreso deseo de obtener el "reconocimiento de su contribución a la independencia". Debía quedar claro que su feminismo en nada se compadecía "con ideas extravagantes, ni transplantes exóticos [...] de otras instituciones de mujeres" (Primer Congreso Patriótico de Mujeres, 1910), aludiendo sin ambages a las adherentes reformistas. [...] Expresaban que, como miembros de las dos instituciones centrales (la de Beneficencia y el propio Consejo), apoyaban el progreso femenino que "no es feminismo mal entendido ni socialismo" y señalaban los méritos de su propia acción patriótica y social.[57]

---

[57]   Grierson fundó el Consejo Nacional de Mujeres en 1900, con el objetivo de "elevar el nivel moral e intelectual de la mujer". Su primera presidenta

Ese mismo año, con una semana de antelación (entre el 18 y el 23 de mayo), se celebró también el I Congreso Femenino Internacional. Los preparativos habían comenzado en 1908, con el objetivo de "festejar el Centenario de la Libertad". En este caso, la iniciativa correspondió a la Asociación de Universitarias Argentinas, fundada por la médica Petrona Eyle en 1904, junto a la educadora Emilia Salzá, entre otras.

A diferencia del Congreso Patriótico, este otro no contó con apoyos oficiales. Entre sus promotoras estuvo la médica Julieta Lanteri (más adelante reconocida por su lucha sufragista) y luego se sumó Cecilia Grierson, ahora disgustada con el Consejo Nacional de Mujeres por su "decadencia". Grierson fue la primera graduada de medicina del país. Presidió el Congreso Femenino seguida por un grupo de feministas también reformistas: las ya mencionadas Petrona Eyle, Ernestina López, María Abella, Carolina Muzilli y Elvira Rawson, y también Fenia Chertkof, Sara Justo, Juana Begino, Paulina Luisi y Alicia Moreau.

La igualdad civil y jurídica entre hombres y mujeres fue un asunto primordial en la sección de "Derecho" y en la sección de "Sociología" del Congreso Femenino. En la ocasión, Elvira Rawson presentó el proyecto "Modificaciones al Código Civil Argentino", el mismo que elaborara en el Centro Feminista y que llegara a manos del diputado Palacios para su presentación en la Cámara en 1907. El texto tenía doce artículos, el primero de los cuales afirmaba: "La mujer, al contraer matrimonio, no perderá los derechos que la ley acuerda a los seres mayores de edad y con sus facultades

fue Alvina van Praet de Sala, quien antes había presidido la Sociedad Argentina de Beneficencia, creada en 1823 por impulso de Bernardino Rivadavia. El Consejo apoyó a la Liga Patriótica Argentina en 1919, de orientación ultraderechista (Deutsch, 2005).

mentales sanas" (*Primer Congreso Femenino Internacional, Historia Actas y Trabajos*, Buenos Aires, 1911, p. 428).

También la peruana Teresa González Fanning presentó una ponencia en ese Congreso, titulada "Educación doméstica y social de la mujer", a favor del derecho de las mujeres casadas a administrar sus bienes y a favor de la derogación de la discriminación por sexo en las penas por adulterio. La ponencia fue presentada en la sección de "Sociología" y reiterada en la sección de "Derecho", en la cual más de la mitad de los trabajos abordaron el tema de la capacidad civil de las mujeres. En la primera sección, en cambio, el grueso de las ponencias refirió a la cuestión de la doble moral sexual.[58]

En el discurso inaugural del Congreso, la médica Ernestina López habló extensamente sobre la condición femenina, a veces vertiendo conceptos tradicionales, otras veces rupturistas. Aquí interesa destacar algunas ideas relacionadas directamente con la capacidad jurídica que, como se verá en el capítulo siguiente, fueron las que predominaron en la reforma del Código Civil de 1926, dejando atrás conceptos amplios de igualdad como el propuesto por Elvira Rawson:

> Es necesario que [la mujer] mire de frente a los problemas de la vida, que una educación equivocada se ha empeñado en ocultarle siempre tras un velo de idealidades efímeras

---

[58] Además de las dos intervenciones mencionadas, puede verse, sobre la "doble moral sexual": Delany, Julia Rosa, "La condición del bello sexo en distintas esferas sociales o misión y porvenir de la mujer" (Perú); Garrido de la Peña, Carlota, "La lucha de los sexos" (Argentina); De Camacho y Bueno, L., "Una sola moral para ambos sexos" (Perú); Mayer, Dora, "La moral femenina" (Perú); Alvarado, María Jesús, "Feminismo" (Perú); Lanteri, Julieta, "La prostitución Argentina" (Argentina); Rignas, (¿?), "Posición jurídica de la mujer en los diversos países concurrentes" (Perú) (también referida a la cuestión de la patria potestad); De Carvajal y Márquez, Angélica, "La mujer delincuente" (Argentina) (además de la doble moral sexual aborda el tema del aborto).

cuyo desvanecimiento trae aparejados el desencanto y la desesperación.

De estos problemas, el más inmediato y también el más crudo, es *la situación económica de la mujer*; y he aquí un problema sobre el que las opiniones están enteramente divididas. [...] Aun sin sostener ninguna de las tendencias antagónicas, no es posible dejar de reconocer que sea cual fuere el campo en que las actividades femeninas se ejerciten, ellas pueden responder a dos causas: o a la razón económica que impulsa a los seres todos a mejorar su condición y la de los suyos, o la necesidad y el deber que siente de contribuir con sus propias energías o talentos a mejorar la situación de los demás.

Ambas razones, consideradas con criterio sereno y ecuánime bastan para hacer enmudecer cualquier objeción en contra de *la libertad de trabajo* concedida a las mujeres. (*Primer Congreso Femenino Internacional, Historia Actas y Trabajos*, Buenos Aires, 1911, p. 42; el subrayado es mío).

Otra de las mujeres que se involucró en la causa de la emancipación fue la médica Alicia Moreau (desde 1924 casada con el líder socialista Juan B. Justo). En 1906, participó del ya mencionado Congreso de Librepensamiento. En 1918, fundó la Unión Feminista, que apoyó resueltamente un proyecto del senador Iberlucea sobre derechos civiles de las mujeres en debate en el Congreso en aquel momento. En este proyecto, el senador socialista retomaba el concepto de plena capacidad que, como se ha visto, también había sido consigna de la feminista Elvira Rawson. La estrategia de la Unión Feminista que conducía Moreau fue similar a la de muchos movimientos de mujeres de la época: reunió 7.000 firmas en un documento de adhesión a la causa de los derechos femeninos y lo acercó al palacio legislativo.

La nota argumentaba que las mujeres habían sido incorporadas como trabajadoras a la industria, el comercio, la ciencia y las profesiones liberales, que igualaban a los varones en educación (mostrando cifras del censo de 1914), y que eran propietarias casi en igual proporción que ellos. La nota sostenía que las limitaciones a sus derechos eran "irritantes", en tanto sus obligaciones sí eran equiparadas a las de los varones (en *Santa Fe*, 8 de junio de 1919).

Ese mismo año, Moreau publicó *La emancipación civil de la mujer*, inspirada en este clima de actividad pública respecto de dicha causa. También publicó la revista *Nuestra Causa*, proyecto editorial de la organización que presidía. La revista y las conferencias que se ofrecían periódicamente sumaron a la Unión Feminista un número considerable de adherentes. Además, la Unión se incorporó a la Alianza Internacional para el Sufragio de la Mujer, después de la visita que hiciera Moreau a la feminista Carrie Chapman Catt en Nueva York. En 1921, Moreau se afilió al Partido Socialista y desde allí continuaría su lucha.

Aunque en la historia del primer feminismo argentino, la acción individual y colectiva de las mujeres aquí mencionadas aparece más frecuentemente asociada a la lucha por el sufragio, esto no debería opacar su aporte a la reforma del estatuto civil.

1.2. Uruguay: la "democracia hemipléjica"

La ya mencionada María Abella, graduada de maestra en La Plata en 1894, tuvo también una acción precursora en Uruguay. Viuda de Leonardo Jardí, se casó con Antonio Ramírez, escribano radicado en La Plata. Su acción fue prolífica. Escribió en el diario *El Día* de esa ciudad y luego en la revista *Nosotras*, que fundó en 1901. Fue autora de *En pos de la justicia* (1906) y de *Ensayos feministas* (1908). En 1908, se realizó el Segundo Congreso Nacional de Librepensadores en Córdoba, en el cual Abella planteó el tema de los derechos de las mujeres, más enfáticamente los derechos

políticos (Abella de Ramírez, 1908). En 1910, fundó la Liga
Feminista Nacional, afiliada a la Alianza Internacional para
el Sufragio de la Mujer, que editó el periódico *La Nueva
Mujer*. En 1911, se trasladó a Montevideo y creó la Sección
Uruguaya de la Federación Femenina Panamericana con
el objetivo de luchar por los derechos civiles y políticos
de las mujeres en ese país. Allí presentó nuevamente el
programa mínimo de reivindicaciones que había expuesto
en el Congreso de 1906 en Buenos Aires. Tal como había
ocurrido en esa oportunidad, su propuesta fue aprobada
por unanimidad. Falleció en 1926.

En Uruguay, los precursores planteos de Abella fueron
recogidos por el socialismo y el *batllismo*. De hecho, de la
mencionada Sección Uruguaya de la Federación Femenina
Panamericana participaron algunas de las figuras desco-
llantes de la lucha por los derechos de las mujeres de la
década siguiente: Paulina Luisi, Francisca Beretervide e
Isabel Pinto de Vidal.

Luisi fue la primera médica del país. Nunca se casó
y vivió sola, en una casa que fue sede de su consultorio y
del Consejo Nacional de Mujeres que ella ayudó a crear.
Estudió en Europa y representó a Uruguay y a las mujeres uruguayas en varias instancias internacionales. Su
influencia en el desarrollo de los derechos civiles fue tal
que, a través de la correspondencia personal que mantuvo
con el diputado paraguayo Telémaco Silvera, propició el
primer proyecto de igualdad legal de hombres y mujeres
en ese país, presentado por el mismo diputado y el Centro
Feminista Paraguayo en 1920.[59]

Aunque más asociada a la lucha por el sufragio, según
ella "piedra angular de todos los derechos", fue también
una ferviente defensora de los derechos civiles. Su invo-
lucramiento en esa lucha la acercó al Partido Socialista

---

[59]   Su biografía en: Sapriza (1988).

–de acuerdo a su fundador Frugoni, el "primer" partido que incorporó los derechos civiles de las mujeres en su programa–. El Partido Socialista fue creado en 1910, pero fue un partido relativamente pequeño, cuyas consignas reformistas, en general, fueron absorbidas por el ímpetu liberal y secularizante del *batllismo* en el Partido Colorado.

Luisi mantuvo sus orientaciones político-partidarias al margen de las instituciones de las que formó parte: el Consejo Nacional de Mujeres, creado en 1916 y afiliado al Consejo Internacional de Mujeres creado en Washington en 1888; y la Alianza Uruguaya para el Sufragio de la Mujer, creada en 1919 y adherida a la homónima Alianza Internacional creada en 1904 por impulso de las feministas de Inglaterra y Estados Unidos. Luisi también dirigió el periódico *Acción Femenina*, órgano de prensa de la mencionada Alianza Uruguaya, que se publicó hasta 1924 y desde el cual promovió los derechos de las mujeres y los principios del sufragismo.

El Consejo Nacional de Mujeres creó una Comisión de Legislación presidida por Francisca Beretervide, que "presentó un amplio Plan de Trabajo para asesorar a las mujeres sobre Derechos Civiles" y "estudiar en los Códigos los artículos contrarios a la mujer y plantear reformas". Y el Estatuto de la Alianza Uruguaya afirmó como objetivo "conseguir la equiparación de ambos sexos ante la ley civil" (Machado Bonet, 1972: 156).

En 1917, Luisi presentó ante la Asamblea Nacional Constituyente una nota con cincuenta y cuatro firmas de representantes de asociaciones femeninas, que a su vez representaban a cientos de mujeres de todo el país. La nota solicitaba los derechos políticos y civiles. En 1918, el Consejo volvió a hacer una petición, esta vez ante el presidente Feliciano Viera (1915-1919), reiterando la necesidad de tratar los derechos civiles femeninos.

Estas notas y peticiones acompañaron las intenciones del Partido Colorado de reformar el estatuto jurídico de las mujeres. En 1923, por iniciativa de la abogada Isabel Pinto de Vidal, el Consejo dirigió una nota de aplauso al presidente Baltasar Brum (1919-1923) por la presentación de un proyecto de su autoría en la Cámara de Representantes. Ese mismo año, el Consejo había insistido, a través de varias notas, sobre el derecho de las mujeres a ejercer la profesión notarial, cláusula finalmente aprobada en 1926.

En 1930, la conmemoración del centenario de la primera Constitución Nacional fue una ocasión aprovechada para evaluar posibles cambios. En este contexto, Paulina Luisi convocó al movimiento de mujeres a un mitin a realizarse el día 5 de diciembre de 1929, en el cual se trató el tema mucho más escabroso de los derechos políticos, "llave" para mover la "tan compleja cuestión de los derechos civiles". Hubo once oradoras. Las disertaciones sobre emancipación civil estuvieron a cargo de la abogada Elvira Martorelli, de la escribana Luisa Machado de Abella y de la bachiller Olivia de Vasconcellos (Machado Bonet, 1972).

Otra mujer involucrada en la lucha por los derechos femeninos fue la abogada Sara Rey Álvarez, también vinculada a la Alianza Uruguaya de Mujeres. Ella es reconocida por su lucha a favor de los derechos políticos. En 1933, fundó el Partido Independiente Democrático Feminista (PIDF), que funcionó durante seis años. El órgano de prensa de esta organización fue la revista *Ideas y Acción*. Pero su acción no se limitó al sufragismo. En 1931, fundó el Comité Pro Derechos Civiles de la Mujer. Y en 1938, en ocasión de la presentación de un proyecto de emancipación a instancias del senador blanco Martín R. Echegoyen, publicó una dura crítica en la cual señalaba (en Frugoni, 1940: 64):

> Es un proyecto tímido, limitado, casi anodino, erróneo en sus conceptos. Se limita a dar a la mujer el derecho ilusorio de administrar sus bienes propios; el derecho de administrar

el producto de su trabajo, de ejercer una profesión u oficio, comparecer en juicio, y aceptar legados y donaciones sin autorización del marido. Muy poca cosa. ¿Puede ostentar acaso con lógica y justicia el título atrayente de proyecto de Derechos Civiles de la Mujer, cuando al lado de esas tímidas transformaciones persistirá en el Código la obediencia de la mujer al marido, la obligación de seguirlo, cuando el adulterio de la mujer seguirá siendo considerado de mayor gravedad que el del marido, cuando, y esto es lo más grave, el padre continuará, como hasta ahora ejerciendo con preferencia a la madre los derechos que la ley otorga a los padres sobre los hijos? [...] El derecho de la mujer a administrar sus bienes resulta platónico y teórico.

En los años treinta hubo un giro a la derecha en la política nacional. Hay testimonios de cierta mengua en la radicalidad de las demandas del Consejo. Las diferencias surgieron, en rigor, hacia 1920, cuando Isabel Pinto de Vidal, miembro del Consejo y afiliada al Partido Colorado, comenzó a hegemonizar la organización desde su cargo interino de presidenta (Machado Bonet, 1972; y Sapriza, 1988). En 1932, Sara Rey apoyó la iniciativa encabezada por Terra (del cual era aliado el bloque *herrerista* del Partido Nacional) de crear un Partido Femenino. A esta iniciativa se sumó Sofía Alvarez de Demicheli (casada con un alto funcionario del gobierno de Terra). Pero en 1938, Rey ya estaba distanciada de esa corriente política.

En 1944, Sara Rey Álvarez volvió a pronunciarse públicamente a propósito de un proyecto de ley de derechos civiles que se discutía en el Senado. Esta vez lo hizo mediante un petitorio de unas 1.400 firmas, que se sumaba a otra nota firmada por Paulina Luisi en nombre de la Alianza de Mujeres. Ambas sostenían la igualdad civil completa entre los dos sexos. Esto significaba no solo la libertad de ejercicio de toda profesión, sino también la elección del domicilio conyugal, la patria potestad compartida y la administración de los bienes de la sociedad conyugal bajo un régimen común.

Luisi expresamente exigió acompañar el reconocimiento de los derechos civiles de las mujeres por una total revisión de los códigos, de modo tal de corregir todas las desigualdades jurídicas contrarias a "la igualdad de derechos entre los ciudadanos de la Nación, sean ellos hombres o mujeres". Un párrafo más arriba, en la misma nota, hizo explícita también la estrecha relación del problema de los derechos civiles femeninos con la construcción de la democracia:

> En un momento histórico en que todos los Estados están afirmando que aspiran a la construcción de un mundo mejor sobre las bases de una democracia integral, tampoco es ya posible consentir que nuestro pueblo siga marchando con las normas de una *democracia hemipléjica*, en cuyo organismo la mitad de su ciudadanía está privada o disminuida de derechos reconocidos a la otra mitad. ("Nota de la Alianza Uruguaya de Mujeres", 2 de octubre de 1944, en Demicheli, 1946: 252; el subrayado es mío).

A diferencia de otros países, en Uruguay, la ley que instituyó la capacidad civil plena contó con el apoyo activo de algunas mujeres, comprometidas con la causa, dentro del Congreso. Ya se ha dicho que en las elecciones de 1942 resultaron electas la colorada Magdalena Antonelli Moreno (por el ala reformista *batllista*) y la comunista Julia Arévalo como diputadas; y las coloradas Sofía Álvarez Vignoli de Demicheli (por el ala conservadora) e Isabel Pinto de Vidal (por el ala reformista *batllista*) como senadoras.

Respecto de la participación del Partido Comunista en aquel primer feminismo es preciso anotar un breve comentario. El rechazo de las instituciones liberales hizo que el partido no se involucrara con la defensa de los derechos civiles durante aquel primer momento de expansión (reformista) de las demandas. Cuando la política frentista y la posguerra propiciaron su participación en el juego político de la democracia burguesa, el PC viró hacia posturas más conciliadoras. Fue en este contexto que la comunista Arévalo fue electa diputada.

1.3. Chile: "la otra mitad del alma del compañero del hogar"

Aquel Congreso Femenino convocado en Buenos Aires en 1910 también sirvió de impulso para el primer feminismo en Chile. María Espíndola de Muñoz, educadora, fundadora de la Federación Femenina Panamericana, ofreció en aquella ocasión un discurso inaugural a continuación del pronunciado por la argentina Ernestina López. En ese discurso, sostuvo conceptos que encumbraban los valores del patriotismo, el heroísmo y la solidaridad entre ambos Estados. Respecto de las mujeres, sostuvo:

> [La mujer] aprendería a pensar, sentir y obrar por sí sola; se formaría su propia personalidad y llegaría a ser no solo la madre que cría los hijos, como algunos pretenden, sino que sería la esposa respetada, la amiga cariñosa, la mentora consultada, es decir, *la otra mitad del alma del compañero del hogar.* (*Primer Congreso Femenino Internacional, Historia Actas y Trabajos*, Buenos Aires, 1911, p. 50; el subrayado es mío).

En ese mismo Congreso, la abogada Matilde Throup (graduada en 1892) presentó un trabajo titulado "Libertades y derechos civiles de la mujer" en el que afirmaba:

> Los principios eternos de equidad por un lado y las saludables lecciones de la experiencia por el otro, aconsejan que se borren para siempre de las legislaciones modernas, aquellas disposiciones legales que marcan la desigualdad de los derechos civiles y jurídicos entre el hombre y la mujer; tiempo es ya que las legislaciones coloquen a la mujer en el rango que le corresponde ocupar no solo en el seno de la familia, sino también ante la ley y el derecho. (*Primer*

Congreso Femenino Internacional, Historia Actas y Trabajos,
Buenos Aires, 1911, p. 399).

En los dos fragmentos citados se observa la misma
tensión que se ha señalado antes, entre una visión que
pone el énfasis en la igualación de derechos entre los sexos
sin más y otra visión que defiende la igualdad al servicio
de ciertas funciones sociales que las mujeres modernas
están llamadas a cumplir, la maternidad en primer lugar.

Como en otros países, también en Chile se creó un
Consejo Nacional de Mujeres que participó activamente de la defensa de los derechos femeninos. El mismo
fue creado en 1919 a instancias de Eloísa Díaz, Celinda
Arregui de Rodicio, Beatriz Letelier, Hayra Guerrero de
Sommerville, Isaura Dinator de Guzmán, Juana de Aguirre
Cerda, Carmela de Laso, Fresia Escobar y otras. En 1922,
con Amanda (Pinto de) Labarca a la cabeza, el Consejo
elaboró un proyecto sobre derechos civiles y políticos,
para el cual recurrieron al asesoramiento de Pedro Aguirre
Cerda, futuro presidente, y de Arturo Alessandri Rodríguez,
reconocido jurista. Luego, Labarca acercó el programa de
reivindicaciones, que incluía temas tales como incapacidades, patria potestad y administración de bienes, a los
diputados liberales José Maza Fernández y Roberto Sánchez
García de la Huerta, quienes a su vez lo presentaron en el
Congreso (con modificaciones).

No es un dato menor que Amanda fuera esposa del
dirigente del Partido Radical Guillermo Labarca, quien,
además, por entonces se desempeñaba como ministro
del gobierno de Arturo Alessandri Palma (1920-1924/25)
(Maza Valenzuela, 1997: s/n). Alessandri había incorporado
el tema de los derechos femeninos en su campaña electoral de 1920, lo cual estimuló la elaboración de algunas
iniciativas, como una pronunciada por el senador liberal
Eliodoro Yáñez en 1922 o la tesis de graduación en derecho
de Clarisa Retamal Castro, *La condición jurídica de la mujer*

en la legislación chilena (1924), donde sostuvo la causa de la emancipación femenina.

En 1923, la cuestión tuvo visibilidad en la Conferencia Panamericana celebrada en Santiago, cuando por moción del chileno Manuel Rivas Vicuña y del guatemalteco Máximo Soto Hall se recomendó solicitar a la Unión Panamericana la igualdad de derechos civiles y políticos para las mujeres (Gaviola *et al.*, 1986: 37).

En 1922, también, se creó el Partido Cívico Femenino, por la acción de mujeres radicales, laicas y católicas moderadas. Su órgano de prensa fue la revista *Acción Femenina*. El partido no tuvo una postura única respecto del sufragio pero sí defendió los derechos civiles enérgicamente. En el concierto de voces que se expresaron sobre los derechos femeninos en aquellos años 1920 en Chile, llama la atención una nota publicada en la mencionada revista en julio de 1923, firmada por Zulema Arenas Lavín de L., donde relacionaba la demanda de divorcio con la necesidad de canalizar las inclinaciones sexuales de las mujeres:

> ¿Qué hubiéramos de exigir si aquí fuera el epílogo de la dolorosa tragedia? Más, el corazón de la mujer absolutamente desposeído del amor, sentimiento al cual todos tenemos derecho como poderoso estímulo en nuestra existencia, no está exento de sentir nostalgia de otro corazón, que análogo en sentimientos, puedan al pasar de la vida encontrarse, comprenderse y mutuamente fundirse en la funesta llama de un Amor ilegal, que las leyes de los hombres condenan, mientras que la ley imperiosa e inmensamente sabia de la Naturaleza ordena.
>
> ¿Y somos todas las mujeres heroicamente capaces de someternos a las excelsas divinidades de un amor platónico? [...] Inutilizar la vida moral y física de la mujer, cuando está apta para desempeñar la sagrada misión que las leyes naturales le imponen, es una rebelión injustificada contra la omnipotente Naturaleza, es absurdo, es inhumano e inmoral y debemos convencernos que cuanto más moral sea la legislación de un país, más debe desempeñarse en legalizar las situaciones

irrevocables, *pues no es moral la de las apariencias sino la de la verdad.*
El divorcio es absolutamente necesario y vendrá, porque la avanzada civilización de nuestro joven país, la reclama. ("El Divorcio", en *Acción Femenina*, Año 1, Nº 12, 1923, p. 14. El subrayado es del original).

En 1925, como veremos en el capítulo siguiente, hubo una reforma favorable a los derechos de las mujeres, pero el divorcio no estuvo sobre el tapete. Más aun, Chile tuvo una ley de divorcio vincular recién en 2004.

1.4. Brasil: *"lar também são a escola, a fábrica, a oficina"*

En Brasil, la acción colectiva de las mujeres estuvo propiciada por un proceso político singular: el cambio de la forma de gobierno, con la proclamación de la República en 1889. Con esto, en Brasil, antes de comenzado el nuevo siglo, había grupos de mujeres organizadas y prensa femenina con vínculos con el movimiento abolicionista y republicano. El voto estaba en el centro de los debates, pero los derechos civiles también fueron considerados. La cuestión de la esclavitud dio visibilidad a las cuestiones relativas a las libertades individuales, pero sin duda tuvo una influencia decisiva el clima de secularización generalizado. De hecho, una de las primeras medidas del gobierno de la República fue decretar el matrimonio civil (1890) y ratificarlo en la Constitución Nacional (1891). También se discutió, en la Asamblea Constituyente, la cuestión del sufragio femenino. Hubo quienes bregaban por la inclusión de las mujeres, aunque en general condicionada al factor educación (entre ellos, el ya mencionado Tobías Barreto); pero también hubo quienes la rechazaban de plano (la mayoría). Fuera del Congreso, entre las mujeres, los argumentos de igualdad fueron sostenidos por Francisca *Senhorinha* da Motta Diniz y Josephina

Alvares de Azevedo (Hahner, 1981). Como se ha visto, fue un derecho que tardaría en alcanzarse.

En el siglo XX, fue pionera la acción de Myrthes Campos de Gomes, graduada de abogada en 1898 y primera mujer aceptada en el IAB en 1906 (Hahner, 1981: 98). Descolló por su defensa del voto, que pregonó incluso en intervenciones en la prensa, pero también por su defensa de la emancipación jurídica. En 1912, propuso ante sus colegas del IAB debatir la abolición de las restricciones a la capacidad civil de las mujeres y la incapacidad de las mujeres casadas. La Comisión de Justicia de dicha organización consideró conveniente el debate y Campos quedó encargada de relatar la tesis.[60]

La condición de ex colonia portuguesa fue tal vez el motivo por el cual Brasil no participó del Congreso Femenino convocado en Buenos Aires en 1910. En efecto, dicho Congreso conmemoraba la gesta emancipatoria de 1810, una gesta netamente hispanoamericana.

En Brasil, el primer feminismo cobró impulso en 1918, cuando se creó la *Liga pela Emancipação Intelectual da Mulher*, a instancias de Bertha Lutz y Maria Lacerda Moura.[61] Hija de inmigrantes europeos, Bertha Maria Julia Lutz tuvo contactos con el primer feminismo inglés y estudió biología en la Sorbonne, Francia. En 1933 obtuvo también el diploma de abogada en Río de Janeiro. Murió en 1976. La

---

[60] Véase: www.iabnacional.org.br.

[61] Maria Lacerda Moura fue una educadora y escritora de origen mineiro. Se manifestó contra la Iglesia, el capitalismo y el militarismo. Tuvo convicciones cambiantes. Finalmente, se alejó de la FBPF y del feminismo, y luego también del anarquismo, corrientes con las que tuvo fuertes coincidencias en los años 1920. En la década siguiente, y hasta su muerte, poco antes del fin de la Segunda Guerra, perfiló su lucha contra el fascismo y el autoritarismo en el mundo, y en el propio Brasil contra la *Ação Integralista Brasileira* (AIB) de corte fascista, que conducía Plínio Salgado y, más tarde, contra la dictadura del *Estado Novo*, encabezada por Vargas.

Liga que ella ayudó a fundar poco después se convirtió en *Federação Brasileira pelo Progresso Feminino* (FBPF), cuya figura de máxima referencia fue la misma Lutz.

Para la Liga, el voto era el "medio de acción" para llegar a una sociedad liberal más completa y no un fin en sí mismo (Hahner, 1981: 103). Por esto, ya desde 1918, Lutz levantó también la bandera de la independencia femenina a través de la educación y el trabajo (art. 3 de los estatutos de la FBPF, en Soihet, 2006a: 35).

En 1922, Lutz representó a Brasil en la I Conferencia Panamericana de la Mujer de Baltimore (Soihet, 2006a: 33). A partir de esta reunión, se creó la Asociación Panamericana para el Avance de la Mujer, cuya iniciativa correspondió a Olga Capurro de Varela, como se ha dicho antes, representante de la Alianza para el Sufragio de la Mujer de Uruguay. La presidenta y vicepresidenta de esa asociación fueron, respectivamente, la histórica líder del feminismo norteamericano Carrie Chapman Catt y la feminista brasileña (Hahner, 1990: 140).

El reclamo del voto femenino se reiteró en el *I Congresso Internacional Feminino*, que impulsara la FBPF en Río de Janeiro en 1922, a propósito de la conmemoración del centenario de la independencia de Brasil. Ese año Brasil vivía momentos de agitación. Además del centenario de la independencia, fue el año en el que se creó el Partido Comunista, surgió el movimiento tenentista y se celebró la Semana de Arte Moderna.

Al mencionado Congreso concurrió Carrie Chapman Catt, invitada por su amiga y compañera Bertha Lutz. Ese mismo año, en el marco de las conmemoraciones del centenario, también el IAB organizó un congreso jurídico del que participó la mencionada Myrthes Campos, en el cual se declaró oficialmente que la Constitución no prohibía el ejercicio del voto a las mujeres (Rodrigues, 1982: 56).

En 1927, las mujeres accedieron al derecho de sufragio a nivel estadual en Río Grande do Norte, pero los votos emitidos fueron anulados por el Senado. Las feministas de la FBPF elevaron una declaración a favor de los derechos de las mujeres. El "*Manifesto Feminista*" estuvo firmado por Clotilde de Melo Viana, esposa del vicepresidente Fernando de Melo Viana, del gobierno de Washington Luís (1926-1930). También firmó, como miembro de la FBPF, Myrthes Campos (Rodrigues, 1982: 78).

Hahner (1990: 154-155) afirma que muchas de las integrantes de la FBPF eran católicas y que en razón de esto la asociación evitó temas conflictivos que pudieran tener efectos divisorios (como por ejemplo, el divorcio). Esto, sumado a los estrechos contactos que la organización mantuvo con las élites dominantes, ayuda a entender el énfasis en la defensa de la familia y de la maternidad (en el art. 3 de los estatutos de la FBPF: "*proteger as mães e a infância*", en Soihet, 2006a: 35).

Deutsch (2005: 164) sostiene que la FBPF contó con adherentes e instituciones afiliadas en varios estados de Brasil, tal vez porque, a diferencia de otras organizaciones, "evitó cuidadosamente criticar a la Iglesia y a la familia patriarcal. [...] Así, las feministas brasileñas de la Federação fueron cosechando lentamente apoyos en pro de la igualdad civil y política de la mujer, aun en la derecha".

Sin embargo, no hay que perder de vista que la FBPF y su líder también proponían ideas que iban más allá de la concepción tradicional del hogar, motivo por el cual Soihet (2006a) califica de "táctico" al feminismo de Lutz. Este fragmento pronunciado por ella en el momento de asumir la banca de diputada en el Congreso en 1936 es elocuente al respecto (en Soihet, 2006a: 149):

> *O lar é a base da sociedade e a mulher estará sempre integrada ao lar. Mas o lar não cabe mais no espaço de quatro muros.* Lar tembém são a escola, a fábrica, a oficina. Lar é principalmente o parlamento onde se elaboram as leis que regem a família e a sociedade humana. (El subrayado, en redonda, es mío).

En junio de 1931, se había reunido el *II Congresso Internacional Feminino*, que tuvo como metas (en Hahner, 1978: 105):

> *Proclamar que a emancipação econômica da mulher é um dos problemas básicos do movimento feminista.*
> *Incitar todas as mulheres ao preparo adequado e ao exercício de uma profissão, por meio de propaganda inteligente, a cargo de uma comissão nomeada pela Federação Brasileira pelo Progresso Feminino, da qual farão parte representantes da Imprensa e membros do Magistério.*

El Congreso de 1931 se hizo en medio de circunstancias políticas nuevas. La Revolución de 1930, de donde despuntó el liderazgo de Getúlio Vargas, fue una verdadera revolución política que terminó con la dominación oligárquica (*República Velha*). El mencionado Congreso recolocó las demandas del feminismo en el nuevo escenario.

En 1932, se dictó una ley que estableció el voto femenino y el voto secreto. Simultáneamente, Vargas, al frente de un gobierno provisorio, decretó normas que regularon el trabajo femenino en industrias y comercios, estableciendo igualdad de salario entre varones y mujeres, disposiciones relativas al trabajo de embarazadas y al descanso antes y después del parto (Decreto 21.417-A del 17 de mayo de 1932).

Para atraer a las mujeres hacia la actividad política, la FBPF creó la Liga Electoral Independiente (LEI) en 1932 (Besse, 1996). En 1933 se reunió la I *Convenção Nacional Feminina* en Río de Janeiro. Esta Convención apoyó una serie de resoluciones relativas a los derechos civiles de las mujeres, principalmente presentadas por la joven abogada y periodista Orminda Ribeiro Bastos. Nacida en Manaus y criada en Belem, pronto se mudó a Río de Janeiro, y junto a Bertha Lutz participó de la FBPF. También fue una de las fundadoras de la *União Universitária Feminina* en 1929. Falleció en 1971.

Entre las consignas defendidas por Orminda, figuraba la abolición de todas las restricciones a la capacidad jurídica, económica y política de las mujeres, y la revocación de los textos que limitaban la capacidad jurídica de las mujeres casadas. En la justificación de tales propuestas argumentaba (en Hahner, 1978: 106):

> O casamento é um contrato que diz respeito à vida em comum do homem e da mulher, sancionando a sua união. Não deve implicar diminuição de capacidade, nem subordinação de um cônjuge a outro. A manutenção do lar comum e a educação dos filhos são deveres que a ambos incumbe de modo igual. A restrição à capacidade econômica da mulher casada, não consultando nem a uma nem a outra dessas finalidades, é ilógica e atentatória à dignidade da mulher.

Estas resoluciones fueron luego incorporadas a la Conferencia Interamericana reunida en Montevideo en 1933, de la que Lutz participara en representación de su país. Asimismo, luego de esta reunión, la líder feminista publicó su trabajo *A nacionalidade da mulher casada* que compartiera con el público en ese foro internacional.

En 1934, Vargas asumió su primer mandato constitucional, pero este terminaría antes de lo previsto: él mismo encabezó la instauración del *Estado Novo* en 1937. Tomando las ideas debatidas en los Congresos Femeninos de 1931 y de 1933, la nueva Constitución de 1934 consagró el derecho de las mujeres casadas a conservar su nacionalidad y trasmitirla a sus hijos y el principio de igualdad ante la ley entre varones y mujeres (Hahner, 1990: 170; Soihet, 2006a: 52). Significativamente, la nueva carta también consagró la indisolubilidad del matrimonio. Asimismo, adoptó fórmulas más en sintonía con las corrientes nacionalistas que llegaban desde Europa, valorizando nociones tales como la protección por parte del Estado sobre el trabajo, la familia y la vida privada en general.

El período de gobierno constitucional de Vargas (1934-1937) fue de mucha actividad respecto de los derechos de las mujeres. Concedidos los derechos políticos (en 1932), los derechos civiles y sociales pasaron a un plano de mayor visibilidad en la FBPF. Lutz participó de la Asamblea Constituyente que diera forma a la Carta de 1934. Asimismo, fue electa como diputada suplente, cargo que ocupó desde mediados de 1936, cuando el titular Candido Pessoa falleció. Lo hizo hasta el 10 de noviembre de 1937, cuando se instauró el *Estado Novo*.[62] En su campaña, Lutz elaboró los *"Seis pontos do Programa de Bertha Lutz para Deputada"*, donde consignó expresamente la reforma del Código Civil (punto tercero) (en Soihet, 2006a: 169).

En octubre de 1936 había tenido lugar el *III Congresso Feminino Internacional,* presidido por la esposa del presidente, Darci Vargas. En esa ocasión, la FBPF presentó su iniciativa de reforma del estatuto legal de las mujeres. Como diputada, Bertha Lutz, además, presidió la *Comissão do Estatuto da Mulher,* entre cuyos objetivos estaba la revisión de la codificación de los derechos femeninos, ahora exigida por la inscripción del principio de igualdad ante la ley para ambos sexos en el texto de la nueva Constitución.

El estatuto elaborado en la mencionada comisión tuvo diferentes títulos: político, económico-social, civil, cultural, comercial y penal (Soihet, 2006a: 78). En el capítulo civil, la propuesta de Lutz fue un proyecto de *Estatuto Jurídico da Mulher* realmente ambicioso, que

---

[62]   En mayo de 1933 fue elegida la primera diputada federal, Carlota Pereira de Queiroz. Carlota era una médica ilustrada de la elite paulista. Participó de la Asamblea Constituyente de 1934, pero tuvo una presencia más bien discreta. Se mantuvo al margen de las feministas de la FBPF. Los partidos de São Paulo habían acordado apoyar una candidata en su fórmula única y Carlota fue elegida. Tuvo ideas de corte tradicional y conformista y se dedicó a asuntos relativos a su profesión. Como miembro de la Comisión de Educación y Salud, se interesó por las políticas de atención sanitaria de las mujeres y la familia. Se opuso al *varguismo* (Costa, 1997).

enseguida presentó a la Cámara (Proyecto N° 736, 10 y
29 de octubre de 1937). El texto estipulaba (en Marques
y Melo, 2008: 475):

> Art. 41. A mulher não terá a sua capacidade restringida em
> virtude de mudança de estado civil. [...]
> Art. 48. Antes de celebrado o casamento serão obrigatoria-
> mente arrolados todos os bens e rendas de cada nubente.
> [...] essa formalidade é indispensável para a validez da ce-
> lebração.
> Art. 50. Na falta de convenção, ou sendo nula, vigora o regime
> de comunhão limitada.
> Art. 53. Ficam sob a administração própria de cada cônjuge
> os bens que lhe pertencerem exclusivamente.
> Art. 54. A administração dos bens comuns do casal compete
> a ambos, conjuntamente, podendo entretanto um delegar
> a outro mandato expresso.

Además, garantizaba a las mujeres el derecho de ejercer
profesión sin necesidad de autorización del marido, permitía a las concubinas heredar los bienes del compañero
fallecido y garantizaba a las viudas la patria potestad sobre
sus hijos aun cuando contrajesen nuevas nupcias.

El 10 de noviembre de 1937 se instauró el *Estado Novo*
y el Congreso fue cerrado. Con esto, la iniciativa promovida por Lutz quedó en suspenso, por lo menos hasta 1945,
cuando volvió a instaurarse un gobierno democrático. Por
tratarse de derechos típicamente individuales, el clima
político era propicio para retomar los trabajos de reforma
del estatuto jurídico femenino. Por entonces, desencantada
de la política, Lutz se alejó de la lucha político-partidaria.
Aunque nunca abandonó su militancia feminista, se dedicó
más activamente a su carrera en el campo de las ciencias
naturales (Soihet, 2006a).

En 1949, el IAB incorporó a otra mujer de destacada
actuación en pos de los derechos civiles femeninos: Romy
Martins Medeiros da Fonseca. Nacida en 1921 en Río de

Janeiro, se graduó de abogada y se especializó en derecho de familia. Era esposa del reconocido civilista y profesor de derecho Arnoldo Medeiros da Fonseca y fue la cuarta mujer aceptada en el IAB. En 1949, Romy propuso a este selecto círculo de juristas enviar al Congreso una "indicación" de proyecto de ley que revocara la incapacidad civil de las mujeres casadas. El IAB aceptó la propuesta y creó una Comisión Especial, integrada por la propia Romy Medeiros, la ya mencionada Orminda Bastos y otros colegas. La propuesta finalmente llegó al Congreso en los años 1950, en manos del senador Mozart Lago, con quien estas dos mujeres habían tomado contacto.

2. Dentro del Congreso: los proyectos de los legisladores

2.1. Chile: una "excepción dolorosa"

El 28 de julio de 1887, el diputado por el Partido Liberal Julio Zegers Sarmiento presentó a la Cámara una moción para modificar la cláusula que exigía la autorización del padre para el matrimonio de los hijos menores de 25 años (art. 107 del CC.), ampliando tal derecho a la madre (con restricciones). Zegers integraba la Comisión Permanente de Constitución, Legislación y Justicia de la Cámara y estaba interesado en temas relativos a las mujeres y las madres y en la disputa sobre matrimonio civil o religioso. Puesto que la moción se fundó en argumentos de división "natural" entre los sexos, sin cuestionar ni la potestad marital ni la subordinación jurídica de las mujeres, fue en todo caso "un movimiento lateral, y no un paso adelante" (Lavrin, 2005: 253).

En agosto de 1912, el senador liberal y católico Luis Claro Solar elevó un proyecto de reforma del Código Civil en el que consideraba fundamentalmente los derechos de propiedad de las mujeres casadas. Preocupaba al legislador que las mujeres casadas que trabajaban, independientemente de su clase, estuvieran sometidas a la tutela del marido. Su proyecto no buscaba equiparar a mujeres y varones en sus derechos y deberes dentro de la familia sino, más acotadamente, dar a las mujeres casadas la facultad legal para administrar su salario y sus propios bienes, previendo el caso de dilapidación de la economía familiar en manos de maridos irresponsables.

El proyecto de este jurista reducía la mayoría de edad de 25 a 21 años y creaba la institución de los bienes reservados de gestión exclusiva de la mujer. Asimismo, establecía la patria potestad para la madre en subsidio del padre y mejoraba los derechos sucesorios de los hijos naturales. En su argumentación, Claro Solar sostenía que "la familia no se forma, no existe y no se perpetúa sino por medio del matrimonio" y en nombre de la unidad familiar proponía las reformas mencionadas (Corral Talciani, 2006: 8).

El 25 de abril de 1920, en un discurso ante la Convención del Partido Liberal en la ciudad de Santiago, Arturo Alessandri Palma expresó:

> La condición legal de la mujer en Chile permanece aún aprisionada en moldes estrechos que la humillan, que la deprimen y que no cuadran con las aspiraciones y exigencias de la civilización moderna. Carece ella de toda iniciativa, de toda libertad y vegeta reducida al capricho de la voluntad soberana del marido en forma injusta e inconveniente. Todas las legislaciones actuales reconocen, todos los pensadores del siglo reclaman para la mujer la elevada posición de su nivel moral, legal e intelectual, en la forma que corresponde a aquella parte tan noble y respetable de la sociedad, que tan alta e importante participación tiene en el desarrollo de la vida moderna. Nuestra legislación no puede continuar siendo a este respecto una *excepción*

dolorosa en el concierto armónico del mundo civilizado. ("Discurso de Don Arturo Alessandri agradeciendo su designación como candidato a la presidencia de la República", pronunciado en la Convención Presidencial el 25 de abril de 1920; el subrayado es mío).

Electo, Alessandri implementó un gobierno reformista en el marco del cual, en 1922, el senador liberal Eliodoro Yáñez Ponce de León presentó un proyecto que establecía el régimen de separación de bienes como régimen legal y derogaba otros artículos que limitaban a las mujeres en razón de su sexo (Klimpel, 1962: 57-58). Yáñez estaba especialmente preocupado por la situación de las mujeres obreras (Lavrin, 2005: 270). Pero, su proyecto no tuvo curso.

El 11 de septiembre de 1924, el Congreso fue cerrado por decreto de la Junta de Gobierno que desplazó a Alessandri de su cargo. Como se verá más adelante, en marzo de 1925, el gobierno de una nueva Junta Militar, de tono reformista, que había tomado el mando para restituir a Alessandri en su cargo, decretó medidas favorables a los derechos de las mujeres.

En esa oportunidad, se retomó la iniciativa presentada por José Maza Fernández y Roberto Sánchez García de la Huerta en la Cámara de Diputados, la misma que en 1922 la feminista Amanda Labarca les acercara. Maza integraba la mencionada Junta y supo aprovechar la oportunidad política para hacer realidad los postergados impulsos reformistas. No obstante, los contenidos de la ley fueron más limitados que las ideas de igualdad propuestas por las feministas.

Asimismo, en 1925, se aprobó una nueva Constitución, que estableció la separación de la Iglesia y el Estado. De esto podía derivarse como consecuencia lógica la legitimidad de reclamar una ley de divorcio. De hecho, ya en 1924 había habido una moción del diputado del Partido

Radical Hernán Figueroa Anguita al respecto y en 1927 hubo otra.[63] Pero los derechos civiles, y con ellos, el instituto del divorcio, todavía tendrían un largo trecho por recorrer para ser transformados.

2.2. Argentina: "adelantémonos al estallido de las pasiones"

El primer proyecto legislativo relativo a la ampliación de los derechos de las mujeres casadas fue el presentado por Luis María Drago en 1902. Como ya se ha dicho, además de autor de la Doctrina que lleva su nombre, Drago era una conspicua figura del derecho y la política nacionales. En calidad de diputado, el proyecto que presentó en la Cámara versaba sobre el régimen de bienes en el matrimonio. Drago era representante por el Partido Autonomista, desprendimiento del oficialista Partido Autonomista Nacional (PAN) que lideraba Julio A. Roca. La cuestión del régimen de bienes en el matrimonio ya había sido objeto de su tesis doctoral: *El poder marital* (1882).

En aquel momento, los derechos de las mujeres ya habían adquirido cierto relieve a partir de un conjunto de menciones que tornaron a la cuestión femenina en una cuestión pública. En 1890, al calor de la Revolución del Parque, se editó el libro de Luis A. Mohr *La mujer y la política: revolucionarios y reaccionarios*, donde el autor defendía los derechos políticos femeninos, pero también reproducía los argumentos esgrimidos por la Sociedad de Igualitarios de la República Argentina a favor de los derechos civiles plenos y la igualdad de todos los hijos

---

[63]   Véase: "Nueva Ley de Matrimonio Civil", Historia de la Ley, Biblioteca del Congreso Nacional de Chile, 17 de mayo de 2004. En 1933, los diputados radicales Pedro Enrique Alfonso Barrios, Humberto Álvarez y Fernando Maira presentaron un proyecto a la Cámara (Lavrin, 2005: 296; y "Nueva ley de Matrimonio Civil", p. 325). Este proyecto no prosperó y en 1935 el tema volvió a ser tratado en la Cámara (Lavrin, 2005: 297).

(Lavrin, 2005: 255, n. 637). En 1899, Ernesto Quesada publicó su libro *La cuestión femenina*. En 1901, Elvira López presentó su tesis *El movimiento feminista* en la Facultad de Filosofía y Letras de la Universidad de Buenos Aires. Un año después, Enrique Del Valle Iberlucea presentó la tesis *El procedimiento judicial en el derecho internacional privado* en la Facultad de Derecho, tesis en la cual defendía el divorcio vincular y la emancipación femenina. Algunos proyectos legislativos sobre divorcio se añaden a este cuadro de problematización de los derechos civiles de las mujeres: el de Juan Balestra (1888) y el de Carlos Olivera (1902).

El proyecto de Drago no se refería estrictamente a los derechos femeninos, sino que proponía una reforma de los mismos de manera tangencial: por la vía de las convenciones matrimoniales. El primer artículo de su proyecto establecía:

> Antes de la celebración del matrimonio, los esposos pueden hacer las convenciones matrimoniales que juzguen convenientes para la administración y gobierno de sus bienes, sin más limitación que la de no ser tales contratos contrarios a la moral, al orden público y a las buenas costumbres. En caso de que tales convenciones no se hubieran celebrado, el régimen de los bienes en el matrimonio será el que se establece en la presente ley. (*DSCD*, 20 de junio de 1902).

En su fundamentación, el legislador invocó las leyes de Inglaterra y Estados Unidos. Inspirado en estos antecedentes, su proyecto estipulaba que eran bienes de la mujer todo lo que ganara con su profesión o trabajo durante el matrimonio. Asimismo, otorgaba a las mujeres plenas facultades de administración y disposición de los bienes propios sin necesidad de autorización marital y aun contra la voluntad del cónyuge.

Centrado en la dimensión estrictamente económica de la exclusión, el proyecto de Drago dejaba intacta la cláusula de incapacidad de las mujeres casadas y el concepto de patria potestad. Como otras en la misma época, la iniciativa sostenía la emancipación femenina en nombre de "la dulce irradiación de sus virtudes domésticas".[64]

Unos años más tarde, el socialismo impulsó una iniciativa más amplia. El 16 de septiembre de 1907, el diputado Alfredo Palacios presentó un proyecto sobre derechos civiles, que originariamente había sido formulado en el Centro Feminista. En su fundamentación, Palacios invocaba las leyes de Suecia, Noruega y del Cantón de Ginebra y, en particular, el Código alemán, para declarar aberrante el hecho de que las mujeres no pudieran disponer libremente del producto de su trabajo o profesión. En su discurso, se observa una concepción limitada respecto de otras nociones de emancipación, en particular, de las sostenidas por las mujeres del mencionado Centro. En el recinto parlamentario, Palacios sostuvo:

> La civilización moderna exige la revisión de los códigos [...]. Y hago esta afirmación, no porque desee establecer una igualdad perfecta, que las condiciones naturales de su personalidad orgánica y psíquica impiden (conste que repudio el feminismo declamatorio y exagerado) sino que anhelo para la mujer la plenitud de los derechos que le corresponden, y de los que se ve privada, merced a los preceptos cristalizados, que los países progresistas se apresuran a borrar de los códigos, pero que, desgraciadamente, perduran todavía en nuestra legislación, que tan poco se ajusta a las exigencias del actual momento histórico. (*DSCD*, 16 de septiembre de 1907).

---

[64] También referido a la disposición de los bienes, el 26 de agosto de 1905, el diputado por la Capital Federal Juan A. Argerich elevó un proyecto de ley que versaba sobre la división de herencias que afectaba el régimen de bienes. Este proyecto tuvo gran repercusión por su conexión directa con la libertad de testar. El 28 de julio de 1909, el autor lo reprodujo, esta vez incorporando cuestiones relativas a las libertades patrimoniales de las mujeres divorciadas o separadas y a los derechos de las madres viudas casadas en segundas nupcias sobre los hijos del matrimonio anterior.

Elvira Rawson, autora del proyecto que a través del Centro Feminista llegara a manos de Palacios, consideró que este había sufrido serias mutilaciones, según afirma el legislador Leopoldo Bard en la fundamentación de un proyecto propio que presentara en 1924. Como ya se ha visto, el artículo 1 elaborado por las feministas declaraba: "La mujer, al contraer matrimonio, no perderá los derechos que la ley acuerda a los seres mayores de edad y con uso de sus facultades mentales sanas". En cambio, la iniciativa de Palacios solo consignaba la capacidad de las mujeres para ser testigo y para ejercer profesión lícita con libre administración y disposición de los bienes producto de su trabajo y esfuerzo. Pero no establecía la capacidad plena para las mujeres casadas.

Lavrin (2005: 38) interpreta el repudio al "feminismo declamatorio y exagerado" de Palacios como un rechazo "velado" al feminismo inspirado en el sufragismo inglés. La autora señala que con el tiempo los socialistas fueron "perdiendo su aversión a las manifestaciones femeninas" a favor del voto. Precisamente, Inglaterra era uno de los pocos países que, por entonces, ya había legislado sobre la capacidad de las mujeres casadas. Es posible que esta inicial aversión haya llevado a Palacios a reducir la consigna de emancipación civil a su dimensión meramente patrimonial.

Barrancos (2005: 167) nota que "al finalizar la década de 1910" había "posiciones ya maduras" a favor de la independencia y el sufragio femeninos, desprendidas del ideario etapista y evolucionista propio del "molde del iluminismo liberador del socialismo". Barrancos enfoca en particular los derechos políticos, pero esto mismo puede ser aplicado a la cuestión de los derechos civiles. En esa clave puede leerse la distancia entre el proyecto de Palacios de 1907 y el de Iberlucea de 1919, que como se verá enseguida disponía la plena capacidad.

En 1912 se sancionó la Ley N.º 8.871, conocida como "Ley Sáenz Peña", que estableció el sufragio universal, masculino, secreto y obligatorio y la representación de las minorías en el Congreso. En las elecciones de 1916, triunfó el candidato de la Unión Cívica Radical (UCR), Hipólito Yrigoyen, quien ocupó la presidencia hasta 1922. Por su parte, el Partido Socialista accedió a una banca en el Senado, con Enrique del Valle Iberlucea en 1913 (antes el PS había obtenido una banca en la Cámara de Diputados, con la elección de Palacios en 1904). Este fue el escenario en el que se elaboraron los primeros proyectos legislativos sobre derechos de las mujeres.

En la Cámara de Senadores, la cuestión de la ampliación de los derechos civiles de las mujeres se discutió por primera vez en 1918. El 21 de mayo, el socialista Iberlucea presentó un proyecto que, en las sesiones del 15 de agosto y del 25 de septiembre de 1919, tuvo despacho favorable con enmiendas. Aunque figuró en el orden del día, no volvió a ser considerado. Tampoco prosperó el proyecto sobre divorcio vincular que Iberlucea presentara ese mismo año.

En el largo discurso de fundamentación de Iberlucea abundaron las referencias a la condición revolucionaria de su propuesta, al punto que concluyó su intervención con una cita del "ilustre tribuno de la democracia argentina", Bernardo Monteagudo, quien "en los días gloriosos de la revolución [de 1810]" sostuvo que "entre los derechos imprescriptibles del hombre se encuentran también los derechos no menos importantes de la mujer" (*DSCS*, 21 de mayo de 1918).

En efecto, el primer artículo del proyecto del senador socialista declaraba que las mujeres tenían el "pleno" goce de los derechos civiles para el ejercicio de profesión, industria y cargos civiles. Sin rodeos, el segundo artículo estipulaba la abolición de la cláusula de incapacidad para las mujeres casadas. En materia de patria potestad de la madre sobre sus hijos naturales, Iberlucea retomó la propuesta de Palacios en su proyecto de 1907.

El senador socialista fundamentó su proyecto en las legislaciones de Inglaterra, Estados Unidos, Australia y Nueva Zelandia. También señaló el derecho de celebrar un contrato nupcial antes o después del matrimonio, inspirándose en esto en la ley de Alemania. Pero al respecto, Iberlucea introdujo un elemento nuevo: la exigencia de una escritura pública como garantía del derecho de la mujer frente a eventuales abusos del marido a la hora de definir el régimen matrimonial. Este elemento muestra el predominio de la ideología de protección, y en definitiva la eficacia de la estructura patriarcal, incluso en posturas tan rupturistas como la del senador socialista.

El 17 de julio de 1919, el diputado de la UCR por Santa Fe, Rogelio Araya, presentó un proyecto titulado "Emancipación civil de la mujer". Vale la pena subrayar que este proyecto ingresó a la Cámara de Diputados un mes antes de que el proyecto del senador Iberlucea fuera considerado en el Senado, lo cual da cierta cuenta de la competencia por liderar las causas reformistas entre la UCR y el PS. Araya también presentó al mismo tiempo un proyecto de derechos políticos, el primero de una serie que se sucedería hasta la sanción del sufragio femenino en 1947.

El proyecto de derechos civiles del legislador radical era idéntico al que en 1907 había presentado el socialista Palacios. Cuando Palacios reiteró su iniciativa en 1913, representantes de fuerzas políticas conservadoras lo acompañaron: Rosendo Fraga por Santa Fe, Federico Pinedo por Capital, Alejandro Carbó por Entre Ríos, Julio A. Roca (h) por Córdoba y Manuel Gonnet por Buenos Aires. En 1919, seguramente ante el avance de la propuesta socialista en el Senado, y también por la sangrienta represión de los trabajadores en los sucesos conocidos como la Semana

Trágica, la iniciativa conducida por Araya estuvo expresamente fundada en razones de estrategia que interpelaban a todo el arco político:

> En todas partes se revela el profundo malestar creado por esta situación de desigualdad en que se encuentra la mujer con relación al hombre y el feminismo a veces planteado agriamente, es un problema de actualidad que exige solución justiciera. *Adelantémonos al estallido de las pasiones* y busquemos dentro del respeto y amor que debemos a la mujer las soluciones que aseguren la felicidad del hogar y la tranquilidad social. (*DSCD*, 17 de julio de 1919; el subrayado es mío).

Hacia 1920, la reforma de los derechos de las mujeres ya era suscripta por representantes de diversas fuerzas dentro del Congreso. En 1919, el diputado radical por la Capital Carlos F. Melo elevó un proyecto que involucraba la condición civil de la mujer soltera o casada respecto de cuestiones tales como el derecho a ser tutora o a administrar los bienes que llevara al matrimonio. Y el 19 de julio de 1922, se debatió el proyecto del diputado por Entre Ríos Herminio J. Quiroz, que en su corto articulado establecía la igualdad de derechos civiles entre hombres y mujeres.

Sin duda, las iniciativas más relevantes fueron las presentadas en 1924. El 12 de septiembre, el radical Leopoldo Bard llevó a la Cámara de Diputados un proyecto que proponía ideas similares a las antes sostenidas por Iberlucea. Bard era un ferviente yrigoyenista y tuvo una actuación legislativa destacada en la defensa de la emancipación femenina, tanto civil como política (una concepción más cercana a los socialistas que a las posiciones dominantes en su partido).

En el primer artículo de su proyecto, Bard declaraba abolida la incapacidad de la mujer casada, la cual quedaba equiparada al varón para gozar de los derechos civiles. Dos semanas después, los socialistas Juan B. Justo y Mario

Bravo presentaron en el Senado una iniciativa que titularon "Derechos civiles de la mujer soltera, divorciada o viuda". Con dos proyectos similares en circulación, el Congreso creó una Comisión Especial para el estudio de ambas propuestas y para la redacción de un texto único. En la sesión del 14 de septiembre de 1926, el proyecto resultante de dicha comisión se convirtió en Ley N.º 11.357, conocida como "Ley de ampliación de los derechos de la mujer".

2.3. Uruguay: "democracia inquieta y fecunda"

La presidencia de José Batlle y Ordoñez (1903-1907) significó una renovación dentro del Partido Colorado y el inicio de una política de centralización del Estado por la vía del reformismo tutelar, con incorporación de las clases medias y representación de los intereses de los sectores populares urbanos.

A diferencia de otros países, en Uruguay, el positivismo no fue hegemónico. El proyecto secularizador de José Batlle y Ordoñez da cuenta de la singularidad del caso. Si bien Batlle había sido educado en Francia, donde había asistido a la casa que fuera de Auguste Comte al curso del gran positivista francés Pierre Lafitte, su pensamiento y su gobierno reformista estuvieron influenciados más claramente por el espiritualismo, el racionalismo y el pensamiento del alemán Karl Krause en materia de filosofía y derechos, Estado y sociedad. Sobre esta racionalidad se afirmó el discurso sobre el sexo y los sexos en Uruguay (Barrán, 1990; y Barrán y Nahum, 1979).

La forma tutelar del Estado uruguayo respecto de las mujeres, se aprecia, por ejemplo, en la creación de la Universidad de Mujeres en 1912 (por entonces, la educación secundaria pertenecía al ámbito de la Universidad y de allí el nombre Universidad de Mujeres, aunque, en rigor, se trataba de la Sección Femenina de Enseñanza Secundaria) y en la denominada "Ley de la silla" de 1918.

La primera de estas medidas creaba un espacio de educación secundaria solo para mujeres. Reforzando la tradicional separación de sexos, se intentaba atraer a aquellas familias reticentes a la educación en escuelas mixtas. Así, paradójicamente, se trataba de una disposición de inclusión. La segunda de las medidas mencionadas arriba estipulaba la obligación de los lugares de trabajo de proveer asientos para que las mujeres descansaran.

El carácter tutelar del *batllismo* se observa incluso en una de las leyes más singulares del Uruguay de principios de siglo: la Ley de Divorcio de 1907. Entre otras cuestiones, esta ley disponía que el marido pudiera solicitar el "depósito de la mujer en casa honesta" mientras se desarrollara el proceso judicial. Asimismo, reproducía la doble moral sexual: reconocía como adulterio masculino solo al acto cometido en "la casa conyugal", "con concubina" o "con escándalo público". En 1913, esta ley fue reformada y se estableció el divorcio por la "sola voluntad de la mujer". En realidad, la ley fue producto de una negociación, puesto que el proyecto original presentado por el colorado Ricardo Areco en 1912 estipulaba el divorcio "unilateral sin expresión de causa". El giro se inscribe en el "feminismo de compensación" difundido por el pensador Carlos Vaz Ferreira, con el argumento que sostenía que la "unilateralidad" postulada por Areco podía redundar en desventajas para las mujeres.

El pensamiento de Vaz Ferreira está condensado en su libro *Sobre Feminismo*, que publicó en 1933. Allí recogió una serie de conferencias que había pronunciado en los años previos, donde definía sus dos célebres tipos de feminismo: de igualdad y de compensación. El primero aludía a la concesión de privilegios extraordinarios a las mujeres para compensar la desigualdad de origen. El segundo aludía a la paridad total entre hombres y mujeres. Vaz Ferreira, al igual que Héctor Miranda y otros conspicuos colorados estuvieron influenciados por el liberalismo de John Stuart Mill.

Según lo dispuesto por la ley reformada en 1913, el divorcio por la "sola voluntad de la mujer" significaba no solo que la mujer *podía* solicitar el divorcio por su sola voluntad, sino que el Estado *debía* concedérselo sin más. En razón de los pocos divorcios que llegaron a las cortes hasta bien entrada la década de 1930, Vaz (1998) desliza la hipótesis de una ley que fue expresión del "reformismo desde lo alto".[65]

La política de reformas, de las cuales la referida al divorcio fue una de las más notables, se intensificó durante la segunda presidencia de Batlle (1911-1915), pero el año 1916 significó un "freno" para el "impulso" reformista, según la expresión del reconocido ensayista Carlos Real de Azúa, que diera título a su clásico *El impulso y su freno. Tres décadas de batllismo* (1964). El *batllismo* salió debilitado de las elecciones para la Convención Constituyente de 1917 –la primera instancia electoral con cláusula de voto universal y secreto (y masculino)–. Con esto se hizo imperativa la apelación a una política de conciliación y de pactos dentro del partido y con el opositor Partido Nacional, la cual devino en un rasgo estructural de la democracia uruguaya de allí en más. Batlle y Ordoñez fue sucedido por el colorado Feliciano Viera (1915-1919), quien puso un "alto" al impulso reformista, aunque esto no significó el fin de la hegemonía *batllista*. El *batllismo* y la oposición pactaron y la nueva Constitución entró en vigencia en 1919. Así comenzó a tomar forma la "política de compromiso" o de "cogobierno", continuada por lo menos hasta 1958 (victoria del Partido Blanco en las elecciones presidenciales

---

[65] Barrán (2008) ha contribuido al conocimiento sobre el tema del divorcio en Uruguay a partir de revisar debates parlamentarios, discursos y testimonios de época, casos notables, etc.

por primera vez en el siglo XX), y más lejanamente hasta 1971 (relativo éxito electoral del Frente Amplio), cuando la política se volvió más sensible a la tensión derecha / izquierda (Caetano y Rilla, 1995).

La Constitución de 1919 fue un híbrido que concilió el gobierno colegiado con el unipersonal. Asignó al presidente tareas estrictamente políticas, al mismo tiempo que instituyó un Consejo Nacional de Administración, integrado por nueve miembros, seis por la mayoría (colorada) y tres por la minoría (nacional). A dicho Consejo le asignó tareas técnicas y administrativas. También consagró la representación proporcional en la Cámara de Diputados y la separación de la Iglesia y el Estado. El Senado continuaba siendo elegido por voto indirecto, con representación nominal.

En este contexto de "freno", en el Congreso hubo varias iniciativas coloradas de reforma del estatuto jurídico de las mujeres, pero ninguna tuvo la fuerza suficiente para convertirse en ley. En 1914, el diputado *batllista* Héctor Miranda denunció en el Congreso la inferioridad jurídica de las mujeres. Su iniciativa nunca fue debatida. El legislador también sostuvo que el texto constitucional usaba el término "hombre" en el sentido de especie humana y por eso debía considerárselo inclusivo de la mujer. En ocasión de la Asamblea Constituyente de 1917, el Partido Socialista propuso una reforma con el mismo argumento, pidiendo reemplazar el término "hombre" por el de "persona", pero esta moción tampoco fue atendida.[66]

Finalmente, la Constitución de 1919 consagró el sufragio universal y secreto, pero en materia de sufragio femenino apenas estableció el mecanismo legislativo para que en el futuro pudiera ser sancionado (según dispuso el art. 10, el

---

[66] Estas intervenciones son invocadas por cada uno de los dos partidos a la hora de disputarse el título de pioneros de la causa femenina. Véase: Brum (1923) y Frugoni (1940).

reconocimiento del sufragio femenino solo podría hacerse por mayoría de dos tercios sobre el total de los miembros de cada una de las cámaras).

Aunque más limitados en sus objetivos, otros intentos de reformas fueron exitosos en esos años. Se sancionó la ley que eliminaba la exigencia de ciudadanía para permitir a las mujeres el ejercicio del notariado y se suprimió la incapacidad para ser testigo. Estas reformas estuvieron precedidas de proyectos como el de 1914, sobre administración de bienes conyugales, y dos de 1918, sobre capacidad para ser testigos, tutores y curadores y sobre capacidad para ejercer algunos empleos y profesiones (Machado Bonet, 1972: 159).

Sin duda, la iniciativa de mayor envergadura sobre derechos civiles de las mujeres es la que presentó el colorado Baltasar Brum en 1921, por entonces presidente (1919-1923). El proyecto consignaba derechos plenos, tanto civiles como políticos. El legislador ya había redactado un proyecto de reforma del Código Civil en 1918, que había sido presentado en la Cámara de Diputados en abril de 1919 por el diputado José Salgado –por indicación de Brum, pues por su condición de presidente, estaba inhibido para la presentación de proyectos en el Congreso–.

En 1921, Brum amplió su iniciativa a los derechos políticos y la presentó ante la Agrupación de Gobierno. Esta institución reunía a los legisladores elegidos por el Partido Colorado y tenía por propósito "aumentar la eficacia de la labor parlamentaria" (Brum, 1923: 5). Se ocupaba del estudio y aprobación de proyectos para luego presentarlos en el Congreso.

La Cámara de Representantes consideró la iniciativa de Brum en enero de 1923. En esta ocasión, sus voceros en el Congreso fueron los diputados *batllistas* Ítalo Eduardo

Perotti y Orlando Pedragosa Sierra.[67] Este último, en su exposición de motivos, afirmaba:

> Nuestro país es el que se queda a la zaga de este momento de universal feminismo, delatando sus direcciones políticas una lamentable incomprensión del problema, como si en su *democracia inquieta y fecunda*, no se pulsaran los actos de tendencia emancipadora que sus mujeres cultas llevan a cabo con encomiable perseverancia desde hace diez años, con la prestigiosa enseñanza del Consejo Nacional de Mujeres. (En Brum, 1923: 10-11; el subrayado es mío).

La discusión parlamentaria fue acalorada. Los conservadores arreciaron sus ataques en la prensa contra lo que denominaban el "feminismo ultra". Creían que la reforma era peligrosa y sostenían que "el culto al hogar y el respeto a la familia vacila[ba]n en muchos ambientes" (Rodríguez Villamil, 1996: 24). Las ideas conservadoras prevalecieron y solo se logró una aprobación parcial del proyecto en la Cámara. Nótese, además, que Pedragosa se refirió a la lucha de las mujeres "cultas", lo cual es todo un indicador de la asociación, muy mentada por los contemporáneos, entre educación de la mujer y capacidad para ejercer sus derechos.

Entre 1928 y 1933 hubo un "segundo impulso" reformista. Este período se caracterizó por cierta bipolaridad por encima de, y atravesando, las tradicionales identidades partidarias. En 1931 se celebró un pacto histórico, denominado por su principal detractor, el líder nacionalista Luis Alberto de Herrera, como "pacto del chinchulín" (también conocido como "pacto del tres y dos"). Este acuerdo estableció la repartición de cargos de la burocracia del Estado

---

[67] Este proyecto alentó iniciativas del otro lado del Río de la Plata, cuando en 1924 el radical Bard y los socialistas Justo y Bravo presentaron sus respectivos proyectos de reforma. Incluso, Bard citó el trabajo de Brum en los fundamentos de su propuesta.

en esas proporciones entre los *batllistas* y los blancos independientes (fracción minoritaria escindida del Partido
Nacional, hegemonizado por el *herrerismo*). Esto significó
una intensificación del clientelismo político y de algún
modo sirvió para el fortalecimiento del Partido Nacional,
que ahora contaba con posibilidades concretas de ensanchar sus bases. Los blancos independientes controlaban el
Senado y tenían mayoría relativa en el Consejo. Pero hay
que notar que estas mayorías correspondían a una facción
minoritaria dentro del partido. La fuerza mayoritaria dentro
del Partido Blanco era el *herrerismo* (seguidores de Luis
Alberto de Herrera), que se oponía al acuerdo, igual que
los sectores no *batllistas* del Partido Colorado.[68]

   En este contexto de renovado, pero efímero, impulso
reformista, en 1930, el senador *batllista* Pablo María Minelli
presentó un nuevo proyecto referido a la condición jurídica
de las mujeres. La ocasión era propicia pues en 1930 se
conmemoraba el centenario de la primera Constitución
Nacional. Desde hacía tiempo Minelli defendía los derechos civiles y políticos femeninos. De hecho, fue co-autor
(con Lorenzo Batlle Pacheco) del proyecto sobre sufragio
femenino que fuera aprobado en ambas cámaras en 1932.
Minelli acompañó su proyecto sobre derechos civiles con
un informe que sostenía:

> Vuestra Comisión de Legislación ha deseado poner todo su
> empeño para que, en el año del Centenario de la Indepen-
> dencia Nacional, se sancione la reforma legal que equipare
> a la del hombre la capacidad civil de la mujer soltera, viuda
> o divorciada, y que amplía la de la mujer casada en todo
> aquello que lo permitan los intereses de la familia y sus
> propios intereses. (En Frugoni, 1940: 37).

---

[68]   Además del Partido Nacional Independiente, se escindieron el Partido
       Blanco Radical y la Agrupación Demócrata Social. En el Partido Colorado,
       con la muerte del caudillo en 1929, se enfrentaron dos líneas internas,
       la batllista y la liderada por Terra (Jacob, 1985; Dutrénit, 2003).

El Senado aprobó el proyecto en 1932, pero ahí se detuvo. A diferencia de la iniciativa de Brum, el proyecto de Minelli no otorgaba capacidad plena sino que solamente ampliaba los derechos de las mujeres casadas. Aun así, la iniciativa no tuvo curso. Seguramente, la sanción de los derechos políticos de las mujeres ese mismo año colmó las expectativas de muchos.

Mientras los *batllistas* y los anti-*herreristas* se beneficiaban del pacto "del tres y dos", también los colorados *terristas* y el *herrerismo* estrechaban lazos. Así, en 1933 se inició una etapa de ajuste conservador, bajo la presidencia de Gabriel Terra (1931-1938). A la coyuntura de depresión económica de 1930 se sumó la fuerte inestabilidad política, producto de las tensiones entre el presidente y el Consejo. Puesto que la Constitución de 1919 exigía para su reforma el acuerdo por mayoría de dos tercios de los votos y el presidente Terra no contaba con ello, la salida fue un autogolpe con apoyo de la policía, cuyo jefe era su cuñado Alfredo Baldomir. El golpe fue perpetrado el 31 de marzo de 1933.

En 1934 se dictó una nueva Constitución, resultado de un plebiscito convocado durante la fase de gobierno *de facto* de Terra, quien en esa misma oportunidad fue electo presidente *de jure*. La nueva Carta conjugó valores típicamente liberales con los del nacionalismo en boga. Se eliminó el Consejo de Administración y se estableció un poder ejecutivo centralizado y unipersonal. También se estipuló la división por mitades de las bancas del Senado ("senado del medio y medio"), entre las fracciones con más votos de los dos partidos mayoritarios (15 bancas a cada uno), lo cual claramente beneficiaba a *terristas* y *herreristas*. Asimismo, se redujo la cantidad de diputados, se creó un Consejo de Ministros, integrado por nueve miembros elegidos por dos tercios por la mayoría y un tercio por la minoría, y se redujo los derechos de los gobiernos departamentales. Se instituyó al vicepresidente como presidente del Senado, con voz y voto, asegurando así la mayoría para el partido en el gobierno.

En 1934, también, se aprobó la "Ley de lemas", cuyo antecedente era la ley de "doble voto simultáneo" de 1910. Así, se sufragaba al mismo tiempo por un candidato y por un lema (o partido). Este mecanismo aseguraba todas las combinaciones posibles de candidaturas del Partido Colorado y del Partido Nacional, impidiendo el crecimiento de otros partidos y afectando severamente la alternancia (Dutrénit, 2003).

En los aspectos sociales, la nueva Constitución propuso avances en la legislación laboral sobre tópicos tales como maternidad, familia, vivienda, trabajo y derecho de asociación y huelga. En materia de igualdad entre sexos, esta Carta cambió el término "hombre" por "personas" y ratificó el voto femenino. Algunas leyes avanzaron en el sentido de establecer conceptos de igualdad. Un año antes de aprobada la nueva Carta, se había sancionado el Código de Organización de los Tribunales, que derogaba la cláusula que impedía a las mujeres ejercer el cargo de juez o procurador. Luego, en 1934, se sancionó el Código del Niño. Este código legisló sobre el derecho de las madres a ejercer la patria potestad sobre los hijos naturales y suprimió la incapacidad de las mujeres para ejercer el cargo de tutora. Asimismo, consagró el derecho de todo niño a conocer la identidad de sus padres y otorgó a las mujeres el derecho a obligar judicialmente al padre por el mantenimiento de los hijos.

La cuestión de los derechos civiles no tuvo más repercusiones sino hasta 1937. Seguramente, el clima de ideas nacionalistas, sumado a la muerte de Batlle y Ordoñez en 1929 y luego el suicidio de Brum en 1933, cuando la dictadura de Terra ordenó su detención, restó fuerzas a aquel segundo impulso reformista.

En 1937, el socialista Emilio Frugoni, que integraba la Comisión de Códigos de la Cámara de Diputados, propuso estudiar la situación de los derechos civiles de las mujeres, retomando la iniciativa de Minelli que el Senado había congelado en 1932. Frugoni había militado en las filas del Partido Colorado y luego fundó el Partido Socialista (1910). Fue el primer diputado por este partido entre 1911 y 1914, cuando perdió su banca en unas elecciones en las que no existía la representación proporcional, sino un régimen de mayoría y minoría por el cual se distribuían las bancas entre los dos partidos tradicionales. En febrero de 1920 volvió a ser electo diputado, pero en abril de 1921 tomó licencia y luego renunció, coincidiendo esto con el momento en el que el PS dio lugar a la fundación del Partido Comunista. Frugoni rechazó las 21 condiciones que la III Internacional planteaba como requisito para la adhesión a ella y se alejó del partido. En 1928, volvió a ser electo diputado por el PS, pero enseguida, durante la dictadura de Terra, fue detenido y exiliado. En 1934, recuperado el orden constitucional, volvió a ser electo diputado y fue severo opositor del *terrismo*.[69]

Casi simultáneamente a la iniciativa de Frugoni, más precisamente en 1938, el senador por el Partido Nacional Martín R. Echegoyen presentó una iniciativa más "prudente".[70] La misma tomaba como antecedente y

---

[69] Frugoni fue abogado, decano de la Facultad de Derecho, poeta y escritor. En 1944 fue designado "Enviado Extraordinario y Ministro Plenipotenciario del Uruguay en la Unión Soviética". En 1946 renunció a ese cargo y volvió a Montevideo, manteniendo una postura muy crítica de la realidad política y social soviética. Habiendo sido un conspicuo defensor de los derechos civiles de las mujeres, Frugoni estuvo ausente durante el proceso que desembocó en la sanción de la "Ley de Derechos Civiles de la Mujer" de 1946.

[70] Fue dos veces ministro durante el gobierno de Terra y luego también presidente del Consejo de Estado durante la dictadura de 1973. Murió en 1974.

modelo la ley argentina de derechos civiles de las mujeres de 1926, proponiendo dictar una ley de carácter general que dejara para más adelante y en manos de una comisión especial el arduo trabajo de armonizar el texto de la ley con el del Código. De este modo, argumentaba, se evitaba la ardua y larga tarea de revisar y de derogar o modificar uno a uno los artículos que entrañaran una discriminación en razón de sexo en todos y cada uno de los códigos vigentes.

El artículo 1 del proyecto de Echegoyen establecía la plena capacidad civil para las mujeres mayores de edad, fueran solteras, divorciadas o viudas. El artículo 2 estipulaba los casos para los cuales las mujeres casadas no necesitaban la venia marital o judicial. Además de excluir a las mujeres casadas de la plena capacidad, el proyecto nada decía acerca de la administración de los bienes de la sociedad conyugal por parte de las esposas ni del ejercicio compartido de la patria potestad.

Como se verá en el capítulo siguiente, quienes criticaron la ley argentina de 1926 tomaron este punto como argumento: enumerar los actos que las mujeres casadas quedaban habilitadas para ejercer, sin incluir una cláusula que expresamente les concediera la capacidad civil plena, daba lugar a confusiones para la interpretación por parte del juez.

La exposición de motivos de Echegoyen fue explícita en su intención: "Abordar el tema más urgente: el régimen patrimonial". Y agregaba: "[d]e otro modo se corre el riesgo de demorar, en forma inconveniente, una reforma indispensable" (Echegoyen, 1939).

El curso que el proyecto siguió en el Senado tuvo inusitada rapidez: Echegoyen lo presentó en noviembre de 1938 y en sesiones del 26 y 30 de diciembre el Senado lo aprobó y lo envió a la Cámara Baja para su tratamiento. La iniciativa del socialista Frugoni en la Comisión que integraba en esa misma cámara puede haber sido motivo de premura. De todos modos, tampoco el proyecto de Echegoyen prosperó.

Finalmente, en noviembre de 1939, Frugoni presentó un proyecto en el Congreso. En contraste con los antecedentes de Minelli y de Echegoyen en el Senado, el diputado socialista sostuvo que las leyes que acordaban derechos civiles al hombre se consideraban extensivas a la mujer (art. 1). Explícitamente, en el artículo siguiente afirmaba que la mujer mayor de edad gozaba del completo ejercicio de su capacidad jurídica cualquiera fuese su estado civil. Sin embargo, en materia de derechos patrimoniales limitaba a ambos cónyuges, exigiéndoles autorización judicial para hipotecar o enajenar bienes raíces propios. Según Yorio (1943: 110) es probable que esta circunstancia haya trabado el curso de la iniciativa.

Tanto el proyecto de Minelli como el de Frugoni sostenían un criterio minucioso que revisaba uno a uno los artículos de los códigos, derogando o modificando aquellos que significaban una desigualdad de condiciones para las mujeres. Según Couture (1947: 32), jurista contemporáneo, las dificultades de poner en práctica semejante tarea eran "insuperables" y es probable que también esto haya sido motivo de dilación.

Sin duda, la iniciativa de Brum de 1921 y la de Frugoni de 1939 fueron las de mayor alcance. En 1946, cuando finalmente se sancionó la Ley de Derechos Civiles de la Mujer, estas dos iniciativas fueron consideradas como puntos de partida.

2.4. Brasil: *"sejamos práticos e realistas"*

En 1937, con la instauración del *Estado Novo*, se dictó una nueva Constitución, elaborada por Francisco Campos, ministro de Justicia de Vargas y conspicuo ideólogo de la derecha autoritaria. Esta venía a reemplazar con argumentos no tan nuevos los ya vetustos de la matriz liberal decimonónica. De esta forma, el Poder Ejecutivo fue fuertemente centralizado, el Poder Legislativo convertido en Consejo Administrativo y los partidos políticos suprimidos. La nueva Carta mantuvo la indisolubilidad del matrimonio y el principio de protección del Estado a la Familia, pero omitió la cláusula de igualdad entre varones y mujeres que el texto anterior consagraba.

Hacia 1945, el gobierno norteamericano presionó a Vargas para que el país volviera a un régimen de democracia. Esto ocurrió en un contexto en el que también las organizaciones de la sociedad civil planteaban demandas de democratización política. Así, se creó la *União Democrática Nacional* (UDN), que reunía a los sectores liberales opositores a Vargas, el *Partido Trabalhista Brasileiro* (PTB) y el Partido Social Democrático (PSD), ambos afines al líder, el primero con base en el movimiento sindical y el segundo con base en las estructuras regionales de poder. También se legalizó el Partido Comunista. En las elecciones de diciembre triunfó el candidato militar Eurico Dutra (1946-1951), apoyado por una coalición entre el PTB y el PSD. Enseguida, se procedió a la elaboración de una nueva Constitución que finalmente se aprobó en septiembre de 1946, recuperando las fórmulas liberales.

En este nuevo marco, se pusieron en marcha acciones para transformar el estatuto jurídico de las mujeres. En 1947 se creó en Río de Janeiro el *Conselho Nacional de Mulheres do Brasil* (CNMB), a instancias de la feminista Jerônima de Mesquita, ligada a la FBPF. En 1949, también en Río de Janeiro, se creó la *Federação das Mulheres do Brasil* (FMB), cuya primera presidenta fue Alice Tibiriçá. Esta organización tuvo otra, predecesora: el *Instituto Feminino para o Serviço Construtivo* (IFSC) fundado en 1946. Esta institución también mantuvo contactos con la FBPF. En 1951 se celebró una *Convenção Feminina*, que reunió a numerosas organizaciones más pequeñas y dio origen a la *Associação Feminina do Distrito Federal* (AFDF).

Estas asociaciones surgieron por impulso de la coyuntura de apertura democrática iniciada en 1945. El Partido Comunista había sido legalizado y convocó a numerosos militantes, con ecos entre los simpatizantes de la izquierda y los remanentes del feminismo liberal. Esto hizo que las clases dominantes descalificaran al feminismo que resurgía de la mano de aquellas nuevas agrupaciones por considerarlo "izquierdista". Por ejemplo, en 1949, la FMB envió a su presidenta Alice Tibiriçá como representante al Consejo de la Federación Democrática Internacional de las Mujeres reunido en Moscú. Pero el gobierno retrasó el trámite de su pasaporte y Alice no pudo viajar (Soihet, 2006b).[71]

En 1949, a título personal, las abogadas Romy Medeiros y Orminda Bastos elaboraron un proyecto que apuntaba a la derogación de la función de jefe de la sociedad conyugal asignada exclusivamente al marido. Orminda Bastos había sido parte de la primera "ola" de feminismo. Era la consultora jurídica de la FBPF y sus ideas emancipatorias ya habían tomado estado público cuando se celebró la *I Convenção Nacional Feminina en Río de Janeiro* en 1933. La reforma propuesta por las dos abogadas afectaba por completo el estatuto de las mujeres dentro del matrimonio.

Romy presentó la iniciativa ante el IAB, donde contó con el apoyo del resto de los miembros de la comisión a cargo. También la presentó durante la celebración del VII Congreso de Abogados Civiles que tuvo lugar en Estados Unidos ese mismo año y ante el Comité brasileño de la Comisión Interamericana en 1950. En 1952, se acercó al senador Mozart Lago, electo por el Partido Social Progressista

---

[71]   El Partido Comunista tuvo carácter legal apenas dos años, entre 1945 y 1947. En la coyuntura de democratización, Vargas amnistió a sus dirigentes presos y lo legalizó.

(PSP) del Distrito Federal, para que este la presentara en el Congreso, quien cumplió con el cometido en julio de 1952 (proyecto 29/52) (Rodrigues, 1982: 104).

En julio de 1952 se celebró en Río de Janeiro la VIII Asamblea de la CIM. Allí, Vargas, recientemente electo presidente de la República (1951-1954), dirigió un discurso en el cual asumió el compromiso de apoyar las reivindicaciones de reforma de las mujeres. Romy Medeiros y Orminda Bastos presentaron su proyecto en este evento (Marques y Melo, 2008: 480). Ambas mujeres tenían contacto con Leontina Licínio Cardoso, mujer notable del cuerpo diplomático, que participó de dicha Asamblea y llevó la inquietud al Ministerio de Relaciones Exteriores, por lo cual el tema se instaló en la esfera pública (Rodrigues, 1982: 281).

El contexto internacional era favorable. En 1948, la IX Conferencia Interamericana había adoptado la Convención Interamericana sobre la Concesión de los Derechos Políticos a la Mujer y la Convención Interamericana sobre la Concesión de los Derechos Civiles a la Mujer, esta última ratificada por Brasil a fines de 1951. De hecho, el senador Lago se inspiró en esta circunstancia para llevar adelante su defensa de los derechos de las mujeres (Rodrigues, 1982: 279).

En el mismo período, también el diputado del estado de Bahía, Nelson de Sousa Carneiro dedicó gran parte de su actividad parlamentaria a la modernización del derecho de familia. Carneiro estuvo primeramente afiliado a la UDN-Bahía, partido que representaba a los sectores liberales. En 1950, fue electo diputado por una coalición conformada por el *Partido Social Trabalhista* (PST), considerado "progresista", el *Partido de Representação Popular* (PRP), considerado "ideológico", y el Partido Social Democrático

(PSD), aliado del *varguismo*.[72] En 1958, se trasladó a Río de Janeiro, donde renovó su cargo de diputado federal en sucesivas elecciones.

Los proyectos legislativos de Carneiro estaban basados en argumentos que colocaban en el centro de las preocupaciones la estabilidad del hogar, la unión de la familia y el destino de los hijos (sobre todo, en los casos de separación litigiosa de los padres). Estas preocupaciones se derivaban, fundamentalmente, de la práctica que Carneiro había adquirido durante el ejercicio de su profesión de abogado especialista en derecho de familia en la postergada región nordestina de la cual era oriundo.

El 26 de junio de 1950, Carneiro presentó en la Cámara un proyecto que proponía revocar las restricciones impuestas a las mujeres casadas (Proyecto 481/1950). Según consta en el texto del proyecto, el *Movimento Político Feminino de São Paulo* contribuyó con la propuesta a través de trabajos realizados en el seno de su Comisión de Estudios Jurídicos y Sociales. Esta iniciativa de Carneiro no tuvo tratamiento posterior.

El 28 de marzo de 1952, el tema fue presentado nuevamente (Proyecto 1804/1952), pero esta vez, en la justificación, el autor hizo mención expresa de la Convención Interamericana de los Derechos Civiles de la Mujer que

---

[72] En Brasil, entre 1934 y 1937 hubo una proliferación de partidos estaduales y solo dos partidos tuvieron alcance nacional: la *Ação Integralista Brasileira* (AIB) derechista y la *Aliança Libertadora Nacional* (ALN) con participación del comunismo. La AIB surgió en octubre de 1932 y la ALN en marzo de 1935. Mientras que esta fue prohibida al poco tiempo, la AIB se convirtió en el mayor movimiento de masas del país, con gran participación de mujeres en sus filas. Como partido, el integralismo desapareció con la instauración del *Estado Novo* en 1937, pero como movimiento se fragmentó y proyectó su fuerza entre 1938 y 1945. Este año, alentado por el clima de democracia interamericana, Plínio Salgado, su máximo referente, volvió de su exilio en Portugal y fundó el PRP (Deutsch, 2005: 402-403).

había sido ratificada por Brasil un tiempo antes. También citó la defensa que el jurista paulista Plínio Barreto hiciera en la Comisión de Constitución y Justicia de un proyecto propio y sostuvo haber tomado como antecedente los dos primeros artículos del proyecto de ley del uruguayo Echegoyen, con modificaciones.

Barreto había estado encargado de examinar la propuesta del IAB de la cual Romy Medeiros había sido vocera. Más tarde, sumó a su estudio la de Carneiro de 1950. A partir de este material, Barreto elaboró el proyecto sustituto al cual Carneiro hizo referencia en su presentación de 1952. Plínio Barreto fue un liberal afiliado a la UDN, uno de esos "liberales de la clase media" con "espíritu de élite" y "perplejos frente a la orientación que tomó el proceso político después de 1945" (Weffort: 1998: 136). Por no haber obtenido los votos necesarios en el seno de la Comisión encargada de estudiarlo, su proyecto no fue tratado en las cámaras.

En cuanto a las referencias de Carneiro a la ley uruguaya, llama la atención el silencio del legislador respecto de la ley sancionada en Uruguay en 1946. Por su parte, el artículo citado del proyecto de Echegoyen (art. 1) disponía: "La mujer mayor de edad soltera, divorciada o viuda tiene el pleno ejercicio de su capacidad civil". El artículo 2: "La mujer casada mayor de edad no necesita autorización marital ni judicial para [...] [se enumeran los actos pero no se otorga la capacidad plena]" (Echegoyen, 1939). Esto evidencia el interés primordial de Carneiro: liberar a la mujer de la tutela del marido respecto de los asuntos patrimoniales.

Tanto el proyecto de Lago como el de Carneiro, finalmente contuvieron innovaciones "de carácter radical": al poder marital y al régimen de bienes (Rodrigues, 1982: 265). Ambos proyectos proponían el derecho de la mujer a ejercer profesión sin el consentimiento del marido. El de Lago, además, proponía la revocabilidad del régimen de bienes, fuera que se adoptase el de comunidad universal o parcial. Esta era la posición que sostenía la *União Universtária Feminina*, a través de una nota que acercó al Congreso su presidenta Zéia Pinheiro de Rezende Silva, con el apoyo de la delegación brasileña ante la VIII Asamblea de la CIM reunida en Río de Janeiro en 1952, a través de la exposición que hiciera de este punto la delegada Leontina Licínio Cardoso (Rodrigues, 1982: 265 y Marques y Melo 2008: 479-480). Cabe notar que, al respecto, ambos proponían cambiar el régimen legal por el de comunidad parcial.

El proyecto de Lago fue rechazado. La iniciativa de Carneiro, en cambio, pasó a manos de una Comisión Especial, en junio de 1952, presidida por el jurista José Adriano Marrey Júnior, representante electo por el PTB y presidente de la Comisión de Constitución y Justicia de la Cámara de Diputados. De allí surgió un nuevo texto que fue sometido a debate en los meses de octubre y noviembre. El debate fue intenso y su principal opositor fue monseñor Alfredo Arruda Câmara. Bastión del poder conservador, Câmara había sido electo diputado por primera vez en 1933 por el estado nordestino de Pernambuco. Con la recuperación de la democracia, fundó el *Partido Democrata Cristão* (PDC). Fue electo en sucesivas oportunidades entre 1945 y 1962 (Marques y Melo, 2008: 478).

En los dos meses que estuvo en debate en el Congreso, el proyecto sufrió marchas y contramarchas. En las sesiones plenarias de octubre, monseñor Câmara propuso enmiendas que restituían el poder marital y estas fueron aceptadas. De allí el proyecto pasó a manos de una Comisión Especial, que volvió atrás y restableció los términos más amplios contenidos en la propuesta de Carneiro. A fines de noviembre, en sesión plenaria, el proyecto emanado de esa comisión fue aprobado y pasó al Senado (con el número 374/1952) (Marques y Melo, 2008).

Carneiro se presentó como candidato en las elecciones de 1953 pero no fue elegido. Recién volvió a ocupar una banca en el Congreso en 1958, cuando fue electo diputado por el PSD. Por su parte, Lago también había terminado su período de mandato y no fue reelecto en los años siguientes. Cabe notar que Lago había sido diputado federal en los años 1930 y que luego ocupó el cargo de senador en la banca que dejara libre el líder comunista Luís Carlos Prestes, después de haber sido el PC declarado ilegal en mayo de 1947. De esta forma, Lago asumió por un período más corto que el establecido por norma (Marques y Melo, 2008: 479).

Así, entre 1953 y 1958, la causa de los derechos civiles de las mujeres no tuvo a ninguno de sus dos defensores más prominentes ni en la Cámara Baja ni en la Cámara Alta. A lo cual hay que añadir que las mujeres electas apenas fueron tres en 1954 (situación que casi no se modificó en 1958) (Tabak y Toscano, 1982). Entre ellas, Ivete Vargas. Pero esta presencia femenina en el Congreso no se tradujo en iniciativas favorables a la igualación de la condición jurídica.

En mayo de 1958 se reunió la IX Asamblea Interamericana de Mujeres en Rio de Janeiro, en la cual se indicó la aprobación de legislación relativa a los derechos civiles. Enseguida, Romy Medeiros se acercó al Senado para impulsar su ya histórico reclamo (Rodrigues, 1982: 107).

En septiembre de 1958, los proyectos debatidos en 1952 fueron retomados a pedido de Atílio Vivácqua, relator de la Comisión de Constitución y Justicia del Senado. En agosto de 1959, la propuesta de reconsideración fue aprobada en sesión plenaria en el Senado. En diciembre, la Comisión elaboró un proyecto sustituto. Entre las modificaciones más importantes, este nuevo proyecto afirmaba la condición de jefe como prerrogativa exclusiva del marido y mantenía la comunidad universal como régimen legal de bienes. Inmediatamente, Vivácqua presentó un parecer

(924/1959) en el que justificaba el hecho que el proyecto sustituto estuviera basado en el proyecto de Carneiro con el argumento de que así lo disponía la regla que indicaba dar prioridad a los proyectos originados en la Cámara de Diputados (Rodrigues, 1982: 269). Con esto, el proyecto de Lago fue archivado.

A propósito de los proyectos de Carneiro y Lago, Carlos A. Dunshee de Abranches, notable jurista del IAB, afirmó:

> As modificações propostas suscitam viva controvérsia e retardarão a consagração daquilo que está na consciência de todo o povo brasileiro –a igualdade dos direitos políticos e civis do homem e da mulher. [...]
> Sejamos práticos e realistas. [...]
> *É por isso que me bato pela revogação imediata da incapacidade relativa da mulher casada e pela adoção da regra de que esta só necessita de autorização do marido para praticar aqueles atos que ele não poderia praticar sem o consentimento da mulher.* ("Só para mulheres", *A República*, Natal, 30 de agosto de 1960, en Rodrigues, 1982: 108; el subrayado, en redonda, es mío).

El proyecto sustituto entró al Senado en 1960 y fue el que se convirtió en ley dos años después como *Estatuto da Mulher Casada*. Como es evidente, en el proceso legislativo y político las ideas iniciales se vieron modificadas y la ley resultante fue más limitada y, en consecuencia, menos controvertida.

Capítulo 3
Dos reformas incompletas y una
contrarreforma fallida

1. Dos reformas incompletas

Como se ha adelantado en el capítulo anterior, en los años 1920 hubo dos reformas significativas del estatuto civil de las mujeres en el Cono Sur: en Chile (1925) y en Argentina (1926).[73] En ambos casos, los procesos legislativos estuvieron impulsados tanto por partidos políticos como por movimientos de mujeres, aunque por la exclusión de estas del derecho a representar y ser representadas, su participación directa en los trámites legislativos fue imposible. Las dos reformas dieron más libertades jurídicas a las mujeres, pero no instituyeron la capacidad civil plena para las casadas.

En estos años, la ampliación del dominio público del Estado para intervenir sobre los problemas sociales era un reclamo compartido por distintos sectores sociales de variados signos ideológicos. Uno de esos problemas era la cuestión femenina. En este marco, la legislación favorable a las mujeres fue expresión jurídica de una ampliación del dominio público del Estado sobre el dominio privado del *pater familiae*, en un doble movimiento de ampliación de la esfera de autonomía de la mujer como persona (sustraída a la voluntad del varón) y de ampliación del control del Estado sobre las mujeres trabajadoras, a través del disciplinamiento y la protección a la maternidad y a la familia (lo cual a su vez la devolvía a la autoridad patriarcal del varón).

---

[73] Esta sección retoma algunas ideas planteadas en Giordano (2010a).

En este sentido, las leyes promulgadas no consideraron la capacidad plena de las mujeres casadas y mantuvieron la potestad marital en las relaciones familiares. La simultaneidad de esta reforma civil limitada y de la reforma social de sesgo maternalista indica la prevalencia de la ideología familialista en la formulación de derechos. Esto también se observa en la insistencia en la exclusión política, pues en última instancia esta exclusión se amparaba en el objetivo de preservar aquellas funciones primordiales que se esperaba que las mujeres desplegasen en la esfera doméstica.

En la medida en que la contradicción mujer-trabajo era vista como la principal amenaza al orden y existía consenso respecto de esto entre las distintas fuerzas del espectro político, los derechos civiles y sociales fueron afirmados para atender esa "cuestión", pero la participación de las mujeres en la esfera de decisión y representación política fue convenientemente postergada.

En efecto, en esos años hubo varios intentos fallidos de legislar sobre sufragio femenino a nivel nacional. En Argentina, hubo algunos avances, aunque efímeros, en las provincias de Santa Fe (1921) y San Juan (1927). Beneficiándose de la autonomía derivada del régimen federal, se legisló sobre sufragio femenino a nivel municipal (Santa Fe) y en el ámbito provincial (San Juan). En Chile, en 1934, también se aprobó una ley que habilitó el voto femenino en el nivel municipal, pero a diferencia de Argentina, la constitución centralista del país transandino dio a la norma alcance a lo largo de todo el territorio nacional y no solo en algunas regiones, provincias o comunas.

Cabe notar que a nivel internacional la predisposición y disposición respecto de los derechos de ciudadanía tuvo similares características: decidido consenso en materia de derechos sociales y titubeantes esfuerzos en materia de derechos civiles y políticos. En 1919, con la creación de la Organización Internacional del Trabajo (OIT), se legitimó el paradigma de la separación de la esfera laboral y civil del derecho y se afianzó el concepto de protección a los trabajadores (varones y mujeres). Con ello se afirmó la idea de la justicia social como garantía para la paz universal.

Asimismo, como ya se ha visto, en 1923 se reunió la V Conferencia Interamericana en Santiago de Chile, donde se acordó estudiar medidas tendientes a satisfacer los reclamos del feminismo en futuras conferencias: derechos civiles y políticos plenos. Como también se ha visto, durante la VI Conferencia Interamericana reunida en La Habana en 1928, se creó la CIM. De allí en adelante, las mujeres contarían con instancias internacionales propias para la representación de sus reclamos.

Si en los años 1920, en general, los proyectos de reforma fundaban sus argumentos de inclusión en la "naturaleza" femenina, a través de su acción "individual", capaz de fortalecer la conciencia cívica para la "Familia" y para la "Nación", en los años siguientes, el clima de ideas antiliberal propuso otro tipo de fundamentos, aunque "Familia" y "Nación", claro está, con distinto contenido, siguieron siendo conceptos centrales.

Paradójicamente, en Argentina, donde a partir de 1930 se sucedieron los golpes de Estado, la primera reforma de los derechos civiles de las mujeres se hizo en el marco de una democracia, mientras que en Chile, un país con partidos dinámicos, no se la logró realizar por los mismos canales. En el caso de la reforma de 1925 en Chile, que se hizo bajo un gobierno militar, puede pensarse que la pauta de mediación partidaria no estuvo disponible puesto que se trató de un momento en el que la dominación oligárquica todavía estaba vigente. En efecto, el reformismo buscó por diversos caminos desarticular el poder de la oligarquía, pero este todavía era fuerte. De hecho, en Chile hubo continuidad de la dominación oligárquica hasta los años 1960. En Argentina, en cambio, la reforma de 1926 se procesó a través de la mediación partidaria porque la oligarquía ya había recibido un fuerte simbronazo tras la aplicación de la "Ley Sáenz Peña" de 1912.

1.1. Chile: el reformismo militar y el decreto de 1925

Hacia 1920, en general, las distintas fuerzas compartían el diagnóstico acerca de la necesidad de una legislación social que garantizase el crecimiento económico y con ello la promoción de industrias y el mejoramiento de las condiciones de infraestructura, de trabajo y de vida que amortiguasen los conflictos de clase.

El régimen parlamentarista había promovido una práctica política de fracturas frecuentes e inestabilidad de las alianzas entre partidos que había vuelto dificultosa la actividad legislativa organizada. La denominada República Parlamentaria, inaugurada con la guerra civil de 1891, había acentuado la preponderancia de los partidos a través del Congreso –espacio privilegiado de negociación de los conflictos, principalmente los derivados de la distribución del excedente generado por el enclave salitrero–.

Por entonces, los cuatro partidos principales eran el Partido Conservador, el Partido Liberal, el Partido Radical y el Partido Demócrata, los cuales hasta los años 1930 formaron un sistema de carácter bipartidista constituido por dos bloques: la Alianza Liberal, que reunía al Partido Radical, al Partido Demócrata y a algunos sectores progresistas del Partido Liberal, y la Unión Nacional, dominada por los conservadores y algunas fracciones afines del Partido Liberal. Los liberales y los conservadores representaban el poder de los sectores oligárquicos con asiento en la gran propiedad de la tierra y en el mercado de exportación.

Mientras que el Partido Conservador obtenía su mayor rédito de su alianza con la Iglesia, el Partido Liberal, y a su turno el Partido Radical, ostentaban un profundo anticlericalismo (aunque, en particular, el Liberal no era antirreligioso). El Partido Radical era un partido reformista apoyado en una base de clase media, la cual se fue incrementando conforme avanzó el proceso de modernización del Estado y de la sociedad. El Partido Demócrata también era reformista, pero en su caso con una tendencia pro-obrera, con lo cual incluyó en su base social a sectores de este segmento.

En los años veinte, en medio de un clima de huelgas y de crisis de la economía del salitre, hicieron su ingreso en la política nacional los militares. En 1919, un grupo de jóvenes oficiales se organizó en una Junta, a la que asistió, entre otros políticos prominentes, Arturo Alessandri Palma, por entonces senador liberal por Tapacará y candidato favorito del Partido Liberal para las siguientes elecciones. Este grupo reclamaba reformas legislativas en materia laboral, fiscal y militar. El episodio concluyó con el procesamiento de sesenta oficiales, acusados de conspiración, sentencia de la cual Alessandri escapó en virtud de su inmunidad parlamentaria (Millar Carvacho y Fernández Abara, 2005).

En 1920, cuando Alessandri resultó electo, la violencia se precipitó. Estudiantes y trabajadores, organizados y movilizados tras consignas de izquierda, fueron el centro del conflicto social. La "amenaza" era mayor en el norte salitrero y en el sur del país, donde predominaba la explotación del carbón y la ganadería, mucho más que en la región central, estructurada en haciendas tradicionales. En el Valle Central, la mayor amenaza al poder oligárquico provenía de la política reformista promovida por Alesandri, electo por la Alianza Liberal. Apoyaron su candidatura, la Federación de Estudiantes de Chile (FECH, de orientación izquierdista) y las mujeres de clase media y alta, liberales independientes, aglutinadas en el Consejo Nacional de Mujeres y en el Partido Cívico Femenino.

Alessandri no cumplió con su programa de campaña. La recesión económica y la inestabilidad política no eran escenario propicio para el reformismo que había pregonado. Las huelgas se multiplicaron y el presidente optó por el histórico recurso a la represión violenta. El Senado, dominado por los conservadores, bloqueó cualquier intento legislativo proveniente del Ejecutivo o apoyado por este. Cuando en las elecciones de senadores de 1924, la composición partidaria se modificó a favor de Alessandri, el escenario no fue muy distinto. El Congreso se sumió en una disputa por el aumento de las dietas de los parlamentarios, que nuevamente obstruyó cualquier iniciativa de carácter más amplio.

En este contexto, los militares volvieron a manifestar su descontento. A comienzos de septiembre, un grupo de jóvenes oficiales irrumpió en el Senado (episodio conocido como "ruido de sables"), exigiendo la aprobación de una serie de medidas reformistas: indemnización, jornada de ocho horas, regulaciones sobre el trabajo infantil y de mujeres, reglamentación de los contratos colectivos, seguridad social, legalización de los sindicatos y las huelgas, etc. El clima político se agitó. Alessandri recurrió a la autoridad de los altos mandos militares para negociar una salida del conflicto. Finalmente, el Congreso aprobó las reformas, pero los mismos oficiales convocados para la negociación con los insurrectos se unieron con la opositora Unión Nacional en un proyecto conspirativo contra el gobierno.

Alessandri se alejó del país con un permiso especial del Congreso y el general Luis Altamirano, antes ministro de Guerra y ahora ministro del Interior, ocupó la vicepresidencia. Altamirano cerró el Congreso y formó una Junta de Gobierno que intentó reprimir a los sectores reformistas de las Fuerzas Armadas. Estos respondieron con un nuevo golpe, el 23 de enero de 1925. La nueva Junta, de la que fueron referentes los reformistas Marmaduke Grove

(Marina) y Carlos Ibáñez del Campo (Ejército), propició el regreso de Alessandri y buscó generarse apoyos entre los trabajadores y las organizaciones de mujeres liberales. El presidente electo retomó su lugar al frente del Poder Ejecutivo el 20 de marzo de 1925.

Este fue el escenario en el cual, el 12 de marzo de 1925, bajo el gobierno de la Junta militar reformista, se dictó el Decreto-Ley N.º 328 que estipuló medidas ampliatorias del estatuto jurídico de las mujeres. Como se ha visto en el capítulo anterior, ideas similares habían sido impulsadas unos años antes por el propio Arturo Alessandri, por algunos legisladores y por un sector importante del denominado primer feminismo. Su promulgación en 1925 obedeció a la oportunidad abierta por la crisis política del parlamentarismo, en la cual se expresaron diferentes movimientos por la democratización del orden.

La reforma se hizo por un decreto dictado por la Junta de Gobierno presidida por el civil Emilio Bello en momentos en los que era inminente el regreso de Alessandri al poder. La medida estuvo impulsada por el entonces ministro de Justicia José Maza. De extracción liberal, Maza había participado, entre otras actividades, en la comisión mixta de Legislación Social, en el período 1921-1922, y entre el 1 y el 20 de febrero de 1924, había ocupado el cargo de ministro de Interior del presidente Alessandri. Pasada la crisis que había alejado al presidente de su cargo y destituida la Junta conservadora, Maza ocupó el cargo de ministro de Justicia e Instrucción Pública de la nueva Junta, entre el 29 de enero y el 30 de septiembre de 1925.[74]

La reforma propuesta por Maza fue mucho más reducida en sus alcances que aquella otra propuesta por la

---

[74]   Véase: "José Maza Fernández" en *Reseñas biográficas de parlamentarios de Chile*, Biblioteca del Congreso Nacional de Chile. Disponible en: www.bcn.cl.

feminista Amelia Labarca en 1922. Respecto del régimen patrimonial, se estableció que los cónyuges, a través de capitulaciones matrimoniales, podían acordar la separación de bienes (art. 8) y que la mujer sería considerada separada de bienes para la administración de aquellos que fueran fruto de su trabajo profesional o industrial (art. 9). En el régimen de separación de bienes, la mujer casada quedaba habilitada para dedicarse libremente al ejercicio de cualquier oficio, empleo, profesión, industria o comercio, pero a petición del marido, el juez en juicio sumario podía prohibírselo (art. 11). También, en el marco de ese régimen de bienes, la mujer quedaba habilitada para estar en juicio en las causas concernientes a su administración separada (art. 12).

Respecto de la patria potestad, se otorgó el derecho a ejercerla a la madre en caso de ausencia del padre (por muerte natural, civil o presuntiva; por ausencia, interdicción o inhabilidad física o moral) (art. 2). También se la otorgó a las mujeres divorciadas "por culpa del marido" sobre los hijos que tuvieran a su cargo (art. 4). Pero se estipuló que la madre, al contraer nuevo matrimonio, perdía tal derecho (art. 3).

Asimismo, se estableció que las mujeres podían, en las mismas condiciones que los hombres, ser tutoras o curadoras, pero las casadas necesitaban el conocimiento del marido o en su caso, de la justicia (art. 5). Por último, también se dispuso que la mujer, en iguales condiciones que el hombre, pudiera servir de testigo en cualquier acto o contrato (art. 7).

El Decreto-Ley N.º 328 tenía algunos antecedentes que habían afectado los derechos de las mujeres. La Ley N.º 1969 de 1907 había dispuesto que las mujeres casadas y los menores de edad que tuvieran más de 14 años debían ser considerados libres administradores de sus bienes en lo referente a sus imposiciones en las Cajas de Ahorro y a la adquisición y goce de casas construidas por el Consejo Superior de Habitaciones. Y unos meses antes de la reforma de 1925, se había dictado la Ley de Contrato de Trabajo (Ley N.º 4.053 del 8 de septiembre de 1924), que había dado la libre administración del salario de las mujeres obreras; y la Ley de Empleados Particulares (Ley N.º 4.059 del 18 de septiembre de 1924), que había hecho lo mismo respecto de las mujeres empleadas.

Como se aprecia en la descripción de su articulado, el Decreto-Ley N.º 328 fue muy limitado en su alcance. En primer lugar, la práctica de las capitulaciones matrimoniales era ajena a la mentalidad de la sociedad chilena. Además, el derecho de administrar los bienes que fueran fruto del trabajo de las mujeres se desvanecía tan pronto como sus maridos decidiesen ejercer su derecho a prohibírselo. Más aun, los terceros usualmente exigían a las mujeres casadas la autorización de sus maridos como prueba. Así, en la práctica, la reforma perdía su sentido fundamental de emancipación. La ley tampoco daba norma alguna para la liquidación de los bienes reservados en ocasión de la disolución de la sociedad conyugal, lo cual fue del mismo modo considerado un serio defecto (Klimpel, 1962: 57).

Inmediatamente después de publicado el decreto, una comisión universitaria empezó a estudiar la posibilidad de una reforma más sustantiva del Código Civil. Mientras tanto, en 1927, encabezada por Aurora Argomedo, se fundó la Unión Femenina de Chile en Valparaíso, con proyecciones en el resto del país. En 1934, esta organización sostuvo los derechos políticos y civiles de las mujeres como bandera (Gaviola *et al.*, 1986).

A fines de 1934, durante la segunda presidencia de Alessandri, finalmente se volvió a reformar el Código en materia de derechos de las mujeres, a través de la Ley N.º 5.521, aprobada el 19 de diciembre. En esta segunda instancia, el estatuto jurídico de las mujeres se amplió aun más. La ley perfeccionó la normativa anterior en materia de patrimonio reservado de la mujer casada y reconoció la plena capacidad de la mujer divorciada a perpetuidad y a la división de bienes.

En cuanto a la capacidad contractual, la nueva ley mantuvo la exigencia de autorización del marido (art. 137), pero introdujo la siguiente cláusula: "La mujer casada no necesitará de autorización alguna para ejercer estos cargos [los estipulados en ese artículo] respecto de su marido demente, sordomudo o ausente, ni respecto de los hijos comunes".

En cuanto al patrimonio reservado de la mujer casada, el nuevo texto legal dio una larga redacción al artículo 150 ("la mujer casada de cualquiera edad podrá dedicarse libremente al ejercicio de un empleo, oficio, profesión o industria, a menos que el juez, en juicio sumario y a petición del marido, se lo prohíba"). En particular, dispuso expresamente la incumbencia de la mujer sobre la acreditación de la prueba de origen y dominio de los bienes adquiridos, tanto respecto del marido como de terceros, que había sido señalado como una falencia de la ley de 1925. Asimismo, dispuso los términos en que este patrimonio sería resuelto en caso de disolución de la sociedad conyugal. Respecto de las capitulaciones matrimoniales (art. 1720), la ley permitió pactar la separación total de bienes en capitulaciones anteriores al matrimonio, pero consignando que el régimen pactado no podía ser modificado durante el matrimonio.

La ley de 1934 estuvo alentada por quienes consideraban deficiente la reforma de 1925, pero también por quienes advirtieron la necesidad de armonizar la condición jurídica de la mujer casada con los cambios introducidos por el Código de Trabajo de febrero de 1931, dictado bajo la presidencia de Carlos Ibáñez del Campo (1927-1931). Dicho Código había otorgado a las mujeres el derecho a recibir sueldo sin intervención del marido. No obstante, hay que recalcar que la reforma introducida en 1934 tampoco derogó la incapacidad de la mujer casada.

En rigor, más que un avance limitado de los derechos civiles, estas leyes, incluso la de Argentina de 1926 que se verá a continuación, pueden considerarse como factor concomitante del impulso que recibieron los derechos sociales y de la problematización del trabajo femenino en esa coyuntura.

Cuando en 1935 se creó el Movimiento Pro Emancipación de la Mujer Chilena (MEMCH), los derechos de las mujeres volvieron a estar sobre el tapete. El MEMCH seguramente recibió influencias de la Asociación de Mujeres Universitarias creada en 1931, presidida por la médica Ernestina Pérez y cuya vicepresidencia ocuparon dos feministas destacadas: Amanda Labarca y Elena Caffarena. Del MENCH también participaron Olga Poblete, Graciela Mandujano, Flor Heredia, Aída Parada y María Rivera, entre otras. El órgano de prensa del MEMCH fue la revista *La Mujer Nueva*, a través de la cual el movimiento dio a conocer muchas de sus aspiraciones. Tanto la organización como su revista tuvieron una composición heterogénea, conviviendo en ella posiciones conservadoras, liberales y de izquierda.

En esos años, las mujeres que votaban en las elecciones municipales lo hacían mayoritariamente detrás de los dos partidos tradicionales, el Conservador y el Liberal. Asimismo, tal como ha señalado Deutsch (2005), muchas mujeres estuvieron expuestas a y atraídas por la propaganda derechista y de la Iglesia católica.

En el campo de la izquierda, el primer partido se había creado a partir de un desprendimiento del Partido Demócrata, bajo el liderazgo de Luis Emilio Recabarren. Fue el Partido Obrero Socialista, creado en 1912, el que, en 1922, dio lugar al Partido Comunista. A diferencia de Argentina, Chile tuvo diversas organizaciones de orientación socialista, las cuales solo en 1933 se reunieron en una única formación. En 1938, los socialistas y los comunistas junto a los radicales dieron forma al Frente Popular. En las elecciones de ese año, triunfó su candidato Pedro Aguirre Cerda.

El comunismo fue un factor disruptivo dentro del movimiento de mujeres tanto en Chile como en Argentina. Pero puesto que en el primer caso, el comunismo estaba en el gobierno a raíz del éxito electoral del Frente Popular, las contradicciones en el seno de las organizaciones de mujeres se proyectaron más directamente sobre la política nacional. El MEMCH dio su apoyo a la fórmula frentista, lo cual motivó que varias de sus afiliadas manifestaran su rechazo a inscribir a la organización en ningún partido. Incluso, muchas se alejaron. Pero la lucha continuó.

1.2. Argentina: el reformismo parlamentario y la ley de 1926

Durante los años 1920 hubo un definido giro hacia la derecha en la política nacional, de lo cual dan cuenta la exacerbación del nacionalismo, el antisemitismo y el anticomunismo, la creación de la Liga Patriótica Argentina, y, más moderadamente, la escisión de la corriente antipersonalista de la UCR en 1924, conducida por el propio presidente Marcelo T. de Alvear (1922-1928). En el campo de la izquierda, el senador socialista Iberlucea adhirió a la revolución rusa y a los postulados de la III Internacional, que le valieron el desafuero en 1921. A pesar del cambio que implicó la "Ley Sáenz Peña" en el funcionamiento del sistema político, el Senado siguió controlado por el conservadurismo.

En estas circunstancias, bajo la presidencia de Alvear y en momentos de fuerte turbulencia política, el Senado aprobó una ley sobre derechos civiles femeninos. El proyecto original estuvo impulsado por los senadores socialistas

Mario Bravo y Juan B. Justo y se inscribió en la concepción universal de la ciudadanía característica del socialismo argentino. Esta, a diferencia de otras nociones de universalidad dominantes entre liberales y conservadores, no excluía a las mujeres y abogaba por la igualdad entre los sexos en todas las esferas de derechos. Así, fue característico del socialismo argentino el impulso al avance simultáneo de los derechos civiles, los derechos políticos y los derechos sociales.[75]

Como en Chile, en Argentina, el año 1891 también constituye un hito, por el surgimiento de la Unión Cívica Radical que, del mismo modo que el Partido Radical en Chile, solo con el tiempo se perfilaría como un partido de clase media. A diferencia de los radicales chilenos, incorporados gradualmente al sistema político, el partido radical argentino se incorporó a la vida política a partir de sucesivas "revoluciones" y conspiraciones de una fracción de la clase dominante contra la histórica oligarquía, y a partir del reiterado recurso a la abstención electoral. El PS se benefició de esta singular circunstancia política.

La estrategia de abstención de la UCR en las elecciones de 1904 y la adopción del sistema uninominal por circunscripciones favorecieron la elección de Alfredo Palacios en el distrito capitalino de la Boca. En 1913, un año después de sancionada la "Ley Sáenz Peña", fue electo senador Enrique del Valle Iberlucea, también por la Capital Federal. Cuando, en 1924, el radicalismo concurrió dividido a las elecciones, Juan B. Justo y Mario Bravo accedieron al Senado. En 1926, Bravo y Justo eran los únicos representantes de su partido en la Cámara Alta (como se ha dicho, Iberlucea había sido destituido en 1921), pero contaban en la Cámara Baja con

---

[75] No obstante, hay que notar que inicialmente el socialismo promovió la extensión del sufragio femenino "por etapas" (Barrancos, 2005).

más de veinte diputados (sin Palacios, pues este había sido expulsado del Partido en 1915).

El 14 de septiembre de 1924, Bravo y Justo presentaron un proyecto relativo a los derechos civiles de las mujeres en la Cámara Alta. El 10 de junio de 1925, por iniciativa del diputado conservador Ángel Sánchez de Elía, se decidió crear una comisión especial para estudiar la reforma. Los miembros fueron: el senador Bravo, como se ha dicho, autor del proyecto inicial, el propio diputado por Buenos Aires Sánchez Elía, el diputado socialista Héctor González Iramain, el diputado radical Diego Luis Molinari por la Capital Federal y el senador radical Luis F. Etchevehere por Entre Ríos. Bravo fue presidente de la comisión y Sánchez Elía su secretario. El 27 de agosto, la comisión tuvo el proyecto terminado.

Esta "unión" entre el socialismo y el conservadurismo se inscribe en una particular circunstancia histórica. A diferencia del conservadurismo en Chile, en Argentina, con el triunfo del candidato de la UCR Hipólito Yrigoyen en 1916, los conservadores se vieron obligados a "compartir" el poder –hegemonía "compartida", según Pucciarelli (1993) o "pluralista" según Ansaldi (1995)–. A diferencia de Chile, donde existía un Partido Conservador de larga data, en Argentina, el conservadurismo no tuvo expresión en una organización estable, lo cual no impidió que tuviera representación de alcance nacional, fundamentalmente a través de un conglomerado de partidos provinciales reunidos en alianzas y coaliciones.

El proyecto resultante de esta comisión de composición "plural" fue considerado en el Senado en la sesión del 25 de septiembre de 1925 y aprobado en general, por unanimidad, y en particular, con algunas pocas enmiendas. En la Cámara de Diputados, fue votado en general y en particular, con apenas un solo voto en contra. El trámite en esa cámara concluyó el 1 de septiembre de 1926. De allí en más, el proceso legislativo continuó en el Senado hasta su aprobación en la sesión del 14 de septiembre de 1926.

En su articulado, la ley estipuló la igualdad para ejercer todos los derechos y funciones civiles entre hombres y mujeres mayores de edad, fueran ellas solteras, divorciadas o viudas (art. 1).

Las mujeres casadas podían sin autorización del marido: ejercer profesión, oficio, empleo, comercio o industria honestos, administrando y disponiendo libremente del producto de esas ocupaciones; adquirir con el producto de su trabajo toda clase de bienes, pudiendo administrar y disponer de ellos libremente (art. 3, inc. 2a). También podían formar parte de asociaciones civiles o comerciales y de cooperativas (art. 3, inc. 2b) y administrar y disponer a título oneroso de los bienes propios y de los que les correspondiesen en caso de separación judicial de bienes, presumiéndose que el marido tenía el mandato tácito para administrar los bienes de la mujer (mientras la mujer no manifestase su voluntad contraria con una inscripción en un registro) (art. 3, inc. 2c). Asimismo, podían aceptar herencia con beneficio de inventario (art. 3, inc. 2f), estar en juicio por causas civiles o criminales (art. 3, inc. 2g), ser tutoras, curadoras, albaceas, testigos en instrumentos públicos y aceptar donaciones (art. 3, inc. 2h).

La misma ley dispuso que las "madres naturales" (igual que los "padres naturales" que voluntariamente reconociesen a sus "hijos naturales") tenían derecho a la patria potestad (art. 2). Las mujeres casadas en nuevas nupcias conservaban la patria potestad sobre los hijos de un matrimonio anterior (art. 3, inc. 1) y podían administrar sus bienes sin que sus frutos pasasen a integrar la nueva sociedad conyugal (art. 3, inc. 2d).

Como en Chile, la ley no instituyó la igualdad jurídica plena para las mujeres casadas, pues siguió vigente el artículo 55 del Código Civil, que las definía como incapaces de hecho (inciso 2) y sujetas a la representación legal del marido (art. 57, inc. 4).

Durante la consideración en particular en la Cámara Alta, el senador antipersonalista por Catamarca, Alejandro Ruzo, solicitó agregar la palabra "honestos" al texto del artículo 3, en cuyo inciso 2, se refería al ejercicio de "profesión, oficio, empleo, comercio o industria" por parte de las mujeres casadas. Este suceso es un elemento más que permite calibrar el carácter limitado del impulso reformista, todavía apegado a fórmulas de protección y de valores morales incuestionablemente asignados a la condición femenina.

El 11 de agosto de 1926, cuando la discusión del texto en la Cámara de Diputados era inminente, el ministro de Justicia Antonio Sagarna se dirigió por nota al senador Bravo pidiéndole explicaciones, pues consideraba que el proyecto no era "todo lo amplio que debiera ser" y era "confuso". Entre otros señalamientos, Sagarna consignaba la circunstancia de existir en la ley dos tipos de mujeres: las capaces (solteras, divorciadas, viudas) y las relativamente incapaces (las casadas). A este pedido, Bravo (1927: 179) respondió:

> [...] ¿que hubiera podido decirse que la mujer, sea cual fuere su condición civil goza de los mismos derechos que el hombre? Es verdad. Yo así lo hubiera hecho. Temo que ello parezca mejor que lo bueno y perdamos lo bueno por querer lo mejor.

Finalmente, en la Cámara de Diputados, el ministro Sagarna se hizo presente y prestó pública adhesión al proyecto tal como este había salido de la comisión. En el debate, el diputado González Iramain sostuvo que "ya e[ra] mucha desgracia tener en el compañero que ella se h[ubier]a elegido un dilapidador de su dinero, un hombre que comprome[í]a el porvenir de la familia y de la prole

[...]". Esta clara orientación de la ley en el sentido de ofrecer soluciones para los problemas relativos a "la mujer que trabaja" se aprecian también en el discurso del diputado socialista Antonio de Tomaso, quien cerró su intervención concluyendo sobre un punto decididamente a favor: que el proyecto en debate "no innova[ba] fundamentalmente en la organización de la familia argentina" (Bravo, 1927: 184).

En efecto, la ley aprobada en 1926 no asumió posiciones más "revolucionarias" y "radicales", como las presentadas respectivamente por el socialista Iberlucea entre agosto y septiembre de 1919 en el Senado y por el radical Bard en septiembre de 1924 en la Cámara de Diputados. Como se ha visto ya, ambos proyectos, el segundo muy inspirado en el primero, derogaban la cláusula de incapacidad de las mujeres casadas.

Igual que en Chile, el peso de la dimensión patrimonial en el proceso legislativo es indicativo del interés social y colectivo que orientó el debate, antes que el interés de emancipación individual. La presentación de la iniciativa por parte de Bravo en el Senado coincidió con la aprobación de la Ley N.º 11.317 (del 30 de septiembre de 1924), que regulaba el trabajo de mujeres y niños. En rigor, esta ley modificaba y mejoraba los términos de la Ley N.º 5.291 de 1907.

Cabe señalar que en ocasión de la sanción de la ley de 1907 hubo una acalorada discusión sobre el alcance de la misma: si el Congreso Nacional podía legislar en materia laboral para todo el país o si solo podía hacerlo como legislatura local. La primera postura era la sostenida mayoritariamente en la Cámara de Diputados, la segunda en el Senado. Finalmente, la posición triunfante fue esta última y por eso fue que recién con la Ley N.º 11.317 de 1924 hubo en el país una legislación de alcance nacional sobre esa materia.

La nueva normativa ratificó la jornada de ocho horas y la prohibición del trabajo infantil y del trabajo insalubre para mujeres y niños. También ratificó la prohibición del trabajo a domicilio y del trabajo nocturno, prohibió el despido por embarazo y el trabajo durante las seis semanas posteriores al parto y autorizó la licencia previa al parto contra presentación de certificado médico y el amamantamiento en los lugares de trabajo. En aquellas industrias con más de 50 obreras, además, estableció la habilitación de salas cunas.

Todas estas medidas tenían un claro carácter protector y maternalista. Cabe notar que en Chile, la ley que estipuló la obligación de instalar salas cunas en las fábricas, talleres o establecimientos industriales que ocupasen 50 obreras o más se aprobó en 1917 (Ley N.º 3.186), pero el 28 de marzo de 1925, un decreto (Decreto-Ley N.º 442) sobre protección a la maternidad de las obreras ratificó y amplió su alcance. Es decir, también en Chile, la ley que amplió los derechos civiles (12 de marzo de 1925) fue simultánea a la legislación laboral protectora de las mujeres que trabajaban, fundamentalmente las madres.

Igual que en Chile, desde el punto de vista estrictamente jurídico, la ley argentina de 1926 fue gravemente criticada. La técnica legislativa consistió en estipulaciones minuciosas que clasificaban los actos para los que las mujeres estaban habilitadas, para que el juez simplemente pronunciara las palabras de la ley. Esta técnica fue, en definitiva, una técnica de compromiso entre unas posturas más conservadoras y otras más reformistas, todas en nombre de un supuesto interés social. Así, el articulado de la ley entrañó una seria contradicción: los actos eran puntillosamente clasificados sin que se hubiera revocado ni la condición de incapacidad jurídica para las mujeres casadas ni la condición del marido como representante legal. Esto fue señalado como un defecto y como un obstáculo para la aplicación de la ley. A su turno, fue aprovechado por los jueces detractores de la emancipación femenina, quienes encontraron allí un argumento para limitar la libertad y autonomía de las mujeres.

La ley no estuvo inspirada en ideas de absoluta equiparación. El discurso del diputado radical Guillermo Fonrouge en los debates de 1926 da buena cuenta de esto:

> La reforma no debe establecer una equiparación absoluta de la mujer casada respecto al marido. Debemos empezar por fijar las lógicas y honestas restricciones que la misma situación de la mujer casada impone. Sería por ejemplo ridículo, a nuestro modo de ver las cosas, equiparar en materia de adulterio a la mujer con el marido, estableciendo que para que la mujer cometa adulterio necesita tener mancebo dentro o fuera del hogar. (*DSCD*, 12 de agosto de 1926).

Como veremos enseguida, este sedimento de ideas tradicionales aflorará en ocasión del proyecto de reforma integral del Código Civil, cuando el texto propuesto indicara un franco retroceso respecto de los logros (¡aunque limitados!) de 1926.

2. La restauración conservadora y la contrarreforma fallida de 1936 en Argentina

Desde mediados de 1930, la situación política internacional afectó el contenido de la acción colectiva de las mujeres. El militarismo italiano, el rearme alemán, su expansionismo y la guerra civil en España generaron manifestaciones de apoyo entre las católicas y las conservadoras. Al mismo tiempo, los efectos de la crisis de 1929 no fueron inmediatamente superados.

En Uruguay, estos fueron los años de la convocatoria del *terrismo* a formar un partido feminista y de la movilización de mujeres comunistas. En Chile, mucho más que en los otros casos, la crisis económica internacional golpeó fuertemente a la economía nacional. En este marco, los años 1930 fueron años de grandes turbulencias. Se formó el ultraderechista Movimiento Nacista Chileno (MNC), pero también se fundó la "República Socialista", que duró tan solo doce días, pero fue suficiente para alimentar la percepción de la amenaza izquierdista entre los grupos enrolados en las derechas. En Brasil, fueron los años en los que la derechista *Ação Integralista Brasileira* (AIB) movilizó a varones, mujeres y niños.[76]

En Argentina, fueron los años de identificación de las fuerzas conservadoras con la Iglesia, los militares y los nacionalistas. El fraude electoral mantuvo a esta alianza en el poder. En este clima de ideas, hubo un intento, finalmente fallido, de reformar el Código Civil, cuya modificación de los derechos civiles de las mujeres iba en sentido exactamente contrario a lo estipulado en la ley de 1926.

El 2 de julio de ese año, un poco antes de promulgarse la Ley de Derechos Civiles de la Mujer, el presidente Alvear decretó la creación de una Comisión Reformadora cuyo objetivo era elaborar una reforma integral del Código Civil. Los juristas de la Universidad de Córdoba habían manifestado la necesidad de reformar en bloque el Código Civil en 1925. En 1926, el decreto del Ejecutivo Nacional dio premura al debate sobre la conveniencia de la reforma. En 1927, entonces, por iniciativa de la Facultad de Derecho de dicha universidad, se realizó el I Congreso Nacional de Derecho Civil, que ratificó la necesidad de llevar a cabo

---

[76] Ya se ha dicho que en Brasil, la AIB quedó absorbida por el *Estado Novo*. En Chile, el MNC también fracasó en su estrategia para llegar al poder. En Argentina, a partir de estos años, la ofensiva de los nacionalistas devino un fenómeno permanente con la recurrencia de golpes de estado. Para la influencia de las derechas en Brasil, Argentina y Chile en los años 1930, véase: Deutsch (2005).

una reforma integral. La primera versión del anteproyecto estuvo terminada en ese mismo año 1927 y la segunda en 1933, año en que falleció quien fuera su mentor, el jurista Juan A. Bibiloni. En septiembre de 1933, la comisión volvió a reunirse y utilizó el trabajo de Bibiloni como punto de partida para el debate. El proyecto resultante fue conocido como "Proyecto de 1936".

La comisión designada en 1926 debía estar formada por un total de siete juristas, que luego ascendió a nueve: un ministro de la Corte Suprema de Justicia de la Nación, un vocal de cada una de las Cámaras de Apelación en lo Civil de la Capital, un profesor de Derecho Civil de la Facultad de Derecho y Ciencias Sociales de la Universidad de Buenos Aires y otro profesor de la misma materia de la Universidad de La Plata, un miembro de la Academia Nacional de Ciencias Jurídicas de Buenos Aires y un delegado del Colegio de Abogados de la Capital Federal. Más tarde, a estos se sumaron como requisito: un profesor de Derecho Civil de la Universidad de Córdoba y otro del Instituto de la Universidad del Litoral, con argumentos que reivindicaban el federalismo. Al final, la Comisión estuvo compuesta por Roberto Repetto (Corte Suprema), Rodolfo Rivarola (Colegio de Abogados), Héctor Lafaille (UBA), Enrique Martínez Paz (Universidad Nacional de Córdoba), Gastón Federico Tobal (vocal) y Juan Bibiloni (Academia Nacional). Las otras entidades finalmente no estuvieron representadas.

A diferencia de lo sucedido en 1869 con el Código de Vélez Sarsfield, esta vez se convocó a la discusión colectiva y a la elaboración plural del nuevo código. Aunque hubo intentos de aprobarlo a libro cerrado, tras fuertes presiones de la sociedad civil se hizo valer la ley que indicaba la obligatoriedad de su publicación previa para la discusión en los foros especializados. Así, el "Proyecto de 1936" fue dado a conocer con un voluminoso informe para la crítica de institutos, facultades y colegios de abogados.

En líneas generales, el "Proyecto" retomaba lo dispuesto por Bibiloni. Puesto que se trataba de una reforma integral del Código, el texto introducía numerosas modificaciones que afectaban diversas materias. Respecto de los derechos de las mujeres, como se ha dicho, retrocedía en relación con los logros de 1926 que el socialismo había impulsado. Específicamente, no recogía el derecho de la mujer casada de ejercer un trabajo y de administrar el patrimonio sin la necesidad de contar con la venia marital.

Quienes defendían esta posición alegaban que la Ley N.º 11.357 no había resultado muy efectiva en la práctica. Al respecto, el jurista Yorio (1943: 168) piensa que a Bibiloni "una libertad absoluta [¿?], como la sancionada por la ley 11.357, parecióle peligrosa a los intereses y acertada conducción del hogar". En efecto, el requisito de autorización marital fue repuesto en el proyecto redactado por Bibiloni. Aunque hay que notar que, como se ha visto en la sección anterior, la libertad consignada en la ley de 1926 tampoco fue tan "absoluta" como sostiene Yorio.

Cuando el 1 de octubre la comisión dio por concluida su tarea y entregó su trabajo al presidente Agustín P. Justo (1932-1938), el diario *La Nación* publicó la noticia, comunicando que la comisión reformadora "ha[bía] procurado que ese cuerpo de ley respir[as]e un ambiente menos individualista y de mayor ética y solidaridad colectivos" (*La Nación*, 3 de octubre de 1936).

El clima de ideas no era propicio para la causa de los derechos individuales de las mujeres.

Justo había asumido el Poder Ejecutivo en 1932, a la cabeza de una coalición compuesta por fuerzas conservadoras, radicales antipersonalistas y socialistas independientes (PSI). Su gobierno se caracterizó por el fraude político, el favor a los sectores económicos tradicionales y el recrudecimiento de la dependencia económica respecto de Gran Bretaña. La apelación al intervencionismo del Estado se combinó poco ortodoxamente con un liberalismo conservador que traía ecos del pasado oligárquico. Por todo esto, dicho muy apretadamente, el gobierno de Justo ha sido considerado restaurador e ícono de la así denominada Década Infame. Según relata Halperin Donghi (2004: 209-210), el régimen "restaurador" de Justo tuvo que

> [...] responder a la campaña en defensa de los derechos civiles de los que desde 1926 gozaba la mujer casada, no recogidos en el proyecto de nuevo Código Civil al que el Congreso se preparaba a otorgar la misma aprobación a libro cerrado que en 1870 había transformado en ley al de Vélez Sarsfield.

A continuación el historiador argentino señala que,

> [...] la advertencia de algunas estudiantes de derecho afiliadas al socialismo acerca del peligro que corrían los derechos reconocidos a la mujer desde la década anterior fue punto de partida para una vasta movilización femenina que tuvo expresión institucional en la creación de una Unión Argentina de Mujeres presidida por Victoria Ocampo, en que no solo las socialistas, sino aun más intensamente una nueva promoción de militantes del comunismo iba a desplegar ese celo entusiasta y tenaz que tanto alarmaba a [monseñor Gustavo] Franceschi.

En efecto, la Unión Argentina de Mujeres fue una organización que se creó con el objetivo de defender los derechos civiles de las mujeres que el "Proyecto", avalado por el presidente Justo, proponía arrebatarles.[77] Este es

---

[77]   No son muchos los estudios que abordaron la Unión Argentina de Mujeres. Véase: Cosse (2003) y Queirolo (2003). Valobra (2005) también refiere a la historia de esta asociación en relación con la casi homónima Unión de Mujeres Argentinas (UMA).

el testimonio que ofrece una de las fundadoras de dicha organización, María Rosa Oliver (1969: 348-351):

> Bajo el nombre de "Unión Argentina de Mujeres" nos habíamos ido constituyendo en grupo las decididas a impedir que en el proyecto de reforma al Código Civil se agregara una cláusula mediante la cual la mujer casada no podría aceptar ningún trabajo ni ejercer profesión alguna sin previa autorización legal del marido.
>
> [...] éramos voluntarias, no funcionarias; burguesas, no empleadas u obreras. Nuestra tarea consistía, ante todo, en informarnos sobre las condiciones sociales vigentes, en particular las del trabajo de la mujer (profesional, empleada, obrera, campesina, teniendo siempre presente el del hogar); en estudiar las leyes laborales; en entrevistar a legisladores, juristas, sindicalistas, maestras y a las trabajadoras mismas; en organizar actos públicos y conferencias; en relacionarnos con otras organizaciones femeninas para coordinar con ellas nuestro trabajo; en mantener correspondencia con asociaciones similares de otros países del continente y en tratar, casi siempre en vano, de que la prensa publicara nuestras declaraciones o informara sobre los actos a realizarse. Hasta que juntamos los fondos para alquilar la pequeña oficina que sería nuestra sede, nos reuníamos en casa de una o de otra de nosotras.

Como indica este testimonio, en la Unión confluyeron mujeres "burguesas" de distinta extracción partidaria: las comunistas, las socialistas, las radicales y las apolíticas. Victoria Ocampo fue su presidenta, Ana Rosa Schlieper de Martínez Guerrero su vicepresidenta, Elisa Perla Berg su secretaria y Susana Larguía su tesorera. Colaboraron también Elvira Rawson, Carmela Horne y Alicia Moreau (Queirolo, 2003). A partir de 1938, Victoria Ocampo dejó la presidencia y asumió en su lugar María Rosa Oliver, que había sido parte de la Unión desde su fundación en marzo de 1936.[78] Según Halperin Donghi (2004: 210),

> [...] una vez revelado su carácter de organización "cercana al Partido" la Unión Argentina de Mujeres iba a encontrar difícil retener adhesiones más allá del círculo de simpatizantes de este, y ese desenlace -repetido en otras organizaciones surgidas de una inspiración análoga- invitaba a concluir que, contra lo que temía Monseñor Franceschi, el beneplácito con que los herederos de nuestra tradición liberal acogían el inesperado apoyo que les llegaba desde las filas comunistas no arriesgaba necesariamente convertirlos en ciegos instrumentos del más implacable enemigo de la civilización liberal tanto como de la cristiana.

De acuerdo a la interpretación de Halperin Donghi, la Unión Argentina de Mujeres fue "una más" entre las organizaciones surgidas a la luz de la política frentista inaugurada en ese entonces en las filas del comunismo. Esas organizaciones reunían a sectores de las clases dominantes, en muchos casos de familias tradicionales, que se congregaban en torno a un objetivo acotado, que la mayoría de las veces alcanzaban exitosamente, pero sobre el cual al poco tiempo no conseguían mantener cohesión. Sin embargo, hay que decir que la Unión Argentina de Mujeres tuvo cierta proyección más allá de los hechos puntuales de 1936 y muchas de sus afiliadas continuaron movilizadas en otras agrupaciones.

Valobra (2005) señala que Ana Rosa Schliepper de Martínez Guerrero fue presidenta de la Junta de la Victoria (JV) creada en 1941. María Rosa Oliver participó de esta agrupación y de la Unión de Mujeres Argentinas (UMA) creada en abril de 1947. La primera dejó de funcionar en 1944 y la segunda

---

[78] Victoria Ocampo formó parte de Acción Argentina, fundada en 1940 en torno a la defensa de la causa aliada en el conflicto bélico que sacudía al mundo (Ciria, 1968).

tuvo un punto de inflexión en 1949. En ambos casos, se trata de instituciones impulsadas por el Partido Comunista.

Hubo también una filial de la Unión Argentina de Mujeres en Santa Fe (*La Vanguardia*, 30 de octubre de 1936). Ella funcionó por lo menos hasta 1943 –año en el que su presidenta Marta Elena Samatán dejó el cargo–. Samatán también abogó por los derechos de las mujeres desde las páginas de la revista *Vida Femenina*. En los párrafos de la sección "Cartas a mujeres", convocaba a defender y a ejercer los derechos que las leyes les otorgaban.

Respecto del desenlace de la UAM, es posible que el golpe de Pedro P. Ramírez (1943-1944) haya desalentado el impulso de movilización.

En la misma época, Victoria Ocampo escribió "La mujer, sus derechos y sus responsabilidades". Como Samatán, se refirió a la reluctancia de las mujeres a tomar una actitud "definida y activa". Sin mencionar su nombre, aludió a la Unión Argentina de Mujeres e hizo manifiesta la voluntad y aspiración de ensanchar el alcance de la asociación. Este es el testimonio de Ocampo (1936: 67):

> Que un grupo de mujeres, por pequeño que sea, tome aquí conciencia de sus deberes, que son derechos, y de sus derechos, que son responsabilidades: tal es mi voto restringido y ardiente.
> Si las mujeres de este grupo pueden responder de sí mismas, podrán responder dentro de poco de innumerables mujeres.

En su edición del 29 de junio de 1936, el diario *La Nación* reprodujo la conferencia de Victoria Ocampo, pero sin hacer referencia alguna a la Unión que presidía. El texto de esa conferencia fue "el folleto" que dos jóvenes "voceaban" en la calle Florida y que colocó a la asociación en el centro del conflicto planteado por el "Proyecto de 1936".

Según señala Halperin Donghi (2004: 209), el juez Héctor Lafaille, eminente civilista y catedrático de la Facultad de Derecho, que había formado parte de la comisión elaboradora del mencionado proyecto,

> [...] juzgó imprudente someter a juicio penal, como hubiera sido su deseo, a las jóvenes que lo voceaban en Florida, ya que –como sabía demasiado bien– estas podían contar con el apoyo militante de las decenas de miles de mujeres que ya había logrado reclutar la improvisada asociación.[79]

Por su parte, Ocampo (1954: 36-37) se refirió a dicha protesta en estos términos:

> La cosa [las disposiciones referidas a la mujer en el "Proyecto de 1936"] nos pareció tan insensata y grave que decidimos con algunas amigas protestar ante los magistrados de quienes dependía la reforma. Me tocó visitar a dos, uno de ellos personaje importante. Este último encontraba equitativa y saludable, por ejemplo, que la mujer necesitara del consentimiento de su marido no solo para trabajar fuera de su casa –desde luego, en su casa podía deslomarse de sol a sol–, sino para ejercer una profesión libre. Es preciso, decía, que haya un jefe de familia así como hay un capitán en un barco. De otro modo el desorden se establece en el hogar.

Según el mismo relato de Ocampo, ante la insistente defensa de los derechos relativos al trabajo y de la igualdad de mujeres y varones, el "importante" magistrado la increpó del siguiente modo:

> Pero señora, recuerde su propia familia, la manera en que la han educado. ¿Qué ha visto en su familia? ¿Su padre era el jefe o no? ¿Qué papel tenía su madre?

El relato de Ocampo sigue así:

---

[79]   Muy probablemente Halperin Donghi basa su relato en el testimonio de Oliver (1969: 353), quien recuerda el evento: "la Policía detuvo a los que en la calle voceaban el folleto *La mujer, sus derechos y sus responsabilidades".*

Por toda respuesta volvió a preguntarme qué había visto en mi familia. Por fin me dijo: Señora, ¿ud. es viuda, no? E independiente desde el punto de vista económico. Contesté, "Sí" por primera vez en esa entrevista. Entonces, prosiguió, ¿por qué preocuparse de problemas que no son los suyos?[80]

Es probable que el interlocutor de Ocampo haya sido el mismo juez Lafaille, quien en aquellos momentos atacó severamente a la Unión por ser contraria a la Iglesia católica. Lafaille ya se había pronunciado contra la emancipación civil femenina dos décadas antes. El proyecto sobre derechos civiles de las mujeres que presentara en el Senado el socialista Iberlucea en 1918 había sido sometido a discusión en el Museo Social Argentino, un verdadero laboratorio de ideas muchas veces convertidas en pautas legislativas. En la ocasión, los relatores fueron dos eminentes catedráticos civilistas, Esteban Lamadrid y el mencionado Lafaille.

Lamadrid rechazó el proyecto del socialista, porque impedía "elevar moralmente el matrimonio", según el jurista, reducido a la mera condición de contrato. A su modo de ver, el matrimonio exigía "el sacrificio del interés personal de los cónyuges". En su discurso no se refirió explícitamente a la "inferioridad" de las mujeres, pero rodeó el punto con alusiones a las supuestas diferencias físicas, psíquicas y sociales entre los sexos. Por su parte, Lafaille recomendó evitar los extremos y colocarse "en un prudente término medio", tomando como fuentes de inspiración las fórmulas del Código alemán y del Código brasileño. Y finalmente, sentenció: "Evolucionemos, pues, en lo relativo a los derechos femeninos, pero no provoquemos una verdadera revolución" (en Becerra, 2006).

---

[80] En este mismo testimonio, Ocampo afirma que había intenciones de incorporar una cláusula, como se verá más adelante, similar a la vigente en Brasil, sobre la virginidad de la mujer en el momento de contraer matrimonio.

Entre los defensores del "Proyecto de 1936" había prominentes católicos. En un artículo publicado en la revista *Criterio*, que dirigía monseñor Gustavo Franceschi, se refirió a la Unión Argentina de Mujeres y calificó a "sus iniciadoras" de tener una "posición izquierdista", "rayano con el comunismo". También hizo referencia a un manifiesto impreso lanzado por la Unión, al cual tildaba de un "laicismo condenable". Según *Criterio*, el manifiesto enumeraba cláusulas en las que la asociación se pronunciaba "por la elevación cultural y espiritual de la mujer"; y afirmaba que "iniciar[ía] y auspiciar[ía] todo movimiento tendiente a modificar las leyes que traba[ban] a la mujer en su acción individual o social". En el mismo manifiesto, según *Criterio*, se afirmaba que la asociación "pedir[ía] para la mujer la igualdad de derechos políticos y civiles". La revista refería también a una "hoja poligrafiada" que ampliaba esa cláusula y de la cual reproducía dos artículos: "1º Aboguemos por la coeducación (o escuela mixta)"; y "5º por la sanción del divorcio" (*Criterio*, Nº 442, 20 de agosto de 1936, pp. 368-9).[81]

Además de la acción de la Unión Argentina de Mujeres, otro gran fiscalizador del "Proyecto de 1936" fue el diario *La Nación*. En su sección editorial del 17 de agosto de 1936, unas semanas antes que la comisión reformadora entregara su informe al presidente, el periódico liberal publicó:

> En el proceso de transformación del derecho, junto con el dictamen de los juristas tienen que concurrir las sugestiones del buen sentido popular. El criterio de los legisladores llamados a dar fuerza legal a las proposiciones formuladas por la Comisión tiene que ir formándose en condiciones

---

[81]   No se han hallado registros ni del manifiesto ni de la mencionada hoja. Cosse (2003) hasta pone en duda su existencia. Así y todo, es relevante subrayar las cuestiones que *Criterio* señala como "condenables": educación, familia y gobierno, que eran tres pilares gruesos de la lucha feminista, además, obviamente, de la cuestión del trabajo femenino.

que permitan decidir sobre una iniciativa de tanta trascendencia como es la que nos ocupa, vale decir con la debida anticipación y en base al mayor número de antecedentes que sea posible reunir y publicar. La unidad de concepto en una obra de esta clase y aun de estilo y redacción exige que en el seno de las Cámaras que han de considerarlo se imponga la necesidad de no proceder con ligereza e improvisadamente. No hay duda de que existe la conveniencia de que la actuación del Congreso se efectúe sin el riesgo antes aludido, para lo cual resultará beneficioso que el debate se haya producido en el público desde la prensa, la tribuna académica y la cátedra.

El 4 de octubre de 1936, cuando el presidente Justo ya había solicitado la aprobación del proyecto a libro cerrado, *La Nación* insistió:

> Con todo, no se procedería acertadamente si el proyecto se remitiese de inmediato al Congreso. Si ha de pensarse en la posibilidad y conveniencia de que su sanción se efectúe a libro cerrado el material tiene que llegar al seno de las Cámaras consagrado de antemano por el consenso del público.

En sus intervenciones, el diario recordaba que la Ley N.º 12.183 que acompañó al decreto de creación de la Comisión Reformadora obligaba a hacer público el proyecto resultante y sugería someterlo al juicio de las universidades, los colegios de abogados, las academias y demás corporaciones culturales. Para reforzar su posición, el periódico citaba los casos de Alemania y Brasil, donde los procesos de elaboración de los códigos habían sido públicos.

La Nación combinaba con talento el pensamiento tanto de las corrientes liberales como de las nacionalistas, de acuerdo a la naturaleza del problema que tuviera entre manos. Sidicaro (1993) acerca innumerables ejemplos que muestran que el diario no fue monolítico en sus posicionamientos ideológicos. En los primeros años 1930, se opuso al gobierno *de facto* de José Félix Uriburu (1930-1932), pero también publicó las notas del prominente intelectual Leopoldo Lugones afín al proyecto oficial. Más tarde, mantuvo una posición abiertamente crítica de la Concordancia y del presidente Justo, pero en el ámbito de la economía celebró el abandono de las políticas liberales y encumbró las medidas intervencionistas implementadas por su gobierno.

Durante el gobierno de Justo, se anularon elecciones, hubo intervenciones provinciales, se practicó la censura a la prensa y la manipulación de la radiotelefonía, se persiguió a obreros y a estudiantes, se instituyó la violencia política y la sistematización de la tortura, etc. Aunque también hubo cierta legislación reformista, el gobierno de Justo tuvo un claro carácter de restauración conservadora, que fue continuado por los sucesivos de Roberto M. Ortiz (1938-1942) y Ramón S. Castillo (1942-1943). Las medidas regresivas para los derechos de las mujeres contenidas en el "Proyecto de 1936" deben interpretarse en el contexto dado por esta coyuntura.

La iniciativa de 1936, que proponía volver atrás respecto de la ley impulsada por el socialismo en 1926, fue contemporánea a una serie de medidas relativas a protecciones sanitarias y sociales para las mujeres trabajadoras. Esto da cuenta de un impulso reformista, pero con criterios "menos individualistas". Aunque también señala la relevancia de la reforma civil como subsidiaria de la reforma social.[82]

---

[82] Sobre las reformas sociales de los años 1930, véase dos interesantes posiciones en: Lobato (1997) y Ramacciotti (2004-2005).

Capítulo 4
Las leyes que establecieron la capacidad civil plena

1. Las leyes en democracia

1.1. Uruguay: la Ley de Derechos Civiles de la Mujer de 1946

La Ley de Derechos Civiles de la Mujer de 1946 se sitúa en los inicios del denominado *neobatllismo* (vigente hasta 1958, cuando el Partido Nacional ganó la presidencia por primera vez en el siglo XX).

En 1938, había sido electo Alfredo Baldomir. Terra había apoyado su candidatura asumiendo que haría un gobierno continuista de su política conservadora, pero Baldomir tomó otro rumbo.

Bajo su gobierno, los sectores que se oponían al "Senado del medio y medio", instituido en la Constitución de 1934 para facilitar la práctica de coparticipación de *terristas* y nacionalistas, se organizaron en torno al reclamo de una nueva reforma constitucional y de la derogación del perverso mecanismo senatorial. Este no solo excluía a los partidos políticos no tradicionales, sino también a los sectores minoritarios dentro de los dos partidos principales. Así, se abrió una nueva fase de equilibrio inestable que culminó con un autogolpe en 1942 (conocido en la historia uruguaya como "golpe bueno") y la posterior sanción de una nueva constitución.

En 1940, Baldomir había designado una Comisión Reformadora, de la que participaron el socialista Emilio Frugoni, el oficialista Alberto Demicheli y el neutral Juan José de Amézaga, estos dos por el Partido Colorado. Amézaga, además, la presidió. El *herrerismo*, con mayoría en el Senado, rechazó el proyecto resultante. Obstaculizada por la vía legal, la reforma constitucional fue habilitada por la vía de un golpe de Estado (el "golpe bueno"), que el propio Baldomir perpetró el 21 de febrero de 1942 (igual mecanismo había utilizado Terra en los años 1930, con otro signo, conocido como "golpe malo").

La nueva Constitución, sancionada ese mismo año, disolvió el "Senado de medio y medio" y adoptó el sistema de representación proporcional integral que ya se aplicaba en la otra cámara. Dotó al Consejo de Ministros de una nueva función, la de órgano asesor del presidente, y modificó el sistema de elección de sus miembros, que ahora eran elegidos entre los candidatos que contaran con suficiente apoyo en el Parlamento y ya no entre los miembros de los partidos mayoritarios. Por acuerdo entre *batllistas* y *baldomiristas*, el candidato para suceder a Baldomir resultó ser Amézaga, quien en 1943 asumió con el 57,2% de los votos. Este fue el inicio de la transición a la democracia de signo *neobatllista*.

El carácter políticamente neutral de Amézaga y su inclinación por el estatismo son algunas de las características que definieron su proyecto político. Precisamente, esto último es señalado como elemento central de la fase de democracia *neobatllista* (1947-1957).

Amézaga presidió una excepcionalmente "sólida coalición" de gobierno (Caetano y Rilla, 1995: 32). Frega, Maronna y Trochon (1987, 149) sostienen que "(l)a definición aliadófila del Presidente Baldomir ambientó la reunificación colorada, acercó a gran parte del nacionalismo independiente y logró el apoyo del Partido Comunista".

A partir de 1945 se produjo una "reconversión imperialista", primeramente manifiesta con el viraje de Baldomir a la causa aliada y luego afirmada de manera consecuente en otros ámbitos. En parte, la mencionada coalición fue posible por el endurecimiento de las posiciones del *herrerismo* dentro del Partido Nacional, el cual defendía a ultranza la neutralidad y rechazaba de un modo inquebrantable la influencia de Estados Unidos en los asuntos del Estado. En un principio, el Partido Comunista había asumido una posición neutral, pero cuando Alemania invadió la URSS, también el PC se inclinó hacia la causa aliada. Esto dejó a los *herreristas* en el otro polo.

En este marco, con la recuperación de ciertos valores del *batllismo*, la construcción de derechos civiles fue comparativamente más extensa y de mayor intensidad y alcance respecto de las reformas practicadas un tiempo después en Brasil, Argentina y Chile. El clima interamericano de revalorización de la democracia favoreció la sanción de la ley de 1946, pero sin duda, la duradera impronta reformista en la tradición y cultura política uruguayas es un elemento explicativo clave. Dicha impronta se observa en la agenda compartida entre las distintas fuerzas del espectro ideológico, a su vez, fuertemente permeadas por el dinamismo de la identificación entre la Nación y el "patrimonio estatal" gestada a principios del siglo XX (Rilla, 2007: 350).

Como indicios del arrastre ideológico del *batllismo*, cabe señalar que Amézaga había participado de esa experiencia como representante parlamentario (1907-1915) y como ministro de Industria (desde 1915). Asimismo, era un jurista renombrado, especialista en Derecho Civil, materia que enseñó en la Universidad de la República. Fue, además, testigo del primer feminismo que diera lugar a creaciones como la CIM. En 1923, representó a Uruguay en la V Conferencia Panamericana celebrada en Santiago de Chile; y en 1928, lo hizo en la VI Conferencia celebrada en La Habana, junto a Sofía Álvarez Vignoli de Demicheli y

Martín Echegoyen, entre otros.[83] Evidentemente, en 1946, la causa de los derechos civiles de las mujeres tuvo en él un conspicuo mentor.

El trámite legislativo de la Ley de Derechos Civiles de la Mujer se inició en 1943, cuando casi simultáneamente se presentaron en el Congreso dos propuestas: la de la diputada colorada *batllista* Magdalena Antonelli Moreno y la de la senadora por el sector conservador del Partido Colorado Sofía Álvarez Vignoli de Demicheli.

Después de algunas insistencias, la diputada logró que el proyecto que presentara Brum en los años 1920 fuera estudiado por la Comisión de Legislación de la Cámara. Al mismo tiempo, en la otra cámara, la senadora Demicheli presentó un proyecto propio, inspirado en el trabajo de Brum pero también en los que le siguieron (Minelli, Echegoyen y Frugoni). La senadora fundó su iniciativa en las influencias de las nuevas leyes civiles de España (Constitución de 1931) y Francia (reformas de 1938 y 1942), que reconocían la capacidad plena para las mujeres casadas; y en la ley de Chile (de 1934), que reconocía el derecho de las mujeres a trabajar y administrar el producto de su trabajo.

Sofía Álvarez Vignoli era abogada y esposa del colorado Alberto Demicheli, destacado por su actuación como ministro del Interior del gobierno de Terra.[84] Su profesión de abogada, sus propias inquietudes y capacidades, pero seguramente también su vínculo conyugal con un político notable, le permitieron acceder a instancias de representación en los foros nacionales e internacionales. Como se ha

---

[83]   Además de la mencionada Sofía Álvarez Vignoli de Demicheli, de esta
         reunión participaron solo dos mujeres en calidad de delegadas de Estado
         (una de Estados Unidos y otra de Paraguay).

[84]   Durante la dictadura iniciada en 1973, fue también presidente del
         Consejo de Estado (órgano con funciones legislativas), y entre julio y
         septiembre de 1976, presidente interino del país.

dicho, la esposa de Demicheli participó de la mencionada conferencia de 1933 y tuvo una persistente participación en la CIM a lo largo de todo el siglo. En los años 1930, también encabezó un grupo de mujeres que, enfrentadas a las feministas, apoyó la dictadura de Terra, especialmente en la causa del sufragio femenino que este promovió con vistas a la formación de un partido que le diera su apoyo.

Originada en dos proyectos simultáneos, la ley de 1946 no tuvo redactores precisos. El proyecto de Sofía Álvarez Vignoli de Demicheli fue analizado por la Comisión de Constitución y Legislación del Senado, que estaba integrada por miembros de todas las fuerzas de la Cámara, y como resultado se elaboró un proyecto sustituto.

A partir de entonces se produjo un "fenómeno parlamentario curioso": en 1946, las dos cámaras por separado sancionaron sendos proyectos. El del Senado fue considerado en la Cámara de Diputados, donde los legisladores se apropiaron de muchas de sus disposiciones para el mejoramiento del proyecto propio, pero el Senado no aprobó el proyecto emanado de la otra cámara (Couture, 1947: 28).

En estas circunstancias, se apeló al artículo 124 de la Constitución, que establecía que siendo rechazado un texto de una cámara por la otra correspondía convocar a una Asamblea General (según Eduardo Couture, jurista contemporáneo a los hechos, una solución muy poco frecuente en la política parlamentaria uruguaya).

Este es el relato de los acontecimientos que ofrece Couture (1947: 29):

> Conviene dar las fechas y las horas para que se tenga una idea de la última etapa de este tan interesante trámite legislativo. El 21 de agosto se convocó a la Asamblea General; el 27 de agosto se constituyó la misma. El mismo día 27 de agosto la Asamblea General lo pasa a la Comisión de Legislación de la Asamblea General. Vuelve a reunirse la Asamblea el 11 de setiembre y como trámite inmediato pasa los Proyectos

a una Comisión Especial. Esto ocurre el 11 de setiembre a las 19 y 37 minutos. A las 20, es decir, 23 minutos después, se expedía la Comisión con un informe escrito, firmado por la unanimidad de sus miembros. A las 20 y 20 minutos, por unanimidad de los integrantes de la Asamblea General, tenía el país pendiente de promulgación por el Poder Ejecutivo el nuevo régimen de derechos de la mujer.

La mencionada comisión estuvo conformada por Sofía Álvarez Vignoli de Demicheli, César Miranda, Ledo Arroyo Torres (Partido Colorado) y Martín R. Echegoyen (Partido Nacional) por el Senado; y Magdalena Antonelli Moreno (Partido Colorado) y Julia Arévalo de Roche (Partido Comunista) por la Cámara de Diputados.

El proyecto presentado por la corriente *batllista* en 1943, tanto como las voces de algunas feministas que desde fuera del Congreso se pronunciaron acerca de los proyectos en juego, quedaron subsumidos en una lógica de funcionamiento de la representación política controlada por las tendencias de derecha moderada arraigadas en el Senado, y por la mecánica de cogobierno, desde arriba (estatalista), propia del sistema político uruguayo.

Las posturas en la Asamblea fueron tres. La representante comunista Arévalo, recuperando las viejas posiciones de los socialistas de 1917, sostuvo que los derechos civiles ya estaban consagrados en la Constitución de 1934, en la cual se hacía referencia a los derechos de las "personas". Según explica Couture (1947: 30-31), desde el punto de vista jurídico esta tesis era insostenible puesto que ya había sido oportunamente rechazada y con ello se había sentado precedente de su invalidez. En efecto, en los debates de la Asamblea Constituyente de 1917 se había discutido específicamente la igualdad sin distinción de sexos, y esta había sido rechazada de forma expresa por entrañar la derogación del régimen de derechos civiles de las mujeres.

Una segunda postura, que recuperaba la técnica utilizada en los proyectos de Pablo M. Minelli y Emilio Frugoni de los años 1930, consistía en revisar cada uno de los artículos para modificar todas aquellas disposiciones que fueran discriminatorias para las mujeres (técnica analítica). El proyecto de la senadora Demicheli inicialmente proponía esto mismo.

La tercera postura, que fue la que finalmente prevaleció, se inspiraba en la posición sostenida en el proyecto del nacionalista Martín R. Echegoyen de 1938, que proponía establecer un principio general en un texto de contenido normativo de pocos artículos que con el tiempo sería armonizado con el sistema legislativo del país (técnica sintética). Así, se afirmaba el principio de derogación tácita de las disposiciones contrarias a la ley sancionada que estuvieran contenidas en las codificaciones civil, comercial y procesal.

En los debates previos desarrollados en la Cámara de Diputados y en el Senado, una cuestión que encendió la polémica fue la referida al patrimonio. Los proyectos antecedentes sostenían que para que las mujeres tuvieran la administración de sus bienes dotales, estas debían hacer manifiesta su voluntad a través de un reclamo judicial (Brum y Frugoni) o a través de la inscripción de tal petición en el Registro de Familia (Minelli y Echegoyen). Las posiciones más radicales encabezadas por las feministas rechazaban este concepto y afirmaban que los usos y costumbres indicaban que rara vez las mujeres harían explícita semejante voluntad antes del matrimonio. Sostenían que, en consecuencia, en el plano real y efectivo, los maridos seguirían ejerciendo el poder exclusivo de administración de los bienes.

El proyecto de Minelli no consideraba la administración de la sociedad conyugal por parte de las mujeres ni hablaba de su potestad como madres. Echegoyen tampoco consideraba la administración de los bienes de la sociedad conyugal por parte de las mujeres ni los derechos de familia. Frugoni sí se refirió a la administración conjunta, pero sin perjuicio de que un cónyuge pudiera dar al otro la administración. El proyecto de la senadora Demicheli sostenía la libre administración de los bienes dotales, de los adquiridos con el trabajo personal y la administración común de los bienes del matrimonio. El proyecto sustituto promovía la administración unipersonal de la sociedad, que recaía en el marido, aunque daba a las mujeres herramientas de autodefensa pues exigía al marido el consentimiento de la esposa para su enajenación o gravamen, y daba a la esposa el derecho de solicitar la liquidación de la sociedad de bienes sin expresión de causa.

Finalmente, el texto que se aprobó tuvo un articulado breve (20 artículos) y siguió la técnica sintética. El artículo 1 estableció como principio general que "la mujer y el hombre tienen igual capacidad civil" (esto es, capacidad jurídica plena para las mujeres, fueran casadas o no). En cuanto a la cuestión patrimonial, el artículo 2 dispuso: "La mujer casada tiene la libre administración y disposición de sus bienes propios, de sus frutos, del producto de sus actividades y de los bienes que pueda adquirir [...]. En caso de disolución de la sociedad conyugal, el fondo líquido de gananciales se dividirá por mitades entre marido y mujer o sus respectivos herederos".

Asimismo, el artículo 9 estipuló: "El domicilio conyugal se fijará de común acuerdo por los esposos"; y el artículo 10 dispuso: "Ambos cónyuges contribuirán a los gastos del hogar (artículo 121 del Código Civil), proporcionalmente a su situación económica". El artículo 11 instituyó la patria potestad "ejercida en común por los cónyuges". En el caso de que una mujer viuda o divorciada contrajera nuevo matrimonio, se dispuso que el ejercicio de la patria potestad y la administración de los bienes correspondientes a la unión anterior continuaran a su cargo.

La técnica adoptada suponía el criterio de derogación tácita de toda norma que se opusiera al principio general estipulado en el primer artículo. El jurista contemporáneo Romeo Grompone (1947: 6) sostuvo al respecto:

> Si hubimos de esperar treinta y dos años para que se transformara en ley esa iniciativa, nada podía significar una demora de unos pocos meses para realizar esa imprescindible coordinación.

Y añadió:

> Dejar que la jurisprudencia sea la que busque en dónde existe derogación tácita, nos parece un sistema en el que ya inicialmente se está admitiendo que han de surgir dudas, vacilaciones y soluciones encontradas.[85]

Grompone también señalaba que el Congreso disponía de antecedentes parlamentarios que utilizaban el criterio de coordinación artículo por artículo y que incluso se referían a un régimen de igualdad entre sexos y no solo a la emancipación de las mujeres. Sin embargo, se optó por la otra técnica.

Los efectos de la adopción de una técnica u otra aparecen claramente evidenciados en la discusión que se suscitó sobre adulterio. La senadora *batllista* Isabel Pinto de Vidal sostuvo la necesidad de "establecer la misma moral para los dos sexos" (Demicheli, 1946: 125). El artículo 148 del Código Civil establecía que el adulterio de la mujer era causal de divorcio, y el artículo 182 afirmaba que la mujer que hubiera dado lugar al divorcio en razón de dicha

---

[85] Se refiere al tiempo transcurrido entre 1914, cuando el *batllista* Héctor Miranda manifestó la primera moción de reforma de los derechos civiles de las mujeres, y 1946, cuando finalmente la reforma se hizo ley. Grompone fue convocado por el Consejo de la Facultad de Derecho y Ciencias Sociales de la Universidad de la República para dictar un cursillo sobre los alcances de la nueva ley (muy posiblemente realizado en 1947).

causa perdía sus gananciales. Los actos del varón estaban regidos por otra "moral", pues el mismo delito y el castigo correspondiente estaban definidos en otros términos (*e. g.* el varón adúltero no perdía los gananciales en caso de haber dado lugar al divorcio por dicha causal).

La ley aprobada recomendó la armonización de su articulado con los códigos vigentes (procesal y comercial), pero en las sesiones parlamentarias fue explícita la voluntad de no modificar la cuestión del adulterio.

Más tarde, Grompone (1947: 7) llamó la atención sobre este punto al contraponer igualdad vs. emancipación:

> Lo que el legislador ha querido establecer es pura y simplemente la derogación de toda disposición que signifique una incapacidad para la mujer [...]. Si en esos casos [los de distingos para uno y otro sexo, como en el caso de adulterio] hubiera en juego un problema de incapacidad, evidentemente habrían quedado derogadas esas diferenciaciones. Pero son diferencias fundadas en otras razones diversas a las de un problema de capacidad.[86]

Es cierto que la ley aprobada tuvo contenidos extensos, pero de esto no debe seguirse que estableciera un régimen de igualdad para varones y mujeres. Aun cuando en los debates parlamentarios se constata cierta superposición discursiva de los sentidos de la igualdad de capacidad y la igualdad entre sexos, este último concepto fue expresamente rechazado y se optó por la más limitada supresión de la incapacidad jurídica.

El especialista en Derecho Couture (1947: 11) también se refirió a este punto, afirmando que la ley no

---

[86] Aunque del documento surge que el jurista tenía una postura a favor de la igualdad entre sexos, las ideas expuestas arriba fueron esgrimidas para argumentar científica y técnicamente, desde el "derecho positivo", las razones de los límites de la ley en discusión.

[...] ha consagrado la igualdad del hombre y de la mujer ante el derecho, ya que todo nuestro régimen jurídico está sustentado sobre la idea de que la mujer requiere protección de la ley, en razón de ciertas limitaciones de orden biológico, social o moral que gravitan involuntariamente sobre ella.

Cuando se discutió la cuestión de la derogación de la "doble moral", la senadora Demicheli (1946: 182) se expresó en unos términos que confirman esta idea de distinguir entre capacidad civil plena e igualdad plena:

En lo que respecta al adulterio de la mujer, que planteaba la doctora Pinto de Vidal, creo que es un problema, no solo legal, sino, también, con hondas raíces *morales*. Pero discutir un problema de esa naturaleza dentro de una ley de derechos civiles de la mujer sería poner un obstáculo casi insalvable. Creo que este problema debiera ser tratado por una ley por separado. (El subrayado es mío).

La senadora Demicheli (1946: 183) expuso a continuación una serie de conceptos que permiten calibrar las limitaciones de la reforma que ella encabezó:

Comparto con la señora Senador [sic] Pinto de Vidal, el principio de que la moral debe ser una dentro del matrimonio; pero, indudablemente, la ley no puede ir más allá de lo que puede la dignidad y la propia estimación. El que hace juramento de fidelidad debe cumplirlo, sea hombre o sea mujer. Pero yo me opondría a que en esta ley de derechos civiles de la mujer, que le va a dar amplia libertad a la mujer honrada, se mezclara el problema del adulterio. Para mí sería macular esta ley. Aquí estamos hablando de la libertad de la buena mujer y el adulterio cae en el dominio del libertinaje de la mujer. Porque la mujer casada que teniendo una ley de divorcio como la nuestra, por la que ni siquiera tiene necesidad de dar una causal para lograrlo, mancilla y profana el hogar de sus hijos, –violando, tal vez, la fe del hombre que cree tener una mujer digna de llevar su apellido–, es indigna de figurar en esta ley, que consagra la libertad y los derechos civiles de las buenas mujeres.

De esas mujeres que hacen buen uso de la libertad, de *esa libertad que pone en sus manos el marido* y saben vivir con dignidad y con la frente limpia. La mejor heredad que podemos dejar a nuestros hijos es un nombre sin mácula; heredad que hay que mantener *aún a costa de morir de dolor*. (El subrayado es mío).

Como se verá en el capítulo siguiente, las cuestiones referidas a la doble moral sexual fueron revocadas recién en 1978.

1.2. Brasil: el *Estatuto da Mulher Casada* de 1962

En Brasil, la capacidad civil plena para las mujeres se estableció a través de la Ley N.º 4.121 del 27 de agosto de 1962. Como en Uruguay, fue aprobada en el marco de un régimen democrático. No obstante, esto ocurrió en un momento particular de la historia política del país. En 1961, una tentativa de golpe militar fue evacuada con una fórmula transactiva que instauró el "parlamentarismo". Stepan (1974) se refiere a ella como un ejemplo del funcionamiento de la "pauta moderadora" cívico-militar que modeló el sistema político brasileño.

La crisis política se desató cuando, el 25 de agosto de 1961, el presidente Janio Quadros (electo por la antipopulista UDN) renunció a su cargo, apenas siete meses después de haber asumido. Aunque no se conocen con certeza los motivos de su renuncia, la historiografía acuerda en que ella fue parte de una estrategia, finalmente inconducente, para obtener mayores poderes frente a un Congreso mayoritariamente opositor. En estas circunstancias, el vicepresidente João Goulart era el señalado en la cadena de mando para la sucesión. Ex ministro de Trabajo del gobierno de Vargas (1951-1954), Goulart había accedido a su cargo en representación del populista PTB, partido en el cual su liderazgo descollaba.

Una conspiración de los cuadros militares urdida por el general Golbery do Couto e Silva (figura prominente del futuro golpe de 1964), opuesto a la asunción del populista Goulart, amenazó con quebrar el orden democrático. Goulart consiguió reunir fuerzas civiles y militares en su apoyo (primordialmente, en Rio Grande do Sul, su estado natal) y los militares finalmente cedieron en su tentativa golpista. No obstante, este sector militar, la UDN y el PSD todavía exigían un acuerdo. El mismo se alcanzó cuando el Congreso aprobó limitar los poderes del presidente mediante una enmienda a la Constitución que instituyó el parlamentarismo (aprobada el 2 de septiembre de 1961). Así, se creó un gabinete que supeditó los actos de gobierno a un obligado acuerdo entre este y Goulart. El gabinete, a su vez, pasó a depender del voto de confianza del Poder Legislativo.

El Acta Adicional de 1961 que instituyó la fórmula transactiva para la continuidad del sistema democrático bajo tutela militar previó la realización de un plebiscito en 1965 con el fin de ratificar la reforma. Pero la crisis política continuó y el plebiscito debió realizarse antes de lo previsto, en enero de 1963. El resultado favoreció a la corriente que defendía la fórmula presidencialista, encabezada primordialmente por Goulart. Con esto, el país entró en una fase de radicalización social, política e ideológica, en la cual la confrontación derecha / izquierda comenzó a tener mayor relevancia política en relación con la hasta entonces ordenadora noción de compromiso democrático.

La radicalización política de los años 1960, en rigor, hunde sus raíces en algunos sucesos de los años 1950. Aquí vale la pena mencionar solo algunos, que son relevantes para comprender el proceso de reforma de los derechos civiles de las mujeres que culminó en la aprobación de la ley de 1962.

A diferencia de Uruguay, en Brasil, durante el proceso legislativo que condujo a la sanción de la capacidad plena para las mujeres, no hubo representantes femeninas defensoras de sus derechos en el Congreso. Aunque el voto había sido consagrado en 1932, al mismo tiempo que en Uruguay, en los años siguientes a la reforma electoral, la política nacional quedó sumida en una crisis que finalmente condujo a la instauración del *Estado Novo*. Con la posterior democratización política, fueron pocas las mujeres que accedieron a instancias de representación nacional.[87]

Asimismo, algunas organizaciones de mujeres vieron obstruida su acción aun después de recuperada la democracia. Ya se ha dicho que en 1947 el Partido Comunista de Brasil fue prohibido. Era la cuarta fuerza partidaria del país. Durante los primeros años de gobierno de Jucelino Kubitschek (PSD) (1955-1961), se suspendieron varias asociaciones femeninas sobre las cuales el comunismo había logrado cierta influencia (especialmente desde fines de los años 1950), entre ellas la *Federação de Mulheres Brasileiras* (FMB) y la *Asociação Femenina do Distrito Federal* (AFDF). Recién en 1960, el movimiento de mujeres se reorganizó, creándose la *Liga Feminina do Estado de Guanabara*, que recuperaba los objetivos de las asociaciones precedentes. La Liga apoyó las reformas estructurales que proponía el gobierno de Goulart. Previsiblemente, después del golpe de 1964 fue disuelta. Soihet (2006b) afirma que por entonces todas estas organizaciones eran consideradas "izquierdistas".

Como se ha visto antes, el trámite del *Estatuto da Mulher Casada* aprobado en agosto de 1962 se remonta al

---

[87]   No hubo ninguna mujer en la Asamblea Constituyente de 1946 y fueron pocas las diputadas en el período 1946-1964. En el Senado, la primera mujer que obtuvo una banca lo hizo en 1979, en plena vigencia de la dictadura iniciada con el golpe de Estado de 1964.

año 1958, cuando el relator de la Comisión de Constitución y Justicia del Senado Atílio Vivácqua impulsó la iniciativa de reforma sobre la base de los proyectos del diputado Carneiro y el senador Lago. En esos momentos, la *União Universitária Feminina* y el *Conselho Nacional de Mulheres Brasileiras* estaban activos, y aunque no participaron directamente de la reforma, sí siguieron atentamente el proceso legislativo (Rodrigues, 1982: 265).

A inicios de 1961, Vivácqua falleció y ocupó su lugar el senador Milton Campos. Originario del poderoso estado de Minas Gerais, Campos participó de la fundación de la antipopulista UDN. En 1958 fue elegido senador por ese partido. Y en 1955 y 1960 se postuló como candidato a la vicepresidencia, pero no resultó electo en ninguna de las dos oportunidades. Más tarde, participó activamente de las conversaciones con las Fuerzas Armadas que derivaron en el golpe de 1964.

Como se ha visto más arriba, los primeros años 1960 fueron de gran inestabilidad política. Durante el año 1960, dos intentos de tratar el proyecto fracasaron por falta de quórum. En junio de 1961, el IAB acercó un parecer a la Comisión de Derecho Privado del Senado, donde el proyecto de reforma aprobado por Vivácqua se hallaba bajo consideración. Pero la discusión plenaria en esa cámara ocurrió recién en junio de 1962, e incluso allí volvió a recibir enmiendas. Como relator, Campos fue responsable de la redacción final del proyecto (Parecer 202/1962), que a fines de junio fue aprobado en sesión plenaria (Marques y Melo, 2008: 483).

A diferencia de las iniciativas primeras, el proyecto que finalmente se aprobó establecía el régimen de comunidad universal de bienes como régimen legal, y mantenía la función de jefe de la sociedad conyugal en manos del marido. En la comisión revisora, el relator Campos sostuvo esta misma posición. Ya en la reunión del mes de abril de aquel 1962, Campos había expresado que el cambio propuesto por Carneiro al régimen patrimonial conduciría a la inestabilidad de la familia (Parecer 65/1962) (Marques y Melo, 2008: 483).

De esta forma, el Estatuto da Mulher Casada plasmó una fórmula que mantuvo *"a lei do pai"*, esto es, se basó en concepciones patriarcales largamente asentadas.

El texto tuvo un breve articulado (apenas 3 artículos). El artículo 1 consignó expresamente los artículos del Código Civil y del Código Procesal que se reformaban. Entre las nuevas disposiciones, se derogó la cláusula que colocaba a las mujeres casadas entre las personas incapaces (art. 6). También se dio una nueva redacción al artículo 233: *"O marido é o chefe da sociedade conjugal, função que exerce com a colaboração da mulher, no interesse comum do casal e dos filhos"*. Más allá del concepto de "colaboración", lo cierto es que el marido seguía al frente de la representación legal de la familia, de la administración de los bienes comunes y de los particulares de la mujer (que le incumbiera administrar en razón del régimen patrimonial adoptado o del pacto prenupcial celebrado). Respecto de la patria potestad, se otorgó el ejercicio de la patria potestad a madre y padre, aunque en caso de desacuerdo se dio a la mujer el derecho a recurrir al juez (art. 380). Respecto de la la mujer viuda, se derogó la cláusula que le retiraba el derecho de patria potestad en caso que contrajese nuevas nupcias (art. 393).

Como es evidente, en el mismo movimiento en el que se removía la cláusula de incapacidad que afectaba a las mujeres en razón del matrimonio, se estipularon dispositivos de protección de dicha institución y de la familia que confirmaban la posición de subordinación asignada a las mujeres.

Respecto del trabajo femenino, se modificó el artículo 242, removiéndose la cláusula de autorización marital para el ejercicio de profesión. Sin embargo, el Estatuto no revocó el artículo 446 de la *"Consolidação das Leis Trabalhistas"* (CLT, de 1943), que establecía que se presumía autorizado el trabajo de la mujer casada y del menor de 21 años y mayor de 18, y que en caso de oposición conyugal o paterna, la mujer o el menor podrían recurrir a la autoridad competente. Y añadía: el marido o el padre está facultado para pleitear la rescisión del contrato de trabajo cuando su continuación fuera susceptible de acarrear amenaza a los vínculos de la familia, peligro manifiesto para las condiciones peculiares de la mujer o prejuicio de orden físico o moral para el menor.[88]

En breve, el sujeto implícito en la ley sancionada en 1962 era la mujer casada, pero una mujer con ciertas limitaciones, que venían dadas por su condición de sujeto de necesaria protección y por su condición de cónyuge en una estructura de matrimonio indisoluble, en la que los roles asignados al varón y a la mujer se regían por la potestad marital.

Simultáneamente con el proceso legislativo de la ley de 1962, el Gobierno Nacional continuó con una iniciativa de reforma de todos los códigos nacionales que había impulsado primeramente el presidente Kubitschek, a través de su ministro de Justicia Armando Falção, y luego el presidente Quadros, a través de un decreto-ley aprobado el 20 de julio de 1961, a partir del cual se instituyó una Comisión de Estudios Legislativos en el seno del Ministerio de Justicia.

Para estudiar la reforma del Código Civil fue designado el jurista Orlando Gomes de la Universidad de Bahía. En una entrevista concedida el 13 de agosto a la prensa, Gomes expresó que la reforma igualaría los derechos de varones y mujeres dentro del matrimonio:

---

[88]   Artículo revocado por la Ley N.º 7.783 del 28 de junio de 1989.

Por força da transformação de nossos costumes, não mais se compreende seja a mulher incluida entre pessoas incapaces, sujeitas a inúmeras restrições [...] Uma dessas grandes transformações é a emancipação econômica da mulher, que determinou necesariamente a modificação de sua capacidade e de sua posição jurídica no seio da familia. (En Rodrigues, 1982: 117).

El jurista se refirió a la capacidad jurídica, pero también a cuestiones "radicales", tales como la modificación de la estructura de la familia que implicaba la exigencia de común acuerdo para la toma de ciertas decisiones, como la fijación del domicilio conyugal. Asimismo, se refirió al ejercicio conjunto de la patria potestad y al cambio en el régimen legal de bienes, de comunidad universal a comunidad parcial o incluso separación total. Al respecto, añadió:

Como vemos, quem pretenda sugerir modificações ao nosso Código Civil na parte relativa ao Direito de Família, sem preconceptos, terá que enfrentar uma tarefa muito delicada. A actualização da nova legislação importará modificações radicais, que, por certo, ensejarão vivas controversias. (Rodrigues, 1982: 118).

La crisis política desatada por la renuncia de Quadros paralizó el programa de reformas generales al Derecho que desde hacía unos años se venía impulsando desde el Gobierno Nacional. La crisis fue irrefrenable y el 1 de abril de 1964, un golpe de Estado depuso al gobierno democrático. Con esto, quedó pendiente una reforma de mayor intensidad y alcance que la que entretanto materializó el mencionado *Estatuto da Mulher Casada.*

2. Las leyes en dictadura

2.1. Argentina: la Reforma del Código Civil de 1968

En Argentina, la capacidad civil plena para las mujeres se instituyó bajo el régimen de una dictadura institucional. En 1966, un golpe de Estado conducido por el general Juan Carlos Onganía dio inicio a un régimen autoritario que se autodenominó "Revolución Argentina". Un factor fundamental de su carácter "revolucionario" fue la voluntad expresa de modernización estructural del Estado y de la sociedad en un sentido profundamente antiliberal y anticomunista. Para tales fines, el régimen se apoyó en la alianza de las Fuerzas Armadas y la tecnocracia civil.

Muy pronto surgieron conflictos internos. La escalada de violencia desatada contra la protesta popular, cuya dramática expresión fue el "Cordobazo", en mayo de 1969, tanto como las pretensiones autocráticas del general frente al resto de las Fuerzas fueron elementos decisivos. El 8 de junio de 1970, Onganía fue destituido de su cargo por decisión de la Junta de Comandantes.

En este escenario, en abril de 1968, se firmó el Decreto-Ley N.º 17.711, que estableció una reforma *parcial* (cerca de 200 artículos) del Código Civil. A diferencia de los otros dos casos analizados, en los cuales la ley había recorrido un sinuoso camino desde la presentación de los primeros proyectos en el Congreso hasta su efectiva aprobación, en Argentina, la reforma no se hizo a través de una ley específica de derechos de las mujeres, sino que se inscribió en un programa de modernización más amplio implementado por el onganiato durante su efímero período fundacional.

En el Acta de la "Revolución" se consignaba que estaban dadas las "condiciones propicias para una sutil y agresiva penetración marxista en todos los campos de la vida nacional, y suscitado un clima que es favorable a los desbordes extremistas y que pone a la Nación en peligro de caer ante el avance del peligro colectivista". Inspirada en los principios de la "tradición occidental y cristiana", la "Revolución" proponía una "transformación y modernización" que eran "los términos concretos de una fórmula de bienestar que reconoce como presupuesto básico y primero, la unidad de los argentinos" ("Estatuto de la Revolución Argentina", *Boletín Oficial de la República Argentina*, 8 de julio de 1966).

En este contexto, se promovió la reelaboración de diversos códigos y se dictó una serie de leyes orientadas a apuntalar el proyecto económico, político y social de la dictadura. Entre las leyes más prominentes cabe mencionar la ley de indemnizaciones por despidos y la denominada "Ley de represión del comunismo". También se crearon instituciones como el Consejo Nacional de Seguridad (CONASE) y el Consejo Nacional de Desarrollo (CONADE).[89]

En cuanto al comunismo, se utilizaron organismos especializados, como la Dirección de Investigación de Políticas Antidemocráticas (DIPA), para la persecución del "enemigo". La aplicación de estas medidas era alentada por el antecedente de Brasil, cuyo golpe de Estado había instaurado una dictadura institucional de las Fuerzas Armadas –aunque con "formato representativo"–, según la expresión de Ansaldi (2004), en alusión a la vigencia del Congreso (que dado el carácter autoritario del régimen tuvo funciones más consultivas que legislativas).

De esta forma, la iniciativa de modernización jurídica estuvo en manos de un selecto equipo de técnicos convocados *ad hoc* por un gobierno militar. La reforma del Código Civil estuvo dirigida por Guillermo Borda, reconocido

---

[89]   Para una referencia general sobre esta dictadura, véase: Potash (1994); Rouquié (1992) y Selser (1986).

jurista católico y nacionalista, quien dijo inspirarse en las consignas de la encíclica *Populorum Progressio*, contra el liberalismo individualista.

Borda formó parte del nacionalista Ateneo de la República surgido en 1962. Junto con los Cursillos de la Cristiandad, organización católica secreta que funcionaba en Argentina desde los años 1950, constituyó el llamado "partido católico" de Onganía. Además de Borda, de esta experiencia participaron otras varias figuras destacadas de la escena política argentina: Mario Díaz Colodrero, secretario de gobierno; Nicanor Costa Méndez, ministro de Relaciones Exteriores y Culto; Pedro E. Real, presidente del Banco Central; Mario Amadeo, embajador argentino en Brasil; Héctor Obligado, vocal de la Dirección Nacional de Migraciones; Máximo Etchecopar, director del Instituto del Servicio Exterior de la Nación; Eduardo Roca, embajador argentino ante la OEA; y Basilio Serrano, delegado ante el GATT (*General Agreement on Tariffs and Trade*). También adhirieron figuras destacadas de la escena pública, como el periodista Mariano Grondona.

En efecto, el nacionalismo católico fue una de las corrientes en las que abrevó el onganiato. Pero ella no fue la única, tal como lo demuestra la heterogénea conformación de su gabinete de gobierno. A comienzos de 1967, Onganía nombró al liberal Krieger Vasena al frente del Ministerio de Economía y al poco tiempo designó al nacionalista católico Borda en el de Justicia.

Con todo, el ministro Borda fue un sostén ideológico del proyecto político corporativista, con el cual el gobierno buscaba combatir la corrupta política de la democracia representativa. Borda fue también ideólogo de dos instrumentos cruciales del gobierno autoritario: el Decreto-Ley N.º 17.401, del 29 de agosto de 1967, que creó el "delito de comunismo", y el Decreto-Ley N.º 18.019, del 24 de diciembre de 1968, que reafirmó la censura.

Los trabajos para la reforma del Código Civil se iniciaron en 1966, cuando el presidente Onganía, a través de su Secretaría de Estado de Justicia, asignó a una comisión de siete miembros la tarea de evaluar esa reforma. En el transcurso del trabajo, cuatro de esos miembros renunciaron.[90]

La cartera de Justicia estaba entonces a cargo de Conrado Echebarne, quien justificó la reforma por la necesidad de hacer corresponder las leyes con la realidad del momento. El ministro sostuvo también que las universidades, las conferencias científicas, las organizaciones de empresarios y las asociaciones profesionales suscribían dicha necesidad.

Inicialmente, Borda había formado parte de la comisión reformadora, pero enseguida fue designado ministro del Interior. Esta nueva designación no le impidió colaborar, aunque ya sin ser parte de la mencionada comisión. Según Llambías (1995: 209), el texto finalmente aprobado "muestra la aceptación por parte de la Comisión de numerosos criterios personales que el Dr. Borda defendiera en publicaciones anteriores".

De hecho, fue el mismo Borda quien comunicó a la sociedad la firma del decreto, a través de una emisión en cadena nacional. En verdad, las recomendaciones de la comisión habían sido entregadas simultáneamente al ministro de Justicia Echebarne y al ministro del Interior Borda.

---

[90]   "En un comienzo, la comisión de reformas estuvo integrada por los Dres. Dalmiro A. Alsina Atienza, José F. Bidau, Guillermo A. Borda, Abel M. Fleitas, José M. López Olaciregui, Roberto Martínez Ruiz y Alberto G. Spota. A poco andar se alejó de la comisión el Dr. López Olaciregui, a quien sus colegas habían encomendado la confección de un anteproyecto de las posibles reformas, que sirviera de base para el estudio conjunto. Luego, también renunciaron sucesivamente los Dres. Alsina Atienza y Spota, sin que se haya podido saber en qué medida contribuyeron con su aporte a la redacción de un proyecto que solo suscriben los Dres. Bidau, Fleitas y Martínez Ruiz, y de cuya elaboración no ha quedado constancia en actas" (Llambías, 1995: 209).

Aprobadas casi sin modificaciones (solo se introdujeron algunas al artículo 67 de la Ley de Matrimonio Civil), los ministros elevaron el proyecto al presidente Onganía y este inmediatamente firmó el decreto.

De esta forma se concretaba una iniciativa de reforma del Código Civil que si bien no era integral como la discutida en 1936, sí reformaba buena parte de su articulado. La voluntad de una reforma amplia contaba con dos antecedentes: el "Proyecto de 1936", analizado en el capítulo anterior, y el "Anteproyecto de 1954".

En los años 1950, los derechos civiles, o más precisamente, el Derecho de Familia, estuvieron sobre el tapete. Bajo la primera presidencia de Juan Domingo Perón (1946-1951), se promulgó una nueva Constitución (1949) que innovó en materia de derechos civiles y sociales, además de ratificar la nueva regulación de los derechos políticos femeninos.

El texto incorporó una sección sobre derechos de familia: la igualdad jurídica de los cónyuges y la patria potestad, entre los más destacados. Asimismo, reguló los derechos sociales (en el célebre artículo 14 bis). De esta forma, el peronismo alentó un orden social en correspondencia con la noción de sociedad salarial, pero con los matices propios de una sociedad en situación de dependencia como la de Argentina.

La sociedad salarial coloca en el centro al trabajador asalariado, dándole garantías de acceso a crédito y propiedad de la vivienda y protegiéndolo a través de un sistema previsional y de seguridad social. Así, a través de intervenciones públicas en la vida privada, como el salario familiar y las políticas maternalistas, el Estado normaliza la familia, considerada "célula" de la sociedad, dotando al varón de amplios derechos y condicionando los derechos de las mujeres a una visión del orden en la que el varón conserva ciertas prerrogativas.

De esta forma, la legislación laboral protegió a las mujeres trabajadoras, madres y/o esposas, pero las mujeres casadas siguieron limitadas en su capacidad jurídica y sometidas a la potestad marital (arts. 55 y 57 del Código Civil). Concomitantemente, poco se avanzó en el sentido de profundizar la dimensión de representación individual de los recientemente adquiridos derechos políticos.[91]

En 1954, ya en franco conflicto con la Iglesia católica, el peronismo sancionó la Ley N.º 14.394 sobre minoridad y familia. En el artículo 31, esta ley introdujo el instituto de divorcio vincular. Concretamente, este instituto estuvo habilitado para aquellas personas que contaran con una sentencia previa de separación de cuerpos desde por lo menos un año antes de iniciarse la solicitud de disolución del vínculo o que acreditasen ausencia prolongada del cónyuge.[92]

El gobierno ya había manifestado un cambio de posiciones respecto de los principios sostenidos por la Iglesia. Como muestra Cosse (2006), si en el Primer Plan Quinquenal (1947-1951) estableció como principio la indisolubilidad del matrimonio, la validez del enlace religioso y la oposición al aborto, en el *Manual Práctico del Segundo Plan Quinquenal* (1952-1957) omitió por completo la mención de estos puntos.

La legislación sobre divorcio había sido rechazada en el Congreso en varias oportunidades desde 1888, cuando surgió la primera iniciativa.[93] En 1954, la reforma fue po-

---

[91]   Sobre esto último, un interesante análisis en: Valobra (2010).

[92]   Dos trabajos recientes se ocupan de la Ley N.º 14.394, véase: Barrancos (2007) y (2008). Asimismo, puede consultarse el trabajo de Giordano y Valobra (2009), sobre los efectos jurídicos de esa ley; y Giordano y Valobra (2010), sobre las repercusiones de su sanción en la prensa masiva y partidaria.

[93]   El 17 de agosto de 1888, el diputado liberal Juan Balestra se refiere por primera vez a este punto. Sobre los debates acerca del divorcio en

sible en razón de un conjunto de factores, entre los cuales
seguramente tienen particular importancia el conflicto
con la Iglesia, la mayoría peronista en la representación
parlamentaria y la visión de protección a la familia que el
peronismo sostuvo, entendiendo que el divorcio vincular
repondría la "felicidad" de varones y mujeres.

El periódico *El Laborista* ofrece una clave que puede
considerarse representativa de un modo de ver la familia
(aunque no el divorcio), prácticamente compartida por
todo el espectro ideológico del peronismo: "La sociedad
quiere una familia sana, bien avenida, feliz. Desde ahora
tiene la sociedad argentina los instrumentos legales necesarios para esa suprema conquista" (*El Laborista*, 15 de
diciembre de 1954).

Este testimonio expresa cabalmente la ideología familialista con la que el peronismo sustentó la reforma de los
derechos. El sufragio femenino y el divorcio vincular, dos
instrumentos largamente reclamados por algunos sectores
desde fines del siglo XIX, no eran vistos como disruptores
sino como morigeradores del orden. En particular, el divorcio contribuía a erradicar aquellas situaciones ajenas a un
orden que el peronismo pretendía fundado en la armonía
y cuya "célula" mínima era la familia.[94]

En 1955, un golpe de Estado puso fin a la experiencia
populista. El régimen autoritario derogó la Constitución
de 1949 y también la cláusula de la Ley N.º 14.394 que
habilitaba el divorcio absoluto (por Decreto-Ley N.º 4.070
del 1 de marzo de 1956).

En aquel año 1954, también, quedó concluido el anteproyecto de reforma de Código Civil redactado bajo la
dirección del jurista Jorge J. Llambías. Por efecto del golpe

---

Argentina de 1902 y de 1932, véase: Barrancos (2006a y 2006b) y Lavrin
(2005).

[94]   Esta argumentación en Giordano y Valobra (2009).

de Estado de 1955, este trabajo nunca fue presentado al Congreso y ni siquiera fue publicado inmediatamente. Durante muchos años, solo se difundió en estrechos círculos académicos en un formato precario.

El *Anteproyecto* estuvo auspiciado por el Instituto de Derecho Civil del Ministerio de Justicia de la Nación del cual Llambías era director. Colaboraron Roberto Ponssa y Jorge Mazzinghi, quienes acompañaban a Llambías en la dirección del mencionado Instituto (Llambías, 1968). El *Anteproyecto* recién fue editado a mediados de 1968 por la Universidad Nacional de Tucumán, por iniciativa de Fernando J. López de Zavalía (Moisset de Espanés, s/f). Seguramente, la sanción de la Ley N.º 17.711, en abril de ese mismo año, reavivó la iniciativa de Llambías al menos como antecedente relevante para la discusión entre los especialistas.

Llambías fue un ferviente católico. Mantuvo con Borda inocultadas diferencias de criterio. Específicamente, criticó con dureza su posición frente al divorcio por presentación conjunta (producto de la reforma del mencionado artículo 67). También criticó que no se hubiera realizado una reforma integral del Código y que los contenidos de la ley finalmente sancionada no se hubieran puesto en circulación previamente para su discusión en los foros académicos y en las jornadas especializadas de Derecho.

Por su parte, Borda justificó su modo de accionar en el hecho de que la "Revolución" se proponía llevar a cabo un cambio frente a la "crisis de autoridad y falta de aptitud legislativa del Congreso". En consecuencia, en un breve lapso, argumentó, se reformó el Código Civil, el Código Penal, se dictó un nuevo Código de Procedimientos, un nuevo Código Aeronáutico, una nueva ley de Seguros, "y se avanzó aceleradamente en la Reforma del Código de Comercio y en el Código de Procedimientos Laborales y

Contencioso y Administrativo" (*La Nación*, 25 de abril de 1968).

El instrumento jurídico que sirvió al gobierno para tales fines fue el "Estatuto de la Revolución Argentina". Colocado por encima de la Constitución, este estatuto estipuló que sería el Presidente de la Nación quien ejercería todas las facultades legislativas que la Constitución Nacional otorgaba al Congreso (art. 5).

Apelando a las atribuciones conferidas en ese artículo, el 22 de abril de 1968, el Presidente firmó el decreto Ley N.º 17.711 de reforma del Código Civil. Respecto de la capacidad de las personas, este decreto estipuló la mayoría de edad a los 21 años, la emancipación por habilitación de edad y la ampliación de la capacidad del menor que trabaja. En este mismo orden de cosas, modificó el artículo 55, derogando la incapacidad relativa de la mujer casada, otorgándole capacidad plena, y el artículo 57, derogando la representación legal de la mujer casada.

En materia de régimen de bienes, legisló sobre el régimen de administración separada de los bienes, por lo cual cada cónyuge adquirió plena facultad para administrar y disponer de sus bienes propios y de los gananciales adquiridos (con algunas limitaciones específicas). Esta modificación derogó la reserva de la administración de la mujer de algún bien raíz que esta llevase al matrimonio o que adquiriese después por algún título propio, e introdujo la exigencia de consentimiento de ambos cónyuges para la disposición de ciertos bienes.

Respecto del divorcio, instituyó una forma de separación personal (luego conocida como divorcio "por presentación conjunta"), basada en el concepto más moderno de divorcio-remedio. Por decisiva influencia de la Iglesia católica, esta reforma no autorizó, a diferencia de la mencionada ley 14.394 (art. 31), la celebración de un nuevo casamiento (art. 67 bis de la Ley de Matrimonio Civil).

Como en 1954, la reforma de 1968 tampoco modificó las causales de divorcio, reguladas en la Ley de Matrimonio Civil y vigentes desde su sanción en 1888, por lo cual el nuevo instrumento ideado por Borda quedó, una vez más, supeditado a viejas concepciones respecto de las causas que se podían aducir a la hora de divorciarse.

Si bien es cierto que el divorcio absoluto contrariaba la tradición valorada y las propias convicciones de los juristas que estaban llevando adelante la reforma, también es cierto que el país ya contaba con antecedentes legislativos favorables al divorcio vincular y que los expedientes de divorcio (separación de cuerpos) se acumulaban en los escritorios de los abogados (como en el del propio Borda, mentor de la reforma). Seguramente, todo esto influyó en la posición que Borda tomó al respecto, sosteniendo la separación por mutuo consentimiento sobre la base de criterios más amplios que los que ciertos sectores de la sociedad, con la Iglesia católica a la cabeza, estaban dispuestos a aceptar.

Durante el trabajo en la comisión reformadora, el Episcopado insistió en que solo era conveniente admitir la separación en caso de mediar causas graves. Frente a esto, el presidente Onganía ordenó desechar soluciones que no contaran con la venia eclesiástica. Borda y los otros miembros de la comisión entablaron largas conversaciones con los representantes de la Iglesia, llegando a una posición de "conciliación de principios". Se legisló sobre divorcio consensual en el caso de existir causas graves que hicieran moralmente imposible la vida en común, se introdujo la cláusula de un período intermedio y dos audiencias previas ante un juez, pero dispuso que las manifestaciones de los cónyuges vertidas ante el juez tendrían carácter reservado y no constarían en actas. Esto último agilizaba el proceso y facilitaba de algún modo la práctica de la separación, ya que no hacía pesar la cuestión del decoro público sobre las decisiones privadas. Sobre la posibilidad de contraer nuevas nupcias, el criterio fue unánime y contrario a la derogación de la cláusula que imponía la indisolubilidad del vínculo matrimonial (Borda, 1971: 427-429).

La población en general y la comunidad jurídica en particular conocieron que el Código había sido reformado por el discurso que el ministro Borda diera la noche del 23 de abril, difundido por cadena nacional en la red de radio y televisión a las 22:30 horas. En dicho discurso el ministro expresó (Borda, 1971: 13):

> [...] que era necesario insuflarle al Código Civil un nuevo espíritu. Su filosofía era la del siglo XIX: liberal, individualista y positivista. La reforma cambia esa filosofía por la social y cristiana propia de nuestra época, la época de la *Populorum Progressio*. El liberalismo positivista confundió ley con Derecho, se interesó más por la seguridad que por la justicia. Hizo del respeto de la libre voluntad un dogma.

Cuando la reforma sustanciada a puertas cerradas fue presentada a la opinión pública, una de las principales críticas fue precisamente la falta de discusión previa. Más tarde y a propósito de esto Borda expresó:

> La objeción, a primera vista grave, pierde consistencia si se la examina con cuidado. Los temas tocados por la reforma están todos o casi todos en discusión en nuestro país desde hace cincuenta años. Para cualquier jurista informado de lo que se dice y escribe sobre derecho civil hubiera sido muy simple conocer de antemano la respuesta de tal o cual especialista, ya fuera por sus opiniones explícitas, ya fuera por su sistema de ideas. Casi estamos tentados de decir que la consulta fue evacuada antes de formularla.

Entre los elementos de la discusión de cincuenta años a la que refiere Borda, cabe mencionar los tres congresos nacionales de Derecho Civil celebrados en Córdoba y organizados por la Universidad Nacional de esa provincia en momentos claves. El primero tuvo lugar en 1927, apenas después de sustanciada la reforma impulsada por el socialismo a los derechos de las mujeres, y después de que el presidente Alvear convocara a una comisión de especialistas para proyectar una reforma integral del Código Civil. El congreso de 1927, fundamentalmente, se proponía discutir los contenidos que eventualmente incluiría el proyecto de reforma integral encomendado a Bibiloni el año anterior. El segundo congreso se celebró en 1937, cuando todavía estaba candente la reforma que el gobierno de Justo impulsaba a través del "Proyecto de 1936". Finalmente, el tercer congreso se celebró en 1961, con "el fin de elaborar las bases doctrinarias que significan el aporte de los juristas del país a los diversos problemas que plantea[ba] el progreso de nuestras instituciones civiles" (Moisset de Espanés, s/f).[95]

También es posible que en materia de régimen de bienes haya influido la ley sancionada en Francia en 1965, que si bien mantuvo la comunidad limitada de ganancias como régimen legal, estableció una comunidad en manos separadas, disponiendo la administración por parte de cada cónyuge de los bienes propios.

En el mismo discurso citado más arriba, ante las acusaciones que recibió por la unilateralidad de su proceder, Borda insistió (1971: 15-22) en que

---

[95] Htun (2003: 69) menciona como antecedente la XVI Conferencia de la Federación Interamericana de Abogados, según sus registros, celebrada en Buenos Aires en 1967, evento al cual, afirma la autora, asistió Echebarne. Según los datos provistos por la *Inter-American Bar Association* (Federación Interamericana de Abogados), la reunión que se hizo en Buenos Aires fue la X Conferencia en 1957. En 1967 tuvo lugar la XV Conferencia, en Costa Rica. La XVI Conferencia se hizo en Caracas en 1969. Es posible que el testimonio de Echebarne que la autora reproduce sea efectivamente el que este preparó para el evento de 1967, pero ese evento, según los datos consignados por el IABA, no se celebró en Buenos Aires.

[...] la consulta hubiera sido inútil. Habría dado una espléndida ocasión para suscitar un debate político sobre la reforma y para que esta en definitiva se frustrara.

Que una obra legislativa se concrete o se frustre, depende casi siempre de la convicción de su necesidad por parte de quienes ostentan el poder político. Los que lo detentaban en 1968 la tenían. Pero si el proyecto de ley se entregaba a la discusión pública o se intentaba ajustar a la Reforma todo el articulado del Código, la tarea se hubiera prolongado meses, quizá años. Lo que significaba el riesgo de que un cambio de Ministro del Interior (no digamos ya de Presidente) echara por tierra el nuevo intento de modernización de nuestro derecho civil.

Por aquella época el autor de esta obra ejercía el Ministerio del Interior. Conciente de la fugacidad de las funciones políticas decidió evitar toda dilación, por más que ello importara el riesgo de incurrir en alguna imperfección técnica [...].

Los acontecimientos ulteriores nos han dado la razón. Desde que abandonamos el Ministerio del Interior, la obra de reforma legislativa emprendida por la Revolución Argentina se ha detenido.

Es evidente que desde el punto de vista de Borda, el debate plural no era una opción. Según Cárcova (1998: 28-29):

Borda ha sostenido que "las leyes se deben aplicar con entera independencia de que el interesado las conozca o no; en verdad, es preferible que las conozca, pero si ello no ocurre, lo mismo deben aplicarse. [...] El principio según el cual la ley debe ser aplicada porque es obligatoria, con independencia del conocimiento que los súbditos tengan de su existencia, parece vinculado al modelo de un Estado autocrático en el que la legitimidad de los mandatos remite exclusivamente a su origen y no a sus formas o sus efectos, tampoco a sus procedimientos o a los contenidos que transmiten. En efecto, en un sistema autocrático lo único relevante en relación con la virtualidad de una norma es si ella emanó de la voluntad del soberano, del príncipe, del *Führer*, etc., y no si satisface, por sí misma o por el mecanismo empleado en su creación

o por las consecuencias que pueda previsiblemente atri-
buírsele, determinada condición".[96]

Así, la reforma fue resultado de un acto de un poder
autocrático, de carácter administrativo y pragmático, sin
lugar para consensos y disensos. Del proceso institucional
no participó ninguna mujer. Como en los otros dos casos
analizados en las secciones precedentes, de la sanción de
la capacidad civil plena para las mujeres no debe seguirse
que se estableciera un régimen de igualdad entre sexos. La
Ley N.º 17.711 no derogó la facultad exclusiva del marido
para fijar el domicilio conyugal ni la facultad exclusiva del
padre para ejercer la patria potestad sobre los hijos del matrimonio. Incluso, en 1969, se dictó una ley (Ley N.º 18.248)
que estipuló la obligación para la mujer casada de usar el
apellido del marido antecedido por la preposición "de".

2.2. Chile: el Nuevo Estatuto de la Mujer de 1989

En Chile, la capacidad plena de las mujeres también se
promulgó durante la vigencia de una dictadura institucional
(1973-1990), cuyo rasgo particular fue el fuerte (y "exitoso",
en contraste con el onganiato) personalismo del general
Augusto Pinochet. El 9 de junio de 1989, el Decreto-Ley N.º
18.802 estableció como capaces de celebrar actos y contratos a todas las personas mayores de 21 años sin distinción
de sexo. El texto tuvo un breve articulado (5 artículos). El
artículo 2 estableció:

> A contar de la fecha de vigencia de esta ley, la mujer que fue
> incapaz por estar casada en sociedad conyugal, dejará de
> serlo para todos los efectos del Código Civil y demás Códigos
> y leyes especiales y responderá de sus actos con los bienes
> que administre de acuerdo con los artículos 150, 166 y 167.

---

[96]   El autor se refiere a la parte general del *Tratado de Derecho Civil* de
       Guillermo Borda.

De esta forma, quedaba reformado el artículo 1.447 que antes consignaba la incapacidad jurídica de las mujeres casadas (bajo el régimen legal, esto es, el de sociedad conyugal).

Los antecedentes de esta reforma se remontan a los inicios de la dictadura, aunque hubo, claro está, expresiones reformistas anteriores. Como se ha visto, la ley de 1934 (ampliando el alcance del artículo 1.720 del Código Civil) había permitido pactar la separación total de bienes en capitulaciones anteriores al matrimonio, pero consignando que el régimen pactado no podía ser modificado durante el matrimonio. En 1943, por Ley N.º 7.612, se estableció el derecho de sustituir el régimen de sociedad conyugal por el de separación de bienes mediante un simple acuerdo de voluntades durante el matrimonio.

En 1944, la abogada y feminista Elena Caffarena publicó su libro *Capacidad de la mujer casada con relación a sus bienes*, y en 1947 *¿Debe el marido alimentos a la mujer que vive fuera del hogar conyugal?* En el primero de estos escritos, la autora recomendaba a las mujeres de pocos recursos y sin profesión u oficio no optar por el régimen de separación de bienes, porque este no daba derecho a participar en los gananciales del marido. Caffarena se inclinaba por el régimen de participación en los gananciales por considerarlo el más beneficioso para las mujeres. Este permitía administrar y disponer de los bienes sin necesidad de autorización del marido ni licencia del juez (Klimpel, 1962: 62).

También en 1944 se fundó la Federación Chilena de Instituciones Femeninas (FECHIF). Sin duda, un impulso para su creación fue la celebración del Primer Congreso Nacional de Mujeres, del cual participaron más de 200 instituciones y más de 500 delegadas.

En 1945 se publicó *La mujer ante la legislación chilena* de Margarita Gallo Chinchilla, en rigor, su "Memoria de prueba para optar al grado de licenciado en la Facultad de Ciencias Jurídicas y Sociales de la Universidad de Chile".

En 1946, con el apoyo del Partido Radical y del Partido Comunista, asumió la presidencia Gabriel González Videla (1946-1952). Las feministas Elena Caffarena y Flor Heredia, afiliadas al MEMCH, habían sido fervientes promotoras del voto femenino durante el gobierno frentista de Pedro Aguirre Cerda (1938-1941), pero durante el gobierno del radical González Videla, este hizo un viraje ideológico hacia posiciones más conservadoras, persiguiendo al comunismo y rechazando abiertamente a las feministas del MEMCH, lo cual en 1949 dejó a Caffarena y a Heredia al margen del proceso legislativo que diera sanción al voto femenino por el que tanto habían bregado.

La primera mujer que accedió a la Cámara de Diputados fue Inés Enríquez, en 1951, por el Partido Radical. Esta diputada presentó un proyecto de ley sobre divorcio en 1958, durante su segundo mandato (1957-1961).

El gobierno de González Videla creó la Oficina de la Mujer. La misma estuvo presidida por la esposa del presidente, Rosa Markmann de González Videla, quien fuera inspiradora e instigadora del voto femenino ante su esposo. En el seno de esa oficina, las abogadas Adriana Figueroa de Ojeda y Berta Freire Cordovez elaboraron el estudio "Estatuto Jurídico de la Mujer Chilena" (Labarca, 1951).

A pesar de todos estos antecedentes, los avances de la condición jurídica de las mujeres fueron muy tímidos. En abril de 1952 se dictó la Ley N.º 10.271, que introdujo diversas modificaciones al Código Civil sobre filiación, sucesión y sociedad conyugal. El proyecto, ideado por el notable jurista Arturo Alessandri Rodríguez, llevaba dos años de tramitación. Por intervención de la Oficina de la Mujer cobró impulso e incorporó un añadido sugerido por ese organismo: la modificación del artículo 1.749, que introdujo la exigencia del consentimiento de la mujer al marido para enajenar voluntariamente o gravar los bienes raíces sociales (entre otras cuestiones también favorables a las mujeres).[97]

En 1953 asumió como senadora María de la Cruz, por impulso del recién electo presidente Carlos Ibáñez, que en razón de su triunfo electoral había dejado su cargo parlamentario vacante. Gran admiradora del líder argentino Juan Domingo Perón y de su esposa Eva Duarte, la feminista chilena se convirtió en uno de los mayores apoyos del gobierno de Ibáñez, también permeado por las corrientes populistas (aunque no fue el suyo un gobierno populista). Por esto, la senadora debió enfrentar los embates de los sectores conservadores chilenos, que utilizaban esa filiación ideológica para descalificarla. Finalmente, acusada de malversación de fondos, la senadora fue inhabilitada y perdió su cargo pocos meses después de asumir la banca.[98]

---

[97] El texto completo del artículo modificado es el siguiente: "El marido es jefe de la sociedad conyugal, y como tal administra libremente los bienes sociales y los de su mujer; sujeto, empero, a las obligaciones y limitaciones que por el presente Título se le imponen y a las que haya contraído por las capitulaciones matrimoniales. El marido no podrá enajenar voluntariamente ni gravar los bienes raíces sociales sin la autorización de la mujer. No podrá tampoco, sin dicha autorización, arrendar los bienes raíces sociales urbanos por más de cinco años ni los bienes raíces sociales rústicos por más de ocho años. La autorización de la mujer deberá ser otorgada por escritura pública, o interviniendo expresa y directamente en el acto. Podrá prestarse en todo caso por medio de mandatario cuyo poder conste de escritura pública. La autorización a que se refiere el presente artículo podrá ser suplida por el juez, con conocimiento de causa y citación de la mujer, si esta la negare sin justo motivo. Podrá asimismo ser suplicada por el juez en caso de algún impedimento de la mujer como el de menor edad, el de ausencia real o aparente u otro, y de la demora se siguiere perjuicio".

[98] Luego participó del movimiento derechista de mujeres que protestó contra el gobierno de la Unidad Popular y apoyó el golpe de Estado en 1973 (Power, 2002).

En 1946, María de la Cruz había creado el Partido
Femenino Chileno (disuelto en 1954). En 1950, este partido
organizó un congreso que fue ampliamente concurrido y en
cuyo programa figuró la causa de la igualdad de derechos
civiles. Pero esto no tuvo ningún impacto en la política nacional, ni siquiera durante su breve mandato en el Senado.[99]

El período 1964-1973 muestra dos experiencias singulares que colocaron a Chile en el centro de la política
latinoamericana. En primer término, la experiencia de
la Democracia Cristiana y el gobierno de Eduardo Frei
(1964-1970), con su programa de "Revolución en libertad"
(modernización, industrialización y reforma agraria), expresión acabada de la aplicación de la doctrina social de la
Iglesia a través del Estado y del alineamiento con las recomendaciones de la Alianza para el Progreso promovida por
Estados Unidos. En segundo término, la experiencia de la
"vía pacífica al socialismo" implementada por el gobierno
de la Unidad Popular de Salvador Allende (1970-1973).

Durante el gobierno de la Democracia Cristiana, por
influencia de la doctrina de la Iglesia, las posturas más
audaces respecto de los derechos civiles de las mujeres no
encontraron terreno fértil para desarrollarse.[100] En cambio,
hubo legislación favorable para las mujeres trabajadoras y
las mujeres madres. Es más, sobre esto último, el gobierno
impulsó una organización denominada CEMA, presidida

---

[99]   Sobre Inés Enríquez y María de la Cruz, véase: Baltra (2006). En julio de
        1952, también Adriana Olguín Buche (de Baltra) fue designada ministra
        de Justicia, cargo que ejerció hasta noviembre de ese mismo año, cuando
        el gobierno radical fue sucedido por el de Carlos Ibáñez (1952-1958).
        Luego, fue consejera de Estado del gobierno de la dictadura pinochetista.

[100]   Según relevamiento de Claudia Rojas Mira, el 14 de septiembre de 1968
        hubo un decreto (N° 1.302) por el cual se constituyó una comisión
        encargada de estudiar los derechos civiles de las mujeres y proponer
        al presidente las modificaciones de los cuerpos legales que las regula-
        ban (en Rojas Miras, Claudia, "Algunas leyes y decretos referidos a las
        mujeres", mimeo). Agradezco a la autora haberme acercado este texto.

por la esposa del presidente, María Ruiz Tagle, que centralizaba a todos los centros de madres ya existentes en el país. En 1968, por Ley N.º 16.880, la ley que regulaba las juntas de vecinos y organizaciones comunitarias, reconoció a esos centros como "Organizaciones Funcionales" (art. 1).

En 1972, CEMA se transformó en COCEMA (Coordinadora de Centros de Madres), presidida por Hortensia Bussi, esposa del presidente Allende. Ese mismo año se creó la Secretaría Nacional de la Mujer, dependiente del Poder Ejecutivo. En 1971, Allende impulsó la elaboración del Estatuto de la Familia, "que contemplaba: a) derecho de la mujer a celebrar contratos, enajenar e hipotecar sus bienes, sin autorización del marido; b) cuidado y mantención de los hijos con responsabilidad de ambos padres; c) filiación única terminando con la diferencia entre hijos legítimos e ilegítimos; d) efectos jurídicos a la unión estable a la pareja no casada; e) Tribunales de Familia integrados por un sicólogo, asistente social y un abogado para facilitar el divorcio, luego de un tiempo prudencial de separación, sin obligarlos a rendir testimonios humillantes" (Vitale, s/f).

En este período, en 1969 y 1970, se formularon algunas iniciativas sobre divorcio. La Cámara de Diputados recibió propuestas de parte de los diputados Alberto Naudón (Partido Izquierda Radical) y Carlos Morales (Partido Radical), y en 1971 otra del diputado Osvaldo Giannini (Partido Izquierda Cristiana) (según consta en "Nueva Ley de Matrimonio Civil", *Historia de la Ley*, Biblioteca del Congreso Nacional de Chile, 17 de mayo de 2004, p. 325).

Cuando el gobierno de la dictadura impulsó su iniciativa de reforma del Código Civil es evidente que recogía experiencias y planteos anteriores, aunque obviamente lo hacía desde su visión autoritaria, conservadora y excluyente.

El 11 de septiembre de 1973, un golpe de Estado puso fin al gobierno socialista. En el Acta Constitucional N° 3, emitida el 11 de septiembre de 1976, sobre derechos y deberes constitucionales, el gobierno estipuló:

> 3.- Que la amarga realidad que Chile vivió en los años previos al 11 de Septiembre de 1973 ha demostrado, sin embargo, la necesidad de fortalecer y perfeccionar los derechos reconocidos en la Carta de 1925 e incorporar nuevas garantías acordes con la doctrina constitucional contemporánea y su consagración internacional;
> 4.- Que entre estas últimas cabe destacar el derecho a la vida y a la integridad de las personas, la protección legal de la vida del que está por nacer, *la igualdad de derechos entre el hombre y la mujer*, la legalidad del proceso, y el derecho a defensa y otras que requieren jerarquía constitucional y reafirman el valor del hombre como célula fundamental de nuestra sociedad. (El subrayado es mío).

Ese mismo año, Pinochet encargó a una comisión especial la tarea de preparar una nueva constitución. En este marco, el ministro de Justicia Miguel Schweitzer Speisky, a su vez, solicitó a un grupo de juristas (profesores y jueces) la elaboración de un proyecto de reforma del Código Civil. La iniciativa quedó en manos de la Comisión de Estudios presidida por el jurista Julio Philippi.

En 1979, la comisión, a través de su presidente, entregó un informe a la ministra de Justicia Mónica Madariaga.[101] El mismo tuvo carácter confidencial, y antes de ser enviado a la Comisión Legislativa que lo despacharía, sería enviado a la Corte Suprema para su análisis y a la esposa de Pinochet, Lucía Hiriart, para que lo contrastase con la opinión de las mujeres que integraban las organizaciones que ella presidía (Brito, 1997: 73).

---

[101]   Madariaga había sido asesora legal de Pinochet desde 1973. En 1977 fue nombrada en la cartera de Justicia.

La dictadura se ocupó del disciplinamiento de las mujeres a través de una organización denominada CEMA Chile, una reestructuración de la preexistente COCEMA, que Pinochet refundó pasándola a manos privadas, bajo la conducción de su esposa. Así, no solo hubo grupos de mujeres que colaboraron firmemente con el derrocamiento de Allende, sino que también hubo interpelaciones constantes al universo femenino por parte de la dictadura, de lo cual CEMA Chile es solo un ejemplo.

Como es previsible, las mujeres derechistas rechazaron el proyecto presentado por Philippi, con el argumento de que era disolutivo de la familia.

La periodista Silvia Pinto llamó oportunamente la atención sobre la ausencia de mujeres comprometidas con la causa de la emancipación. También hubo otras expresiones aisladas comunicadas a través de la prensa, en particular de mujeres profesionales o identificadas con algún partido político (obviamente prohibidos por la dictadura). Tal vez por el impacto que el proyecto tuvo en la sociedad y la proliferación de voces a favor y en contra que se pronunciaron al respecto, la ministra Madariaga hizo una declaración pública que puso fin al debate (en Brito, 1997: 76):

> Las modificaciones al régimen vigente sobre capacidad de la mujer casada no constituyen un proyecto de ley, sino que se trata de una iniciativa que está aún en estudio. [...] [El informe es] un aporte de los juristas que integraban la Comisión de Estudios y Reformas al Código Civil para proporcionar al Supremo Gobierno el valioso aporte de sus conocimientos y experiencias profesionales para la permanente modernización de los códigos y leyes fundamentales de la república.

En la misma declaración, la ministra comunicaba que el "Supremo Gobierno" se ocuparía de dar curso a una iniciativa que conjugase los derechos de las mujeres casadas con los requerimientos de la familia, "cimiento básico" de la sociedad.

El punto era que el informe preparado por la Comisión estipulaba la capacidad civil plena para las mujeres casadas y, aun cuando mantenía intacta la legislación sobre régimen de bienes, el cambio propuesto enervaba a los sectores más recalcitrantemente conservadores que eran sostén de la dictadura.

Todo esto ocurría en un momento en el que Pinochet y su entorno ideaban las bases para la institucionalización del régimen, cuyo punto culminante sería la proclamación de la nueva Constitución en 1980. Como afirma Htun (2003: 74-75), es posible que el debate en torno al proyecto de 1979 haya sido evaluado por el gobierno como un elemento que potenciaría la polarización política y atentaría contra los resultados esperados en el plebiscito convocado para cerrar el proceso de aprobación del nuevo texto constitucional en septiembre de 1980.

La cuestión de los derechos de las mujeres volvió a estar sobre el tapete en 1985, cuando por iniciativa del gobierno se creó la Comisión de la Mujer. Dicha comisión tenía como objetivo estudiar la situación jurídica de las mujeres. De los seis miembros, tres eran mujeres: Sara Navas, Raquel Camposano y Margarita Moreno (Brito, 1997: 77). Estas mujeres adherían a los principios conservadores resumidos en el lema "Dios, Patria y Familia". Desde luego la iniciativa del gobierno también generó expresiones por parte de quienes, sin integrar la Comisión, estuvieron interesados en acercar sus propuestas y visiones, entre ellos el jurista Enrique Barros (Htun, 2003: 75).

En aquel momento, el Ministerio de Justicia lo ocupaba el jurista Hugo Rosende Subiabre (en ese cargo desde enero de 1984), quien había sido designado tras haber pasado Madariaga al Ministerio de Educación. La vida y obra de Hugo Rosende ocupa un capítulo de *El libro negro de la justicia de Chile* (Matus Acuña, 1999).[102] Rosende integró la Asesoría Política (ASEP), órgano asesor de Pinochet, dependiente del Ministerio del Interior, que realizaba análisis y recomendaciones secretas y dirigidas personalmente al dictador.[103]

Rosende tenía una cultivada trayectoria derechista. Abogado por la Universidad Católica, fue diputado conservador por Santiago entre 1954 y 1957 y entre 1961 y 1965, además de haber cumplido funciones como asesor del gobierno derechista de Jorge Alessandri (1959-1964). Como decano de la Facultad de Derecho de la Universidad de Chile, en 1976, Rosende cerró el Departamento de Ciencias Sociales. Sus profesores fueron despedidos y reemplazados por otros que dictarían clases con programas utilizados en los años 1930.

El cambio de ministros se produjo tras las protestas masivas (1983) y la crisis económico-financiera (1981-1983) que habían socavado fuertemente el poder de Pinochet.

_____

[102]   Según Matus Acuña, tras el plebiscito, Rosende consiguió que el gobierno ofreciera "sumas millonarias a los ministros de la Corte Suprema que decidieran jubilarse antes del 15 de septiembre de 1989. Gracias al 'caramelo', se retiró buena parte de los ministros más antiguos. Y Rosende llenó rápidamente los cargos con quienes creyó proclives al régimen". Según Huneeus (2000), Rosende apoyó las medidas legales que prohibieron a Jaime Castillo Velasco, de la Democracia Cristiana y defensor de los derechos humanos, retornar a Chile tras haber sido expulsado en 1976.

[103]   Uno de los rasgos que define a las dictaduras institucionales es el objetivo de refundación de la democracia sobre bases nuevas, obviamente restrictivas, para cuyo fin los gobiernos dictatoriales proponen crear un conjunto de instituciones capaces de sostener en el largo plazo el proyecto de modernización (Garretón, 1984). Como las otras dictaduras de este tipo, la chilena creó instituciones específicas tales como la Oficina de Planificación Nacional (ODEPLAN), que reunía a un gran número de economistas, muchos de ellos replicadores del pensamiento neoliberal en boga; la Dirección de Inteligencia Nacional (DINA); y la mencionada ASEP.

En tales circunstancias, un hombre como Rosende parecía acercar cierta calma. Fiel al dictador, se opuso con firmeza a la apertura que algunos tecnócratas proponían y trabajó arduamente por la construcción de un cuerpo de leyes que permitiera a Pinochet conservar altas cuotas de poder después de la transición, sobre todo, si esta, como finalmente ocurrió, no lo confirmaba en el cargo de presidente.

Por orden de Pinochet, Rosende encabezó la Comisión Legislativa que se formó para elaborar un proyecto de reforma de la condición civil de las mujeres. Entre otros juristas notables, integró dicho equipo de tecnócratas el jurista y profesor de la Universidad Católica Fernando Rozas Vial.

En esta comisión se afirmaron dos posturas. Una sostenía que la sanción de la capacidad plena para la mujer casada implicaba la derogación del régimen de sociedad conyugal y la institución del régimen de participación en los gananciales. La otra sostenía que debía sancionarse la capacidad plena, pero debía mantenerse el régimen patrimonial vigente. La comisión se dividió en dos subcomisiones, las cuales oportunamente emitieron sendos proyectos. Uno establecía el régimen de participación en los gananciales con carácter de régimen sustitutivo y el otro, que finalmente devino ley, estableció aquella otra posición de contenidos híbridos (Rozas Vial, 1989).

La redacción del texto legal aprobado en 1989 estuvo a cargo de una selecta comisión de tecnócratas. La reforma se materializó en el mes de junio de 1989, cuando el plebiscito de 1988 convocado para evaluar la permanencia de Pinochet en el mando ya había marcado el rumbo hacia la democratización.

En sus "Consideraciones" sobre la reforma, el jurista Rozas Vial afirmó que se había rechazado el régimen de participación en los gananciales porque no correspondía a la idiosincrasia del país y porque no tenía el carácter "unitivo" de la sociedad conyugal. La ideología de protección y patriarcal subyace a la decisión que finalmente tomó la comisión. Según testimonio del mismo jurista, el régimen de sociedad conyugal beneficiaba a las mujeres "porque las estadísticas demostraban que una gran mayoría de [las mujeres casadas] no trabajaba sino en las labores de su hogar". La misma fuente afirma que "no pareció justo y se consideró peligroso que la mujer, que podía ser la responsable de la ruptura del matrimonio, pudiera separarse de bienes 'motu proprio', sin intervención de la justicia". En su disertación, Rozas Vial fue claro: "Siempre el papel fundamental de la mujer es en el hogar" (Rozas Vial, 1989: 100-101).

Respecto de la reforma, la feminista Elena Caffarena, en un artículo publicado en el N° 81 de la revista *Pluma y Papel*, sostuvo que la ley

> [...] aprobada por el poder legislativo que preside el notable jurista, almirante José Toribio Merino, más que Nuevo Estatuto de la Mujer, lo llamaría la ley del Gattopardo, porque como aconsejaba el príncipe de Salinas en la novela de Di Lampedusa: "hay que cambiar algo para que todo quede igual". De los casi cien preceptos de la nueva ley 18.802 se puede contar con los dedos de la mano los que contienen algún pequeño avance. (En Poblete, 1993: 83).[104]

Como en los otros casos analizados, la capacidad plena no implicó un régimen de igualdad entre sexos. En Chile, el régimen legal de bienes en el matrimonio es el de sociedad conyugal.[105] Como se ha dicho, la reforma no afectó los artículos 1.749 y subsiguientes del Código Civil, y con ello

---

[104] Se refiere a la Comisión Legislativa Conjunta que presidía José Toribio Merino. La dictadura tuvo desde 1975 Comisiones Legislativas, que funcionaban como su órgano legislativo (o más bien, consultivo), elaborando las leyes y presentándolas a la Junta Militar. Las Comisiones estaban integradas por asesores y técnicos.

[105] Por Ley N.º 19.335 del 23 de septiembre de 1994 se estableció el régimen de participación en los gananciales como régimen alternativo.

se mantuvo la facultad de administración de los bienes de la sociedad conyugal exclusiva del marido (aunque se aumentaron sus limitaciones). Por esto, de acuerdo a algunas visiones, la ley de 1989 optó por un camino medio, confuso y hasta "inconstitucional", instituyendo una capacidad claramente disminuida (Garafulik Litvak, 2001; y Bello y Morales, 2006).

A esto cabe añadir que el ejercicio de la patria potestad siguió siendo facultad exclusiva del marido. Actualmente, el Código Civil otorga la patria potestad de los hijos a ambos padres solo en el caso de mediar el correspondiente trámite de convención de la patria potestad compartida ante el Registro Civil, trámite que debe hacerse durante el primer mes de nacido el menor. A falta de esta convención el derecho corresponde siempre al padre (art. 244 del Código Civil según el texto dado por Ley N.º 19.585 de 1998).[106]

Por último, hay que decir que la noción de capacidad civil plena sobre la que se legisló está inserta en una estructura de matrimonio considerado indisoluble. En efecto, recién en 2004, Chile instituyó el divorcio vincular (Ley N.º 19.947).

La reforma de 1989 se hizo efectiva apenas un tiempo antes de la ratificación por parte del gobierno nacional

---

[106] "Corresponde a la madre la patria potestad del hijo por muerte (art. 270) o interdicción (art. 267) del padre; o por emancipación judicial del hijo (art. 271). También corresponde a la madre la patria potestad respecto de los bienes del peculio adventicio extraordinario, cuando el padre queda inhabilitado por disposiciones del donante o testador (art. 250, 2o), o por incapacidad, indignidad o desheredamiento de este (art. 250, 3o). Y, por último, en los casos del artículo 253, cuando el padre está impedido de tener el goce o administración de bienes del hijo. La ley 19.585, de 1998, permite también que la patria potestad la ejerza la madre por convención con el padre, hecha por escritura pública o acta extendida ante un oficial del Registro Civil, subinscrita en la partida de nacimiento del hijo dentro de los treinta días subsiguientes a su otorgamiento (art. 244, inciso 2o)" (Rodríguez Pinto, 2010: 79).

(en diciembre de ese año) de la Convención sobre la Eliminación de Todas las Formas de Discriminación contra la Mujer aprobada por la ONU en 1979. El férreo poder de la dictadura pinochetista, capaz de maniobrar con éxito crisis sucesivas, permitió aislar a Chile de las tendencias jurídicas en boga en el mundo. Este es quizás el elemento más contundente que puede explicar la pronunciada demora en la institución de la capacidad civil plena para las mujeres y el carácter restrictivo de la reforma. En vísperas de la transición, el gobierno renovó su perfil internacional.

La dictadura chilena abrevó en las corrientes nacionalistas católicas de cuño hispánico y edificó el orden sobre una férrea voluntad política de transformación en un sentido profundamente excluyente. En los umbrales de la globalización, la persistencia de figuras legales consideradas vetustas por parte de la mayoría de las corrientes de pensamiento jurídico y filosófico en circulación en el mundo, como las limitaciones señaladas a la condición civil de las mujeres y el matrimonio indisoluble, puede explicarse ciertamente a partir de la pertinaz influencia de las derechas.

Capítulo 5
Discontinuidades y desigualdades

1. Avances discontinuos

La noción de familia es un elemento explicativo clave, pues ha sido el elemento matriz a partir del cual se ha dado racionalidad jurídica a un proceso de creación de derechos que ha tenido avances discontinuos (y como se verá en la sección que sigue, desigualdades persistentes).

Cuando se estudian las sucesivas reformas que tendieron a ampliar el estatus civil de las mujeres es llamativa la constatación de esas discontinuidades. Ellas obedecen a un mismo argumento de incorporar a las mujeres en un régimen de igualdad (en tanto valor universal asociado a la condición humana), pero a partir de la diferencia (como valor asociado a las mujeres en su condición de madres y esposas en una estructura de familia). Este argumento es el que está en la base de la inclusión de las mujeres en algunas esferas de derechos, pero no en otras.

En las reformas de los años 1920, estudiadas en el capítulo 3, aparece de forma evidente la imbricación de la "cuestión familiar" con la "cuestión política".[107] La ley de 1925 en Chile y la de 1926 en Argentina se insertan en una dinámica política cuya fuerza motriz fue el reformismo. En los dos países, se alcanzaron soluciones de compromiso, en general, limitadas por una concepción del orden que estaba asentada sobre el principio de preservación de la familia y del poder marital. Esta concepción era compartida

---

[107] Esta es la propuesta de Lobato (1997) para el caso de Argentina, que aquí se extiende al caso de Chile también. Rodríguez Villamil y Sapriza (1984) alientan una visión similar en referencia al caso de Uruguay.

tanto por las fuerzas conservadoras como por las propias fuerzas reformistas.

En Chile, un país con una matriz político-partidaria relativamente aceitada, la reforma del estatuto jurídico de las mujeres de 1925, no obstante, se hizo bajo un régimen militar. Habiendo sido su iniciativa desoída en el Congreso durante el gobierno de Alessandri, el jurista Maza aprovechó su condición de ministro para imponerla por decreto. Cabe notar que el régimen militar era de un tipo particular (reformista).

Como se ha visto en el capítulo 2, cuando en 1920 Alessandri se refirió a los derechos de las mujeres en la Convención del Partido Liberal, sostuvo que la legislación "no p[odía] continuar siendo a[l] respecto una excepción dolorosa en el concierto armónico del mundo civilizado". En su discurso, Alessandri denunciaba que la mujer "vegeta[ba] reducida al capricho de la voluntad soberana del marido".

Sin embargo, la reforma finalmente realizada en 1925 estuvo inspirada en conceptos más limitados, congruentes con la posición que el propio reformador Maza había sostenido en su libro *Sistema de sufragio y cuestión electoral* (1913), en el cual, argumentando en contra del sufragio femenino, sostenía esta visión de las relaciones entre sexos:

> La mujer dentro de la sociedad, en el hogar y en la familia principalmente, tiene funciones importantísimas que desempeñar en las cuales no puede ser reemplazada por el hombre, del mismo modo que éste no puede ser reemplazado por ella en las que son propias de su sexo o de su constitución.

En palabras del autor:

> ¡Pretender invadirse mutuamente sus funciones, so pretexto de desigualdad, es como si el oxígeno pretendiera ser hidrógeno! (En Maza Valenzuela, s/f: 325).

También las ideas de la feminista Amanda Labarca, expuestas en su libro *¿A dónde va la mujer?* editado en

1934, eran limitadas (aunque no dejaban de reclamar la igualdad):

> Si pedimos equiparación civil no es porque intentemos el tragicómico esfuerzo de llegar a ser en todo vuestras semejantes. Sabemos que las funciones son distintas... pero que somos iguales en el espíritu, idénticos en los ideales de redención humana. Sólo queremos armonizar con vosotros en un plano de igualdad espiritual. Abominamos, tanto del hombre que se feminiza, como de la mujer que adopta arrestos de varón. (En Lavrin, 2005: 60).

En definitiva, el liberalismo reformista chileno se fundaba en ideas que no cuestionaban la división de esferas de acción. De esta forma, como fue el caso de muchos liberales de América Latina, el avance de los derechos quedaba supeditado a resguardar la asignación de las mujeres a la familia en condición subordinada al varón, aumentando la autonomía patrimonial pero sin derogar completamente la potestad marital.

En Argentina, la reforma del estatuto jurídico de las mujeres de 1926 fue resultado de una correlación de fuerzas parlamentarias muy circunstancial. Desde luego, sobresale la influencia del socialismo, un socialismo cuyo "molde del iluminismo liberador", según la expresión de Barrancos (2005), imprimió una idea de igualdad "universal" (en referencia tanto a los sexos como a las esferas de derechos). El sesgo parlamentarista del socialismo argentino, además, lo acercó a las posiciones más liberales reformistas dentro de la UCR.

El socialismo, que inicialmente se había beneficiado del abstencionismo de los radicales para conseguir escaños en el Congreso, cuando la UCR retomó el juego parlamentario, entró en competencia con este partido, disputándose el liderazgo de las causas reformistas. Respecto de los derechos civiles de las mujeres esta circunstancia es clara. Dos días antes de la presentación de Bravo y Justo en el

Senado del proyecto que daría lugar al proceso legislativo de la ley de 1926, el 12 de septiembre de 1924, el diputado radical Bard presentó una iniciativa relativa a la misma materia en la otra cámara.

Como se ha visto en el capítulo 2, las consignas del feminismo (como la enarbolada en su proyecto por Rawson) no prosperaron. En 1907, el socialista Palacios había afirmado su repudio al "feminismo declamatorio y exagerado" y, en 1919, el radical Araya se había referido al "feminismo a veces planteado agriamente". En 1926, ya habían pasado algunos años desde aquellas afirmaciones y, sobre todo, la posguerra había traído algunos cambios. Sin embargo, la ley de 1926 estuvo más en sintonía con la propuesta que Araya formulara en términos de "soluciones que aseguren la felicidad del hogar y la tranquilidad social". En efecto, como se ha visto, ante la oferta de mínima presentada por Bravo (no perder lo bueno "por querer lo mejor"), el socialista De Tomaso se jactó de que el proyecto finalmente convertido en ley "no innova[ra] fundamentalmente en la organización de la familia argentina".

El sentido social limitado de las fórmulas que finalmente se impusieron en los dos países es coherente con la exclusión de las mujeres respecto de la ecuación un individuo = un voto. En Argentina, todos los proyectos presentados al Congreso sobre sufragio femenino fueron rechazados y solo se legisló a nivel nacional sobre la materia en 1947. Y si bien es cierto que en los años 1920, en las provincias de Santa Fe y de San Juan, hubo reformas constitucionales que consagraron el voto de las mujeres en instancias subnacionales, también es cierto que la facultad de ser electas siguió siendo limitada y que incluso con esta limitación la vigencia de esas disposiciones fue efímera.

La cláusula de sufragio femenino con alcance local sí tuvo durabilidad en Chile. En 1934, como se ha visto, el gobierno de Alessandri legisló sobre elecciones municipales,

a través de la Ley N.º 5.357 del 18 de enero de ese año.[108]
Esta ley habilitó a las mujeres para elegir y ser elegidas. Se
trataba de una cláusula basada en una idea restringida de
los derechos políticos femeninos, pues suponía que a través
de sucesivos "ensayos" electorales las mujeres eventualmente podrían acceder al ejercicio pleno de sus derechos
políticos. En la argumentación acerca de las capacidades
electorales de las mujeres, se asemejaba el reducido espacio
municipal al espacio doméstico donde las mujeres eran
consagradas como esposas y madres.

La reforma civil de los años 1920, como ya se ha dicho,
fue entonces expresión de la voluntad de sustraer a las
mujeres del dominio privado del varón para someterlas
al dominio público del Estado, con una intención de protección que a su vez reforzó el canon de la domesticidad
ordenador del ámbito privado cuyo núcleo era la familia.
El Estado amplió sus funciones en detrimento del enorme
dominio que detentaba el varón en la esfera privada, y lo
hizo para corregir eventuales desvíos y excesos de este
como marido o como administrador.

En este marco, si los derechos civiles no avanzaron
parejamente con los derechos políticos, sí lo hicieron respecto de los derechos sociales: en Argentina, con la Ley
N.º 11.317 de 1924, que regulaba el trabajo de mujeres y
niños; en Chile, con la Ley N.º 1.969 de 1907, que habilitaba a las mujeres casadas a administrar libremente sus
bienes en lo referente a sus imposiciones en las Cajas de

---

[108]   Antes, el 30 de mayo de 1931, bajo la presidencia de Ibáñez, se había
dictado el decreto con fuerza de ley 320, que dispuso sobre elecciones
municipales habilitando a las mujeres que acreditasen ser propietarias de
algún bien raíz. En 1934, la Ley N.º 5.357 derogó esa cláusula restrictiva.
Cabe recordar que como el voto era alfabeto, la ley exigía esta condición
además del requisito de residencia en la correspondiente comuna. Y
cabe recordar también que en el caso de las casadas, el domicilio era
prerrogativa del marido.

Ahorro y a la adquisición y goce de casas construidas por el Consejo Superior de Habitaciones; y luego también con las disposiciones de 1924 sobre maternidad y trabajo y con el Código de Trabajo de 1931.

La reforma civil fue simultánea a la afirmación de una nueva tendencia en la definición de la legislación laboral, ahora vista como esfera separada de la legislación civil. Como señala Levaggi (2006), esta distinción era consecuencia del abandono del principio liberal de la no intervención jurídica del Estado.

Al respecto, hay que decir que en Argentina hubo un enfrentamiento entre posiciones que sostenían que era innecesario separar el derecho laboral del civil, por considerar al Código existente muy claro en aquella materia (*e. g.* Juan Bialet Massé y Estanislao S. Zeballos), y posiciones que sostenían la necesidad de contar con una legislación específica (*e. g.* Joaquín V. González y Alfredo Palacios). El proyecto de Ley Nacional del Trabajo de Joaquín V. González de 1904 no prosperó. Tampoco prosperó una iniciativa similar del presidente Yrigoyen en 1921. En Chile, en cambio, ya se ha dicho, el gobierno de Ibáñez sancionó un código de trabajo en 1931.

En el caso de la reforma civil en Uruguay también se observa la imbricación entre "cuestión familiar" y "cuestión política". Puede decirse que la sanción de la Ley de Derechos Civiles de la Mujer de 1946 es una reverberancia del reformismo *batllista* de las primeras décadas del siglo XX. Como se ha visto en el capítulo 2, en 1923, Brum había declarado querer incluir a su país en el "momento de universal feminismo", procurando legislación sobre derechos civiles *y* políticos para las mujeres. En este sentido, el *batllismo* uruguayo sostuvo posiciones que son similares a las del socialismo argentino.

Sin embargo, este impulso de la democracia uruguaya, que el legislador *batllista* calificaba como "inquieta y fecunda", tuvo un *impasse* en los años 1930. Incluso las iniciativas provenientes de la propia corriente reformista dentro del Partido Colorado en esos años fueron más tibias. Como se ha visto en el capítulo 2, en 1930, el senador Minelli propuso "ampliar" (mas no equiparar) los derechos de la mujer casada "en todo aquello que lo permitan los intereses de la familia y sus propios intereses".

Con la recuperación de la democracia liberal, se legisló sobre capacidad de la mujer cualquiera fuese su estado civil. La ley dispuso puntos realmente contrastantes con los casos de Brasil, Chile e incluso Argentina, pues legisló sobre administración separada de bienes (aplicándose la fórmula de gananciales en ocasión de disolución de la sociedad conyugal) y patria potestad compartida. Cabe recordar, además, que Uruguay había tenido una relativamente temprana y singular ley de divorcio vincular. Aun con este andamiaje, el pronunciamiento por modificar la doble moral respecto del adulterio fue rechazado. Como se ha visto en el capítulo 4, la senadora Demichelli lo calificó como un problema "con hondas raíces morales". Defendiendo la libertad como "esa libertad que pone en sus manos el marido", Demicheli atacó el libertinaje de la mujer que "profana el hogar de sus hijos". También el jurista Couture se refirió a este punto en términos de cuestión moral: "La mujer requiere protección de la ley, en razón de ciertas limitaciones de orden biológico, social o moral". Con esto, el jurista justificaba que el espíritu de la ley no era la igualdad entre varones y mujeres sino solamente una cuestión relativa a la capacidad contractual.

También en el caso de Brasil puede considerarse que la ley que otorgó capacidad civil plena a las mujeres en 1962 fue reverberación del impulso reformista y feminista de los años 1920. El *impasse* de los años 1930, durante la dictadura del *Estado Novo*, truncó el proyecto impulsado por la líder feminista Bertha Lutz desde su banca en el

Congreso. En 1947, con la democratización, las juristas Romy Medeiros y Orminda Bastos, esta última también enrolada al feminismo de la FBPF, hicieron un nuevo intento. Pero el régimen populista, antiliberal por definición, no fue marco propicio para la causa de los derechos individuales de las mujeres. En cambio, prosperaron los argumentos a favor de la reforma arraigados en el bien de la familia.

Finalmente, con el impulso modernizador que el desarrollismo de Kubitscheck imprimió a la legislación pudo ponerse en marcha el proceso legislativo que condujo a la aprobación del *Estatuto da Mulher Casada*. La cuestión patrimonial era la más exaltada. El Estatuto se sancionó en los primeros años 1960, en medio de una crisis política grave, pero en su proceso legislativo y político es evidente el arrastre reformista de los años previos.

El rechazo a la derogación de la jefatura del varón en la sociedad conyugal y a la institución del régimen de comunidad parcial como régimen legal estuvo basado en el argumento de salvaguarda de la familia y del poder marital fundamento de ella. En los mismos años en los que Carneiro defendió la causa de los derechos civiles de las mujeres, también sostuvo la causa del divorcio vincular. En ambas instancias, los argumentos que colocaban a la reforma del poder marital como una afrenta a la familia estuvieron enérgicamente representados por monseñor Arruda Câmara.

En este contexto, el Estatuto de 1962 fue entonces una solución de compromiso en un país en el cual el concepto de familia promovido por el conservadurismo y la Iglesia era fuerte. En la defensa de uno de sus proyectos de divorcio, Carneiro afirmó: "*Sr. Presidente, começo elevando o meu pensamento a Deus, rogando-lhe que me inspire na sustentação que vou fazer perante esta casa, da constitucionalidade, da conveniência e da legitimidade do projeto*" (en Archanjo, 2008: 94). Significativamente, estas palabras fueron pronunciadas en el discurso de la sesión del 25 de abril de 1962, unos meses antes de aprobado el Estatuto. Como es evidente, la presión de la Iglesia era fuerte y las fórmulas religiosas pudieron ser una convicción pero también una estrategia en línea con la política de "compromiso".

Con todo, tal como sostiene la feminista Verucci (1999: 17), "*o resultado não deixou de significar um avanço, mas foi decepcionante para quem acompanhou de perto toda essa polêmica*".

En Argentina, la reforma de 1968 estuvo enmarcada en un programa de modernización de las fórmulas jurídicas en conjunto. Respecto de los derechos sociales, también en 1968 se había aprobado, por Ley N.º 17.677, el Convenio 111 de la OIT, sobre "Discriminación, Empleo y Ocupación", que dicho organismo había emitido en 1958. Pero, como ya se ha visto, durante la dictadura iniciada en 1966 el movimiento obrero fue ferozmente perseguido y reprimido. Y, como es obvio, los derechos políticos estuvieron conculcados.

Proscripto el peronismo, durante los períodos constitucionales siguientes (1958-1961 y 1963-1966), la participación femenina en el Congreso bajó considerablemente (1962, dos diputadas; 1963, una; 1965, cuatro; y en el Senado, ninguna) (Marx, Jutta y Caminotti, 2007: 52). La ausencia de mujeres que defendieran la causa de los derechos femeninos en el gobierno no se explica solamente por el tipo de régimen vigente en el momento de sanción del nuevo código, esto es, una dictadura, sino también por el carácter limitado de los efectos de la ley de sufragio sobre las capacidades políticas de las mujeres.

Valobra (2010) llama la atención sobre la reducción de los derechos políticos a la dimensión de voto, poniendo en evidencia el rezago de la dimensión de la representación.[109] En referencia a Argentina, la autora identifica un factor que aquí vale la pena resaltar. En el proceso legislativo y político que condujo a la sanción del voto femenino en 1947 se produjo una "evitización" de la ley. El sujeto del derecho subyacente a la misma fue la "mujer pueblo" (Palermo, 1998: 26). Estas características se aprecian en las palabras de Eva Perón: "Vibré contigo, porque mi lucha, es también la lucha del corazón de la mujer que, en los momentos de apremio está junto a su hombre y su hijo, defendiendo lo entrañable" (en Valobra, 2009: 51).

Desde esta visión de "evitización", entonces, los derechos políticos se fundaron en el reconocimiento de las capacidades de la mujer, demostradas ya a través de su lucha por los derechos sociales en el seno de la familia: "junto a su hombre y su hijo". Una apreciación en esta misma línea es la que sostuvo el propio Perón, al afirmar:

> Dignificar moral y materialmente a la mujer equivale a vigorizar la familia. Vigorizar la familia es fortalecer la Nación, puesto que ella es su propia célula. Para imponer el verdadero orden social, ha de comenzarse por esa célula constitutiva, base cristiana y racional de toda agrupación humana. (En Piñeiro, 1997: 325-326).

---

[109] Hoy en discusión en torno a las denominadas leyes de cuotas, vigentes en Argentina por Ley N.º 24.012 de 1991, conocida como "Ley de Cupo Femenino", y en Brasil por Ley N.º 9.504 de 1997. A propósito de la ley argentina, en el debate que daría lugar a su aprobación, la diputada Ruth Monjardín de Masci (Partido Federal) sostuvo: "Uno de los motivos por los que quiero que haya más mujeres en este recinto es por la rectitud que ellas tienen, que la han adquirido en la experiencia de la lucha cotidiana que libran en el hogar o en el trabajo y que sólo ellas son capaces de sobrellevar" (en Marx, Borner y Caminotti, 2007: 68). Aunque no fue este el único giro que tuvieron los discursos en defensa de los derechos políticos de las mujeres en aquel debate de 1991, vale la pena señalar la larga persistencia de fórmulas ancladas en una concepción que pone a la familia como matriz de derechos.

Tanto este fragmento del discurso de Perón como el arriba citado de Eva ponen de manifiesto la función de la familia como matriz de derechos individuales. Es posible que esta matriz actuara como limitante de los efectos inclusivos de la ciudadanía política femenina, reduciendo su incumbencia tan solo a la dimensión voto, una cuestión que Valobra (2010) se encarga de resaltar analizando la participación de las mujeres en la UCR y en el PC.

En los años del primer peronismo, los derechos sociales tuvieron un significativo avance. Como se ha dicho, la Constitución de 1949 los reguló en el célebre artículo 14 bis, universalizando el sujeto trabajador sobre la base de un sujeto varón, sin ahondar en los derechos de las mujeres. En efecto, como se ha dicho, el peronismo alentó un orden social en correspondencia con la noción de sociedad salarial. A través de intervenciones públicas en la vida privada, como el salario familiar y el maternalismo, el Estado normalizó la familia, "célula" de la sociedad, dotando al varón de amplios derechos y condicionando los derechos de las mujeres a una visión del orden en el que el varón conservaba prerrogativas largamente sedimentadas. La legislación laboral protegía a la mujer trabajadora, madre y/o esposa, pero la mujer casada seguía limitada en su capacidad civil para ejercer sus derechos. Incluso, con la Ley N.º 14.394 y su artículo 31 que legislaba sobre divorcio vincular, el objetivo último era afirmar el orden familiar, tal como se aprecia en la ya citada nota del diario *El Laborista*: "la sociedad quiere una familia sana, bien avenida, feliz".

En 1968, la reforma que introdujo la fórmula de capacidad plena significó un avance, pero, como ya se ha dicho, en un contexto de retroceso de las libertades políticas y sociales. Conviene recordar, además, que la reforma de 1968 coincidió con la aprobación de un decreto-ley que dispuso que las mujeres casadas quedaban obligadas a usar el apellido del marido, lo cual da clara pauta de la afirmación de los derechos individuales femeninos a partir de una matriz que reforzaba el orden familiar y con el ello el poder marital que de aquel se derivaba.

En Chile, desde el pionero pronunciamiento de María Espíndola de Muñoz en el discurso de apertura del Congreso Femenino realizado en Buenos Aires en 1910, las visiones dominantes no se modificaron demasiado. Tal como se ha visto en el capítulo 2 y en el capítulo 3, si en 1910, la oradora chilena definía a la mujer como "la otra mitad del alma del compañero del hogar", en 1989, cuando se sancionó la ley que otorgó la capacidad plena a la mujer casada, el jurista Fernando Rozas Vial, miembro de la Comisión Reformadora, afirmó que "siempre el papel fundamental de la mujer es en el hogar".

La reforma de los derechos civiles se alcanzaba en Chile con una notable demora respecto de los avances en los otros países y respecto del avance de los otros grupos de derechos en el propio ámbito nacional. En materia de derechos sociales, la Ley de Asignación Familiar Prenatal de 1957 significó una conquista en el marco de las políticas de subsidios maternalistas que caracterizaron al intervencionismo estatal de la época. Luego, en los años 1960, con el reformismo de la Democracia Cristiana y, en los primeros años 1970, con la "vía pacífica al socialismo" del gobierno de Allende, la interpelación de las mujeres en tanto madres continuó afirmándose y con ello la legislación de sesgo protector. Ejemplo de esto es la mutación de los Centros de Madres (CEMA) en una Coordinadora de Centros de Madres (COCEMA).

También la extensión de los derechos políticos a las mujeres estuvo atravesada por la ideología familialista. Según el testimonio de Rosa Markmann esposa del presidente González Videla, en ocasión de la celebración del Día Internacional Mujer de 1947,

[...] la mujer chilena está despertando de este estado de resignación en que ha vivido y reclama sus derechos [...] participar en las elecciones no solo es un derecho sino también un deber cívico, por muy poco que se interesa alguien en política es imposible que se muestre indiferente a la suerte de su patria, porque de ella depende la suerte de su familia y de su propia persona. (En "Homenaje en memoria de Rosa Markmann Reijer viuda de González Videla", en *Diario de Sesiones de la Cámara de Diputados*, 1 de julio de 2009).

Por todo lo dicho, se puede pensar que la familia constituye una unidad social y jurídica que operó como matriz de derechos en las tres esferas: civil, política y social, en los cuatro casos analizados y a lo largo de todo el extenso período estudiado. Estas visiones que proponen a la familia como institución normal y normativa son consideradas expresiones de familialismo.

Por familialismo se entiende la ideología que insiste en depositar en la familia nuclear los valores de normalidad. Eichler (1988) señala que el familialismo está bien aceptado socialmente y es considerado legítimo. Ahora bien, la misma autora sostiene que si bien considerar a la familia una unidad de análisis mínima no entraña en sí mismo una forma de sexismo, sí es cierto que se erige como tal en el momento que se asigna a los individuos miembros de la familia una misma cualidad o experiencia que, en rigor, corresponde a uno de sus miembros y no a todos, o que corresponde a todos los miembros pero que cada uno lo experimenta de modo diferencial.

Respecto de esto mismo, Facio y Fries (1999: 7) sostienen que el Derecho es "una institución patriarcal en su sentido y función histórica". Facio (1999: 99 y 108), por su parte, insiste en el uso de una metodología específica para "democratizar el Derecho", la cual supone un "concepto amplio de derecho", y para el desarrollo de su propuesta toma el aporte de Eichler. De esta forma,

Facio (1999: 118) define la categoría familialismo como "la forma de sexismo que parte de que mujer y familia son sinónimos y que por ende sus necesidades e intereses son los mismos".

En los cuatro casos estudiados, la modernización capitalista y la creciente presencia de las mujeres en el mercado de trabajo son factores relevantes para entender el soporte estructural que acompañó las transformaciones en el Derecho. Sin embargo, hay que reconocer la autonomía relativa de las esferas de la política y de las mentalidades. En países como los latinoamericanos (y más en aquellos con fuerte componente rural, como Chile y Brasil), el proceso político y la mentalidad familialista explican, tanto o mejor que las eventualidades del proceso económico y la concomitante industrialización y urbanización, la creación de derechos femeninos subordinados.

2. Desigualdades persistentes

En 1972, la ONU declaró que 1975 sería el Año Internacional de la Mujer. Los cambios que trajo aparejados la industrialización con intervención del Estado y los desafíos planteados por las movilizaciones de masas instalaron la preocupación por monitorear la integración de las mujeres en la vida social. Entre los movimientos sociales nuevos contaban no solo los emplazados en el centro mismo del sistema capitalista mundial (el feminismo de segunda ola, el Mayo Francés, el movimiento pacifista en Estados Unidos), sino también los surgidos en el denominado Tercer Mundo.

La iniciativa de 1975 no fue la única tendiente a discutir "el adelantamiento de la mujer", pero fue sin duda un elemento clave por la estrecha conexión que ella tuvo con la decisión de la Asamblea General de la ONU de aprobar la Convención sobre la Eliminación de todas las Formas de Discriminación contra la Mujer (conocida como "Convención de la Mujer") en 1979. En efecto, basándose fundamentalmente en la Declaración sobre la Eliminación de la Discriminación contra la Mujer de 1967, también elaborada por la ONU, en ocasión del Año Internacional se celebraron acuerdos en pos de la mencionada Convención. Asimismo, el Año Internacional (1975) dio lugar a la celebración de la Década (1975-1985) y a subsecuentes conferencias (Copenhague en 1980; Nairobi, 1985; y Beijing, 1995).

Según investigaciones de Grammático (2004: 3):

> Durante los primeros meses de 1974, la Comisión elevó al Consejo Económico y Social una propuesta de actividades para estimular el debate y la reflexión internacional sobre la problemática de la mujer. De entre ellas se destacaba la realización de una conferencia mundial "como punto central de la observancia del Año". Esta sugerencia fue aceptada y en el mes de mayo se la anunció oficialmente. En su comunicado, el Consejo señaló que la reunión por hacerse debía elaborar "un programa de acción internacional que incluya medidas a corto y largo plazo destinadas a lograr la integración de la mujer como partícipe cabal e igual del hombre en el esfuerzo total del desarrollo y a eliminar la discriminación por motivos de sexo, así como a lograr la más amplia intervención de la mujer en el fortalecimiento de la paz internacional y la eliminación del racismo y la discriminación racial" (ONU, 1976: 6-7). Asimismo consideró que el evento en cuestión resultaría un espacio propicio para examinar "en qué medida las organizaciones del sistema de Naciones Unidas han aplicado las recomendaciones para la eliminación de la discriminación contra la mujer hechas por la Comisión" (ONU, 1976). Así, para la ONU el futuro cónclave habría de constituirse en una instancia de evaluación de sus propias entidades respecto del comportamiento que estas observaban hacia las mujeres que desarrollaban sus actividades en el sistema onusino (Grammático, 2010: 102).

A partir de mayo de 1974, la ONU puso en marcha los preparativos para la celebración de la Conferencia, la cual se realizó en México entre el 19 de junio y el 2 de julio de 1975. Es un dato particularmente interesante que el lugar sede haya sido México. En esos años, este país era (junto con Colombia, Venezuela y Costa Rica) uno de los pocos de América Latina que tenían gobiernos democráticos. Además, México se había erigido como líder del Grupo de los 77 en la región.

En el seno de la Conferencia se suscitó cierta polémica a raíz de una declaración firmada por delegados de los países del "Tercer Mundo", en la que se sostenía que las mujeres de estos países estaban sometidas a "una doble carga de explotación económica y social" y en la que se instaba a "favorecer el establecimiento de un nuevo orden económico internacional". Se trata de la "declaración de los 77", en alusión al Grupo de los 77, conformado por países "en desarrollo" y creado en 1964. México y Venezuela fueron promotores de esta posición.[110]

Estas ideas se perfilaron cuando, en los primeros años 1970, la "crisis del petróleo" puso en evidencia las limitaciones del sistema económico vigente. Como consecuencia, los países en vías de desarrollo presionaron para que la Asamblea General de la ONU aprobara, en mayo de 1974, una declaración y un plan de acción sobre el establecimiento de un "nuevo orden económico internacional", básicamente, un orden más ajustado a criterios de justicia y equidad para los países en vías de desarrollo. En diciembre del mismo año, la Carta de Derechos y Deberes

---

[110]   Sobre este punto, véase: *Avanzada Socialista*, N° 154, 19 de julio de 1975, "La Conferencia Internacional de la Mujer. Polémica". El semanario, órgano de prensa del Partido Socialista de los Trabajadores (PST) de Argentina, relata en esta nota las repercusiones de la Conferencia en la prensa masiva local.

de los Estados completó el programa de reivindicaciones. Especialmente, Estados Unidos, Gran Bretaña y Alemania Federal se opusieron a estas resoluciones. Estas tensiones centro-periferia, que ya se perfilaban en distintas esferas de la ONU, también se manifestaron en ocasión de la Conferencia de la Mujer y se vieron reflejadas en el ámbito de la política nacional de cada uno de los países latinoamericanos.

Según testimonio de la brasileña Bertha Lutz, presente en el evento,

> a Conferência do México, moldada pelo padrão da Assembléia, foi, pois, política e não exclusivamente dedicada aos interesses femininos, muito embora se denominasse Conferência Mundial do "Ano Internacional da Mulher". [...] Tem-se a impressão de que foi mal escolhido o nome. As instruções do próprio Itamarati deixavam entrever que não se tratava de uma conferência feminista, mas sim de um congresso político. ("Relatório sobre a Conferência Mundial do Ano Internacional da Mulher", 30 de septiembre de 1975, en Rodrigues, 1982: 167).

Desde el inicio de la segunda posguerra, era una preocupación creciente de la ONU la necesidad de incluir institucionalmente a las mujeres en el orden mundial. No obstante, hay que señalar que, en los años 1970, esa inclusión fue pensada a partir del enfoque denominado "de las Mujeres en el Desarrollo" (MED), esto es, un enfoque que consideraba a las mujeres como sujetos para el cambio y la modernización siempre dentro de los límites dados por el sesgo economicista de las concepciones de desarrollo en boga.

Algunos movimientos de mujeres cuestionaron los límites de la iniciativa de la ONU. América Latina no fue una excepción, pero aquí la convocatoria tuvo efectos multiplicadores del feminismo y de los movimientos de mujeres en general. Ella sirvió de paraguas para discutir cuestiones relativas a la diferencia sexual y dar a las mujeres mayor visibilización como sujetos sociales con reivindicaciones propias en momentos en los que varios países atravesaban situaciones de férreas dictaduras.

Respecto de esto, en referencia al caso de Brasil, Goldberg-Salinas (1996: 51) afirma:

> [S]i en Europa la iniciativa de las Naciones Unidas [...] había sido denunciada por los movimientos de liberación de la mujer como una maniobra para neutralizar los contenidos más globalmente contestatarios del feminismo, en Brasil, justamente bajo el auspicio del Año Internacional de la Mujer, apareció un nuevo feminismo.[111]

En esos años, en toda América Latina (y no solo en Brasil), aparecía (o adquiría mayor visibilidad, como en Argentina) el "nuevo feminismo" (también denominado feminismo de segunda ola). Siguiendo los mismos lineamientos de los movimientos de Estados Unidos y de Europa, este feminismo estuvo inicialmente enfocado en la liberación y en las relaciones entre los sexos, particularmente a nivel personal.

En Argentina, dos años después de la reforma de 1968 que dio a las mujeres el estatus de capacidad plena, el feminismo de segunda ola llegado desde Europa y Estados Unidos comenzó a organizarse. En 1970 se formó la Unión Feminista Argentina (UFA), a instancias de María Luisa Bemberg, Gabriella Roncoroni de Christeller, Nelly Bugallo, Mirta Henault y Leonor Calvera, entre otras. Y en 1972 se creó el Movimiento de Liberación Femenina (MLF) liderado por María Elena Oddone, luego llamado Organización Feminista Argentina (OFA). En esos años también se creó el Frente de Liberación Homosexual (FLH).

---

[111]   Pedro (2006) discute el momento de origen de ese "nuevo" feminismo en Brasil.

Cuando la ONU convocó a la celebración del Año Internacional de la Mujer, las feministas argentinas trabajaron en la construcción de un frente único, el Frente de Lucha por la Mujer (FLM).[112] Esta organización elaboró un programa mínimo que constaba de once puntos, algunos de los cuales apuntaban a reformar o derogar leyes existentes y otros a la creación de derechos nuevos, como la potestad y tenencia de los hijos compartida por madre y padre.

Por entonces, Argentina había vuelto a la política democrática. Destituido el general Onganía, la Junta de Comandantes designó al general Roberto M. Levingston. Pero enseguida Levingston fue sucedido por otro militar: el general Alejandro A. Lanusse, quien asumió el poder el 22 de marzo de 1971. Lanusse dio inicio a la apertura que condujo a las elecciones y a la asunción de Héctor Cámpora el 25 de mayo de 1973. En el marco de esta democratización, controlada desde arriba (la candidatura de Perón estuvo inhibida), las organizaciones de mujeres dirimieron su accionar entre la militancia feminista y la partidaria.

Pocos meses después, renuncia de Cámpora mediante, Juan Domingo Perón fue electo para cumplir su tercera presidencia constitucional, acompañado en el cargo de vice por su esposa María Estela Martínez, quien desde el 1 de julio de 1974, tras la muerte del líder, asumió como jefa de Estado, hasta su derrocamiento por el golpe de Estado del 24 de marzo de 1976.

Durante el período de gobierno que le tocó conducir a la vicepresidenta, la Cámara de Diputados sancionó un proyecto de ley sobre patria potestad compartida que tenía su origen en tres iniciativas distintas, correspondientes cada una a los diputados Antonio J. Macris y Horacio Hueyo (por la UCR), a las diputadas Nilda Celia Garré e

---

[112] Para las repercusiones del Año Internacional de la Mujer en Argentina, véase: Giordano (2012).

Irene Graciela Román (por el FreJuLi) y a la diputada María Cristina Guzmán (por el Movimiento Popular Jujeño).[113]

De los tres proyectos, el de Macris y Hueyo proponía el ejercicio conjunto de la patria potestad, con participación del juez en caso de disentimiento (a tono con la posición sostenida por el gobierno radical en los años 1920, de avance del derecho público sobre el privado de base individualista). El de Garré y Román proponía, también, el ejercicio conjunto, pero se daba privilegio al padre en caso de disentimiento en cuestiones domésticas, y solo admitía la participación del juez en el caso en que estuvieran comprometidos "los intereses espirituales, físicos o materiales de los menores" (una postura a tono con la concepción fundante del peronismo, de protección de la familia como unidad "celular" de la sociedad). El de Guzmán proponía el ejercicio correspondiente "indistintamente a padre y a madre", y en caso de disidencia proponía la intervención del juez.

La ley resultante de la discusión de estos tres proyectos se sancionó en septiembre de 1974, con modificaciones introducidas en el Senado. El texto proponía reformar el artículo 264 del Código Civil para establecer el ejercicio de la patria potestad correspondiente "indistintamente al padre o la madre".[114]

---

[113]   En el período 1973-1976, la presencia de mujeres en el Congreso era: en la Cámara de Diputados, 19, 21 y 22 legisladoras para los años 1973, 1974 y 1975 respectivamente; y en el Senado, tres cada año. Véase: Marx, Borner y Caminotti (2007: 52). En este período, también hubo tres iniciativas de divorcio vincular, pero no prosperaron.

[114]   En el Senado, el concepto de "ejercicio indistinto" suscitó encendidas controversias en torno a la cuestión de la potestad de padre y madre en las situaciones de hecho y frente a los hijos extramatrimoniales. En estos casos, finalmente, prevaleció la noción de "ejercicio de la patria potestad unipersonal" propuesta por el senador Alejandro Díaz Bialet (FreJuLi). Véase: *DSCS*, 17 de septiembre de 1975.

En la sesión del 30 de septiembre en la Cámara de Diputados, cuando se discutía el proyecto venido del Senado, Guzmán insistió en conservar la redacción con la conjunción "y". En su alegato, afirmaba que la "y", a diferencia de la "o", que finalmente fue la que quedó, desestimaba la posibilidad de que la patria potestad fuera ejercida por la madre solo en tanto no la ejerciera el padre. Asimismo, señaló también el error de técnica legislativa que significaba el modificar apenas un solo artículo sin armonizarlo con los restantes, cuestión que luego fue aducida como argumento para el veto presidencial.

El veto ocurrió en octubre de 1975. Entre las razones expuestas, la presidenta establecía que el régimen de ejercicio indistinto no pertenecía a ninguno de los dos sistemas clásicos (el de la patria potestad exclusiva del padre y el de la compartida o conjunta) y que la legislación comparada solo reconocía antecedentes de esta otra posición en algunas experiencias de países socialistas. La presidenta juzgó que el ejercicio indistinto privilegiaba la autoridad del que primero actuaba y que esto

> [...] se traduciría en un elemento disociador de la familia, célula básica y fundamental de la sociedad. En un momento de la vida del país en que es necesario fortalecer los resortes morales para que la Nación pueda sobreponerse a las asechanzas que la amenazan, la ley sancionada puede constituir un factor de debilitamiento de la familia que no contribuirá al buen orden social en que el país está empeñado. (*DSCD*, 19 de noviembre de 1975).

Asimismo, como se dijo más arriba, adujo el hecho de que esta modificación aislada era incongruente con otras disposiciones del Código Civil sobre lo cual la ley nada decía. Y afirmó su voluntad de modificar el Código, pero no en los términos propuestos. No es un dato menor la fuerte influencia que la Iglesia católica ejercía en esos momentos sobre la política nacional. La postura de la

Iglesia era, claro está, contraria a la institución de la patria potestad compartida por motivos similares a los expuestos por la presidenta.

Como se ha visto, en aquel momento las organizaciones feministas estaban activas, pero ellas fueron convenientemente desplazadas de los trabajos previstos para las celebraciones nacionales del Año de la Mujer convocado por la ONU. Uno de los puntos de conflicto fue la posición que las organizaciones de mujeres sostenían contra la política de familia y población asumida por el gobierno. Un tiempo antes, el gobierno había firmado el Decreto-Ley N.º 659 del 28 de febrero de 1974, que prohibía las actividades orientadas al control de la natalidad y establecía medidas punitivas y coercitivas sobre la venta y comercialización de anticonceptivos.

La iniciativa de legislar sobre patria potestad compartida, luego vetada, y la prohibición sobre los contraceptivos, ocurrieron simultáneamente con el avance de los derechos sociales –constatándose una vez más el recorte de los derechos relativos a las libertades individuales en pos de derechos que refieren a prestaciones públicas–. En 1974 se aprobó la Ley N.º 20.744 sobre Contrato de Trabajo, incluyendo un conjunto de normas específicas sobre el trabajo femenino; entre ellas, la igualdad entre los trabajadores de ambos sexos. Esta ley fue derogada en 1976, cuando se inició la más feroz de las dictaduras institucionales.

El 24 de marzo de 1976, un golpe de Estado depuso al gobierno peronista e instauró un régimen de terror que afectó gravemente a la sociedad y en particular a los movimientos sociales, nuevos y viejos. Entre las organizaciones de mujeres que tuvieron actuación pública durante este período interesa mencionar a Derechos Iguales para la Mujer Argentina (DIMA), creada antes del golpe de 1976 por iniciativa de Sara Orellano de Rioja.

En 1981, DIMA alentó la organización de una campaña por la reforma del régimen de patria potestad que contó con la venia de las autoridades de *facto*.[115] El contexto internacional era favorable. En diciembre de 1979, la Asamblea General de la ONU había adoptado la Convención sobre la Eliminación de Todas las Formas de Discriminación contra las Mujeres, que el gobierno autoritario suscribió en 1980.

Provenientes de distintos grupos, participaron de la mencionada campaña: Inés Aldazabal, María Luisa Bemberg, Leonor Calvera, Inés Cano, Alicia D'Amico, Susana Finkelstein, Mirta Henault, María Enriqueta Mac Lean, Analisa Mattiusi, Marta Migueles, Hilda Rais, Nené Reynoso y la mencionada Sara Orellano. Hubo mesas en las calles para la recolección de firmas, listas de adhesiones, apoyos en congresos, en coloquios, en jornadas, espacios de propaganda en ferias, en los medios, etc.

Durante el gobierno de Jorge R. Videla (1976-1981), en diciembre de 1979, se dieron a conocer las "Bases Políticas de las Fuerzas Armadas para el Proceso de Reorganización Nacional", que preveían para la segunda mitad del año 1980 la estipulación de las normas legales que conducirían a la normalización institucional. Pero la crisis dentro de las propias Fuerzas Armadas imprimió otro rumbo a los acontecimientos. En marzo de 1981, Videla fue sucedido por el general Roberto Viola (hasta diciembre de 1981). A este le siguió Leopoldo F. Galtieri, quien a su vez fue sucedido por Reynaldo Bignone. En estas circunstancias,

---

[115] Orellano estaba vinculada a los nombres y los hombres del poder en virtud de su casamiento con el abogado Horacio Rioja, asesor del presidente Arturo Frondizi y vicepresidente del directorio del diario *Clarín*. A través de su marido, tuvo vinculaciones con la Federación Internacional de Periodismo. Probablemente estos contactos propinaron la adhesión de la esposa del dictador Jorge R. Videla a la campaña organizada a través de DIMA. El petitorio fue llevado al Ministerio de Justicia, donde nunca fue considerado.

la crisis de la deuda y la derrota en la guerra de Malvinas en 1982 no hicieron más que profundizar las tensiones.

En el marco de la transición en ciernes, los movimientos sociales comenzaron a rearticularse. Así, entre otras tantas, se recreó la Organización Feminista Argentina (OFA), que reunía a muchas de las feministas de los años 1970. El tema de la patria potestad volvió a estar entonces sobre el tapete. Con la recuperación de la democracia todos los partidos políticos recogieron el reclamo de patria potestad compartida y divorcio vincular en sus plataformas (Valdés, 2000).

La transición a un régimen de democracia en 1983 trajo consigo un fuerte impulso democratizador que allanó el camino para las transformaciones postergadas. En 1985, por Ley N.º 23.179 se ratificó la Convención sobre la Eliminación de Todas las Formas de Discriminación contra las Mujeres. Ese mismo año, por Ley N.º 23.264, se modificó el régimen de patria potestad y de filiación, estableciéndose el ejercicio conjunto de la patria potestad sobre los hijos menores y otorgando a las mujeres el derecho a participar en la administración de los bienes de aquellos.[116] Asimismo, los hijos matrimoniales y extramatrimoniales fueron igualados en sus derechos. En 1987, por Ley N.º 23.515, se legisló sobre divorcio vincular, estableciéndose, además, la elección conjunta del domicilio conyugal y volviendo optativa para las mujeres la antes obligatoria adición del apellido del marido.

Más recientemente, la Ley N.º 26.618, del 15 de julio de 2010, modificó el Código Civil para legislar sobre matrimonio entre personas del mismo sexo, habilitándolas también para la adopción. Esta modificación ha puesto en cuestión el concepto de familia tal como este ha sido definido en la legislación argentina durante larguísimos

---

[116]   La sanción de la patria potestad compartida está estudiada en Giordano (2010b).

años. En su alocución en el Senado, la legisladora por Salta Sonia Escudero expuso algunos argumentos contrarios a la aprobación de la ley que es interesante recuperar para comprender el tenor rupturista del nuevo instrumento legal finalmente sancionado:

> Es inexacto decir que el matrimonio entre dos personas del mismo sexo tiene los mismos efectos que el matrimonio entre personas heterosexuales porque la relación hombre-mujer es fértil mientras que la relación homosexual es estéril. Entonces, como es diferente, tendría que darle una regulación diferente para poder decir que estamos reconociendo derechos. (*DSCS*, 15 de julio de 2010).

El punto fertilidad o esterilidad coloca el problema del matrimonio entre personas del mismo sexo directamente en relación con la cuestión de la familia. Toda la exposición de la legisladora giró en torno a las dificultades que la unión en matrimonio de dos personas del mismo sexo planteaba al Derecho de Familia, revelándose así el carácter matricial que la familia ha tenido, y aún tiene, como surge de la exposición de Escudero, en la creación de derechos, sean estos universales o basados en la diferencia.

Ahora bien, el que se haya sancionado una ley tal rompe de algún modo con el modelo de familia históricamente asentado en las sociedades modernas. Pero aún es pronto para evaluar los efectos de esta nueva disposición legal.

En Brasil, en claro contraste con el caso de Argentina, el régimen de dictadura instaurado en los años 1960 tuvo cierta estabilidad y duró poco más de dos décadas. Durante este largo período, los términos del *Estatuto da Mulher Casada* que se había aprobado en 1962 fueron revisados y criticados en más de una oportunidad.[117]

---

[117] Una primera aproximación a las dictaduras de estos dos países en relación con los derechos de las mujeres desde una perspectiva comparativa en Giordano (2007a).

El golpe de 1964 se había erigido como un poder "revolucionario", legitimado a través de un Acta Institucional, que sostenía:

> *Fica, assim, bem claro que a* revolução *não procura legitimar-se através do Congresso. Este é que recebe deste Ato Institucional, resultante do exercício do Poder Constituinte, inerente a todas as revoluções, a sua legitimação.* (El subrayado, en redonda, es mío).[118]

Una característica singular de la dictadura instaurada en Brasil fue la vigencia de las funciones representativas. Aunque muchas veces interrumpido, el funcionamiento del Congreso y de las elecciones periódicas durante todo el período de la dictadura habilitó una instancia de participación y actividad política que dio un carácter particular al proceso autoritario brasileño. En este marco, el mismo AI-1, en su artículo 4, estipulaba:

> *O Presidente da República poderá enviar ao Congresso Nacional projetos de lei sobre qualquer matéria, os quais deverão ser apreciados dentro de 30 (trinta) dias, a contar do seu recebimento na Câmara dos Deputados, e de igual prazo no Senado Federal; caso contrário, serão tidos como aprovados.*

El gobierno presidido por el militar Humberto Castelo Branco (1964-1967) había manifestado su compromiso con la continuidad de los proyectos de reforma de los Códigos:

> *[N]ão reformas pelo simples prazer de reformar, mas as que são realmente reclamadas pelo aprimoramento da democracia brasileira, pelos nossos anseios de progresso social,*

---

[118] Cabe notar que en los mismos años en los que la idea de revolución se vigorizaba por influencia de la Revolución Cubana, las derechas rotularon de "revolución" procesos que a través de la violencia impusieron una forma de orden precisamente contrainsurgente. Así, gobiernos constitucionales fueron derrocados por "revoluciones". En 1966, en Argentina, el golpe se autoproclamó "Revolución Argentina".

económico e político e pelos imperativos de bem-estar do
povo. [...]
A Revolução não seria o movimento de um instante, para
impedir o caos em que já mergulhávamos nem uma inversão
ideológica que somente indicasse rumo oposto para os nossos
caminhos, como se, neste mundo tão complexo, apenas dois
rumos se oferecessem a opção dos homens. O que se queria que
ela fosse, e o que se quer que ela seja, é, ao lado da restauração
de métodos e estilos que se iam perdendo, um impulso para
a frente, que represente para as gerações de hoje a plena e
corajosa aceitação dos desafios do futuro.[119]

En este marco de *"aprimoramento da democracia"* y
de *"impulso para a frente"*, en octubre de 1965, el jurista
Orlando Gomes presentó el proyecto de reforma integral
del Código Civil que había elaborado en los años previos.
El proyecto ratificaba la plena capacidad de las mujeres
casadas, reformaba el régimen legal de propiedad –reem-
plazando el de comunidad universal por el de comunidad
parcial–, y otorgaba derechos sucesorios a las concubinas.
En conjunto, la iniciativa fue considerada controversial,
más aun por la inclusión de este último punto.

Gomes proponía también reformar la cláusula que
permitía la anulación del casamiento por "desfloramiento" de la mujer desconocido por el marido (art. 219). El
Código de 1916 sostenía al respecto un criterio analítico
por el cual determinaba taxativamente los casos en los
que se aplicaba el derecho a la anulación. En cambio, el
jurista sostuvo un criterio sintético similar al adoptado en
Alemania y en Suiza, de "orientación anti-individualista".
El artículo propuesto quedaba redactado así: *"É também*
anulável o casamento quando um dos cônjuges o houver

---

[119] Exposición de motivos del proyecto de Código Civil de 1965 (PL Nº
3.263/65), en "Projetos do Governo Castelo Branco", *Anteprojetos*, Vol.
4, Subsecretaria de Edições Técnicas, Senado Federal, Brasilia, 1989,
p. 8.

contraído por erro essencial sobre as qualidades do outro, a tal ponto que o seu conhecimento ulterior torne intolerável a vida em comum".[120]

El proyecto fue leído en la Cámara de Diputados el 29 de octubre de 1965 y despachado a una Comisión Especial presidida por Nelson Carneiro. En la exposición de motivos, el entonces ministro de Justicia Milton Campos mencionó la decisión expresa de la comisión de dejar intactas cuestiones controvertidas, entre ellas, el concepto de error esencial. En la misma comisión, este punto había suscitado opiniones diversas y se había decidido dejarlo al arbitrio del Congreso Nacional para que diese una definición cuando se tratase el proyecto.

Finalmente, el 21 de junio de 1966, el presidente Castelo Branco solicitó que el proyecto fuese retirado a fin de reexaminar el asunto. El 24 de agosto de ese año, la comisión cerró formalmente sus trabajos y el trabajo de Orlando Gomes no volvió a ser tratado.

El gobierno de Castelo Branco tuvo un recorrido sinuoso, teniendo que enfrentar tensiones en el seno del bloque dominante. Esto pudo haber afectado el rumbo del proyecto de reforma del código elaborado por Gomes. Pero seguramente fue el carácter controversial de algunos de los conceptos propuestos por el legislador el motivo primordial que determinó su rechazo. Asimismo, hay que considerar que en el campo de los movimientos de mujeres se había producido un cambio notorio. En 1961 había comenzado a configurarse un movimiento de mujeres derechistas que en 1964 constituyó uno de los más decididos apoyos al golpe militar. De esta forma, con el inicio de la dictadura no solo los movimientos "izquierdistas" fueron perseguidos

---

[120]   "Anteprojeto de Código Civil-Revisto (1964)", en *Anteprojetos*, Vol. 2, Subsecretaria de Edições Técnicas, Senado Federal, Brasilia, 1989, p. 340.

y reprimidos, sino que también los "derechistas" estaban vigorizados y bien organizados.[121]

En las elecciones de octubre de 1965 la oposición había triunfado en dos estados claves: Guanabara y Minas Gerais. Ante los requerimientos de los militares de línea dura, el gobierno de Castelo tomó algunas decisiones que afirmaron más taxativamente el poder militar sobre el poder civil. En sucesivas actas institucionales, se disolvieron los partidos políticos y se pautó la creación de nuevos partidos desde el Estado: la *Aliança Renovadora Nacional* (ARENA), de corte oficialista, y el *Movimento Democrático Brasileiro* (MDB), que reunió a la oposición. Asimismo, Castelo canceló las elecciones presidenciales de 1965 y extendió su mandato hasta 1967. El 15 de marzo de 1967 se aprobó la nueva Constitución y la Ley de Seguridad Nacional.

La nueva Carta estableció la pena de muerte para crímenes de seguridad nacional, restringió el derecho de huelga, amplió la esfera de incumbencia de la justicia militar y sentó las bases para la aprobación de leyes de censura, entre otras tantas medidas de sesgo autoritario. En referencia a los derechos civiles femeninos, introdujo la cláusula de igualdad ante la ley entre varones y mujeres, pero también confirmó la cláusula de indisolubilidad del matrimonio.

Castelo fue sucedido por el militar Artur Costa e Silva (1967-1969), quien antes de completar el período presidencial debió alejarse de su cargo por una enfermedad grave. El poder militar se afirmó aun más sobre el poder civil, pues en lugar de seguir la línea de mando y asumir el vicepresidente (un civil de la UDN), tomó su lugar el general Emílio Garrastazú Médici (1969-1974) ("elegido" por el Congreso), por lo cual se considera a este suceso como un golpe dentro del golpe. Asimismo, todavía bajo el gobierno

---

[121]   Sobre la actuación de las mujeres derechistas, véase: Simões (1985).

de Costa e Silva se había instituido el AI-5 en diciembre de 1968. Se trata de un acta de doce artículos que instauró un régimen de violencia hasta entonces no asumido por la dictadura, confiriendo poderes excepcionales al Poder Ejecutivo y eliminando prácticamente todas las libertades individuales e institucionales vigentes.

El 12 de junio de 1972 un nuevo proyecto de reforma integral del Código Civil fue presentado por una comisión que actuaba bajo la supervisión del jurista Miguel Reale. En verdad, la comisión había sido constituida el 23 de mayo de 1969 a instancias del entonces ministro de Justicia Luis Antonio da Gama e Silva. El proyecto emanado de ese órgano fue publicado en agosto de aquel mismo año para que fuese sometido a consideración de los interesados: corporaciones jurídicas y profesionales, universidades y tribunales. La parte general era obra de José Carlos Moreira Alves y la parte referida a Derecho de Familia era obra de Clóvis do Couto e Silva. En este proyecto, las cláusulas de nulidad del contrato matrimonial nada decían respecto de la virginidad femenina como cualidad esencial.

En 1968, por disposición del AI-5, se había cerrado el Congreso. La comisión encargada de elaborar el proyecto de reforma del Código Civil que finalmente salió a la luz en 1972 fue nombrada en mayo de 1969, justo después de que otra acta institucional suspendiera las elecciones incluso en el nivel municipal (AI-7). Es decir, todo el proceso de reforma se iniciaba en medio de circunstancias de fuerte cerramiento político.

En marzo de 1973, el proyecto volvió a ser presentado frente al ministro de Justicia, una vez incorporadas las sugerencias recibidas. Entre las enmiendas, cabe destacar el restablecimiento del concepto de desfloramiento ignorado por el marido, por el cual nuevamente se reivindicaba la virginidad femenina como una cualidad esencial.

En esta oportunidad, el presidente de turno era Médici. Durante su gobierno, el *"milagre econômico"* y los eslóganes que periodistas, psicólogos y sociólogos elaboraban desde la *Assesoría Especial de Relações Públicas* (AERP), para promocionar el Brasil del *"ame-o ou deixe-o"*, se combinaron perversamente con una complejísima institucionalización del terror. A fines de 1969, una enmienda constitucional había reducido las bancas en la Cámara de Diputados. En 1970, las elecciones parlamentarias se habían realizado en medio de un clima en el que dominó la censura y la represión. Del proceso electoral, como es previsible, salió triunfante el partido oficialista ARENA.

Las presentaciones de los proyectos de 1972 y 1973 se hicieron durante una fase considerada la más autoritaria de la dictadura brasileña. La reposición que en 1973 se hizo de la controvertida nulidad del matrimonio por desfloramiento de la mujer ignorado por el marido debe leerse en este contexto.

En 1974, asumió la presidencia Ernesto Geisel (1974-1979), con una visión de *"distensão"*, la cual, según él mismo proponía, debía ser *"lenta, gradual e segura"*. El 10 de junio de 1975, el presidente presentó una nueva iniciativa de reforma del Código Civil ante el Congreso (mensaje Nº 160). En esta nueva instancia se definió el "error esencial" en estos términos: *"A ignorância, anterior ao casamento, de doença mental grave, incurável e que, por sua natureza, torne insuportável a vida em comum ao cônjuge enganado, caso em que o casamento pode ser anulado".*[122]

Como en versiones anteriores, el proyecto también modificaba el régimen legal de propiedad, permitiendo el

---

[122] "Lei Nº 10.406 de 10-1-2002" en *Novo Código Civil Comparado*, Centro de Estudos, Governo do Estado de São Paulo, Procuradoria Peral do Estado, São Paulo, Serie Documento Nº 21, 2002, p. 75.

régimen de comunidad parcial que dotaba de verdadero sentido a la capacidad plena establecida en 1962.

Todos los proyectos de reforma integral del Código Civil dieron lugar a profusos debates respecto de las modificaciones introducidas al Derecho de Familia. En esos debates, el artículo relativo a las causas de anulación del matrimonio fue particularmente conflictivo, pues, según argumentaban las fuerzas conservadoras, la modificación de esta cláusula, si era redactada en términos amplios, podía facilitar el recurso a la anulación del matrimonio y con ello habilitar la disolución del vínculo conyugal. Aunque seguramente pesaron también otros factores, la oposición a la reforma buscaba evitar una reforma encubierta de aprobación del controvertido divorcio vincular.[123]

En el clima de *"distensão"* propuesto por Geisel, se había alivianado la censura y se habían dado garantías para las elecciones parlamentarias de noviembre de 1974. De la contienda resultó victorioso el opositor MDB, lo cual provocó un nuevo retroceso en los intentos de apertura de la dictadura. En 1977, ante el avance electoral de la oposición, Geisel cerró el Congreso por dos semanas y decretó el *"Pacote do Avril"*, un paquete de medidas que modificaba las reglas electorales de representación vigentes hasta entonces, alterando el coeficiente de votos necesarios para encauzar reformas constitucionales en el Congreso. Ahora se necesitaría conseguir la mayoría simple de votos (antes se requerían dos tercios).

Si bien el fin último de las medidas decretadas era sortear eventuales obstáculos para mantener el control en

---

[123]   Según Besse (1996), si bien existía la figura de desquite, la población en general y las mujeres en particular preferían recurrir a la anulación del casamiento. Y esto no solo por una cuestión de reputación social, sino también porque la anulación permitía casarse otra vez, mientras que el desquite no.

manos del poder militar, lo cierto es que también sirvió a los fines de aprobar reformas que hasta entonces no habían concitado los dos tercios de los votos que se exigían. Este fue el caso de la enmienda constitucional N° 9, sancionada el 28 de junio de 1977, que modificó el artículo 175 de la Constitución de 1967, disponiendo que *"o casamento somente poderá ser dissolvido, nos casos expressos em lei, desde que haja prévia separação judicial por mais de três anos".*

Carneiro fue nuevamente protagonista de la reforma. Ya se ha dicho que el legislador tuvo una actuación parlamentaria comprometida con las situaciones desfavorables que afectaban a las mujeres en relación con el concubinato (proyecto de 1947), el divorcio (proyectos reiterados desde 1952 hasta su sanción en 1977), y el matrimonio (proyecto sobre capacidad de la mujer casada de 1950 y 1952).[124] En el Congreso, monseñor Alfredo Arruda Câmara, representante del más rancio conservadurismo (desde 1966, afiliado a ARENA), fue su ferviente opositor.

En 1960, Câmara publicó *A batalha do divórcio*, donde afirmaba: *"Combato o divórcio por todos os meios ao meu alcance, porque sei que seria a dissolução total da família brasileira, a ruína da sociedade, a decadência da Pátria, um borrão negro e imenso no mapa do Brasil e de suas gloriosas tradições jurídicas e religiosas"* (en Alemeida, 2010: 59). Como es obvio, Câmara tenía una visión religiosa del matrimonio: *"Ensinam os Teólogos, em especial, Santo Agostinho, Pedro Lombardo e São Tomás que 'matrimonio*

---

[124] En los años de la dictadura, como varios de los miembros del PSD, Carneiro se afilió al MDB. En 1966, fue electo diputado y en 1970 ocupó el cargo de senador, ambos en representación del estado de Guanabara (en 1975, unificado en el de Río de Janeiro). Sus proyectos sobre reforma de la institución familiar pueden seguirse en Nelson Carneiro, *A luta pelo divorcio*, editorial Livraria São Jose, Río de Janeiro, 1973. Con la transición a la democracia, Carneiro se afilió al PMDB. Murió en 1996.

vem de matris munim, ofício de mãe' porque a mulher não casa senão para ser mãe" (en Archanjo, 2006: 3).[125]

Todos los proyectos relativos a la anulación del matrimonio que Carneiro había presentado habían sido sistemáticamente rechazados.[126]

El 26 de diciembre de 1977, la postergada iniciativa de Carneiro fue materializada cuando por Ley N.º 6.515 se aprobó el divorcio vincular. Como afirma Verucci (1999: 21), su sanción en 1977 fue posible por un *"acidente de percurso"*, en referencia al efecto no querido que tuvo el paquete de medidas decretado por Geisel.[127]

Según Hahner (1978: 170), en las ciudades, el divorcio era un tópico menos delicado que otros, como el aborto y la planificación familiar. En una encuesta realizada en 1974, el 73,3% de la población de Río de Janeiro y el 59,7% de la de San Pablo se manifestaron a favor de la legalización del divorcio. El mismo año, la OAB también se pronunció a favor. Nichnig (2006) sostiene que

> [...] *a feminista e jornalista Carmen da Silva, que em seus artigos publicados no período de 1963 a 1984 na revista* Claúdia *tratou das mudanças comportamentais e das relações de gênero ocorridas nas décadas de 1960 e 1970 discutiu a necessidade da regulamentação do divórcio no Brasil, a*

---

[125]   Se trata de discursos pronunciados el 17 de mayo de 1967 y el 25 de julio de 1968, respectivamente.

[126]   El primer proyecto de ley sobre divorcio data de 1893 (Archanjo, 2008: 114).

[127]   Htun (2003) vincula la promulgación del *"Pacote do Avril"* y la sanción del divorcio con los conflictos entre la Iglesia católica y el gobierno militar. Es una línea de análisis que todavía debe ser mejor explorada, pero que en todo caso refuerza la idea de que el apoyo tácito de Geisel a la ley de divorcio tuvo motivos similares que el paquete de medidas adoptadas en abril, esto es, fragmentar y debilitar a la oposición (MDB pero también algunos sectores de la Iglesia católica que por entonces denunciaban la violación de los derechos humanos). Otro dato importante es que la Iglesia luterana era pro divorcista y Geisel practicaba esa religión.

partir de 1966, alongando o debate até a efetiva concessão do direito em 1977.

La ley que introdujo el divorcio absoluto también modificó los derechos patrimoniales: al revés de lo dispuesto hasta entonces, el régimen legal de bienes era ahora el de comunidad parcial. Sin embargo, no afectó el privilegio del hombre en el ejercicio de la jefatura de la sociedad conyugal. Tampoco fueron muy amplios los términos en los que se definió el acceso al derecho de divorcio: se exigía la separación judicial previa de un plazo no menor a tres años y solo se podía hacer uso de ese instituto por única vez.[128]

La ley se basó en un proyecto elaborado por el entonces senador Carneiro (MDB) en coautoría con el senador Acioly Filho (ARENA). A pesar de estar vigente el sufragio femenino desde 1932, solo una mujer en el Congreso, la diputada por Río de Janeiro Lígia Lessa Bastos, del partido oficialista ARENA, fue miembro de la comisión que llevó adelante el trámite parlamentario. Fuera del Congreso, las feministas se organizaron en torno al "Movimento pro Divorcio", creado a instancias de Maria Lúcia D'Avila Pizzolante, quien presentó un manifiesto con sesenta mil firmas al Congreso en apoyo a la iniciativa impulsada por Carneiro (Htun, 2003: 90).[129]

Entre abril y septiembre de 1977, por iniciativa de Carneiro, había funcionado en la Cámara de Diputados una *"Comissão Parlamentar Mista de Inquérito"* para examinar la situación de las mujeres en el campo económico,

---

[128] Recién en 1988, la Constitución redujo el plazo a un año, legisló sobre divorcio directo, estableció un mínimo de dos años previos de separación y derogó la restricción del divorcio por única vez.

[129] El "formato representativo" que tuvo la dictadura permitió cierta actividad política de las mujeres. En cuanto al feminismo, cabe decir que en 1971, la visita de la feminista Betty Friedan a Brasil tuvo una fuerte repercusión en la prensa nacional. Sin duda, esto colaboró con la difusión de las ideas más radicales de aquella segunda ola.

político, social y profesional (Rodrigues, 1982: 312). La comisión seguramente recibió el impulso dado por la ONU a través de la declaración del Año Internacional de la Mujer. Sin embargo, las recomendaciones que de la Comisión emanaron nunca fueron implementadas: entre ellas, la creación de una asesoría con rango de ministerio o de secretaría especial.[130]

En mayo de 1979, por primera vez asumió una banca en el Senado una mujer: Eunice Michiles. Había sido electa como suplente. Fallecido el titular João Bosco Ramos de Lima, le tocó asumir el cargo. En septiembre del año siguiente, esta senadora presentó un proyecto que proponía revocar los artículos 178 y 219 del Código Civil que justificaban la anulación del casamiento al hombre que dentro de los diez días de establecido el contrato nupcial descubriese que la mujer no fuese virgen (proyecto Nº 237).

En noviembre de 1981, dos abogadas feministas de San Pablo, miembros de la OAB, Florisa Verucci y Silvia Pimentel, acompañadas por un grupo de mujeres, presentaron al presidente del Congreso, Jarbas Passarinho, el *"Esboço do Novo Estatuto da Mulher Casada".* Para su elaboración contaron, además, con el apoyo del presidente de la OAB, Bernardo Cabral, y del presidente del IAB, Laércio Pellegrino.

En medio del clima de *"abertura"* propuesto por el presidente João Baptista Figueiredo (1979-1985), presidente militar que finalmente inauguró la transición a la democracia, el proyecto de las feministas llegó a convertirse en proyecto de ley en la Cámara de Diputados. El Senado

---

[130] La Comisión tuvo veinte reuniones y recolectó 35 testimonios. El 5 de octubre se publicó un informe de 134 páginas elaborado por Lígia Lessa Bastos. Véase: Revista *Veja,* 12 de octubre de 1977, "Diferentes mas não inferiores".

lo trató en 1983, pero el proceso legislativo allí se frenó. Según afirma la propia Verucci (1999: 27), *"o Projeto do Novo Código Civil parara no Senado, para onde havia subido depois de aprovado pela Camara dos Deputados, com inúmeras emendas, dentre as quais as obtidas por nós, mulheres".*

A diferencia del último proyecto de reforma integral del Código Civil (el de 1975), el proyecto de reforma de las feministas proponía anular la jefatura del marido en la sociedad conyugal.

Con la recuperación de la democracia, se reencaminaron los esfuerzos para adecuar el Código Civil a la nueva realidad social. Se tomó como punto de partida el proyecto de reforma integral que quedara trunco en 1975. También se consideró la iniciativa relativa al estatuto jurídico de las mujeres contenida en el *"Esboço"* elaborado por las abogadas Verucci y Pimentel.

Finalmente, el nuevo código fue resultado de un engorroso proceso de significativos avances, muchas contramarchas y más de una disputa. Según recuerda Verucci (1999: 27):

> *Passamos a redobrar os esforços em torno do projeto do Novo Estatuto da Mulher que, essa altura, se continha em dois projetos de lei: um apresentado em 1989 pelo então Senador Fernando Enrique Cardoso no Senado e outro, em 1990, pelo Presidente Sarney a Câmara dos Deputados. A pesar da grande divulgação e da valorização somada ao prometo das mulheres, tanto pelos projetos do Legislativo, quanto do Ejecutivo, surgio grande desconforto pela retomada da tramitação do Projeto do Novo Código Civil no Senado. Por deliberação deste, todos os projetos referentes ao direito civil que corriam no Congresso tiveram sua tramitação suspensa, inclusive os 'nossos' projetos, embora já tivessem sido aprovados pela Camara. Assim nossos projetos e todo o trabalho de mais de 10 anos transformaram-se em meros subsídios eventuais para o trabalho do Senado.*

El Código fue sancionado por Ley N.º 10.406 el 10 de enero de 2002. Uno de los cambios más significativos que este introdujo fue la figura de "unión estable". La familia siguió siendo considerada base de la sociedad, pero el concepto se amplió para afirmar que el vínculo familiar podía tener origen en la "unión estable" entre el hombre y la mujer y no solo en el contrato de matrimonio (art. 226). Finalmente, se suprimió el desfloramiento de la mujer como factor de anulación del matrimonio.

En Uruguay, hubo también cambios relativos a la ley civil durante la dictadura, en este caso en referencia al instituto de divorcio. Se introdujeron nuevas causales que finalmente derogaron la doble moral sexual respecto del adulterio. La reforma se hizo en 1978 y estuvo precedida de algunos eventos que conviene detallar.

En 1975, se creó la Oficina de la Mujer –dependencia del Ministerio de Trabajo y Seguridad Social–, instituida a instancias de las recomendaciones de la OEA y de la CIM (Rodríguez Villamil y Sapriza, 1984: 87). Ese año, como se ha dicho, la ONU había convocado a la celebración del Año Internacional de la Mujer. Esta iniciativa coincidió con una serie de conmemoraciones patrióticas y eventos culturales que el gobierno de la dictadura promovió bajo la consigna "Año de la Orientalidad", evocando el sesqui-centenario de 1825.[131]

Uruguay había iniciado su dictadura institucional en 1973 y esta duraría hasta 1985. El "Año de la Orientalidad" era una de las formas ideadas para dar contenido al proyecto

---

[131]   Se conmemoraban los 150 años de la campaña militar que puso fin a la dominación del Imperio de Brasil sobre el territorio uruguayo. La independencia de Uruguay se dirime entre tres hechos significativos: el mencionado triunfo sobre el Imperio de Brasil, la firma del acuerdo de Independencia entre Brasil y las Provincias Unidas del Río de la Plata en 1828 y la jura de la Constitución el 18 de julio de 1830. Sobre el "Año de la Orientalidad", véase: Cosse y Markarian (1996).

fundacional del régimen autoritario. Como en Brasil, la convocatoria de la ONU fue recibida por una férrea dictadura. Rápidamente, el gobierno dispuso medidas para celebraciones de diversa índole. El 16 de abril de 1975, se creó la Comisión Nacional para el Año Internacional de la Mujer.

De acuerdo a Brazuna Manes (2006), la Comisión tuvo quince miembros, de los cuales ocho eran mujeres y siete varones. Entre las mujeres hubo figuras conspicuas de la escena pública uruguaya: Josefina Herrán Puig de Bordaberry, esposa del presidente de facto Juan María Bordaberry (electo en 1972 y presidente de *facto* entre 1973 y 1976). Brazuna Manes señala que Josefina sostenía respecto del movimiento feminista que "compartir no es competir (con el hombre)". Otra insigne integrante fue Sofía Álvarez Vignoli de Demicheli, cuyo esposo por entonces se desempeñaba como presidente del Consejo de Estado. También estuvieron en la misma comisión Mercedes Butler de Racheti, esposa del Intendente de Montevideo; Hortensia Urioste de Soneira, esposa del ministro de Vivienda y Promoción Social; Rocío Larrieux de Blanco, esposa del ministro de Relaciones Exteriores, y tres miembros del Consejo de Estado que oficiaba como órgano legislativo de la dictadura: María Luisa Coolighan de Sanguinetti, Gladys Freire de Addiego y Aurora Álvarez de Silva Ledesma, estas dos últimas, esposas de altos funcionarios de la dictadura.

"La posición uruguaya en el Año Internacional de la Mujer" fue el único documento oficial producido por la mencionada comisión. El texto reúne tres discursos pronunciados en aquella ocasión. Allí, el presidente de la dictadura, Juan María Bordaberry, sostuvo que "las Naciones Unidas parecen inclinarse por la sociedad en primer término y la familia en segundo; nosotros nos definimos primero por la familia y luego por la sociedad" (en Brazuna Manes, 2006: 8). En el mismo discurso, el presidente afirmaba:

> [Las Naciones Unidas] sostienen una igualdad que no es la nuestra; [...] propugnan para la mujer un papel en el desarrollo que va en detrimento de la familia y, [...] en nombre de la paz, lanzan a la mujer, agresivamente, a la carrera de todas las luchas políticas que hoy se desenvuelven en el mundo. Resulta claro que en base de todos estos conceptos [...] subyace la concepción marxista del Estado y de la Sociedad, que hoy ha penetrado en las Naciones Unidas y a la que no podemos de ninguna forma adherir. (Brazuna Manes, 2006: 7).

Otro de los oradores fue Julio César Lupinacci, embajador uruguayo en Ciudad de México y presidente de la delegación de su país en la Conferencia por el Año Internacional de la Mujer reunida en esa ciudad en 1975. Lupinacci sostuvo un discurso más a tono con su carácter diplomático, pero tan enaltecedor de la familia como el de Bordaberry. Finalmente, el tercer discurso correspondió a Sofía Álvarez Vignoli de Demicheli, quien sostuvo (en Brazuna Manes, 2006: 15-16):

> Un plan de desarrollo eficaz no puede existir sin el fortalecimiento de la familia, piedra angular de la sociedad y el Estado. Adquiere entonces la maternidad jerarquía de función pública, y por lo tanto debe ser protegida y amparada, para asegurar a los hijos un hogar estable y perfecto. No hay en consecuencia tarea más importante que la de criar y educar los hijos, para convertirlos en hombres útiles a sí mismos y a la sociedad, inculcándoles como lema, el respeto a la santidad de la vida y a la eternidad de las fuerzas del espíritu.

El clima de ideas que se aprecia en estos testimonios es el que primó unos años después cuando se reformó la tan mentada ley de divorcio uruguaya. El 18 de abril de 1978, durante el gobierno del militar Aparicio Méndez, se aprobó la Ley N.º 14.766 sobre nuevas causales de divorcio. Establecía la separación de cuerpos por el adulterio *de cualquiera de los dos cónyuges*. La iniciativa se basaba en un proyecto de 1949, que promovía como causa de divorcio la separación de hecho ininterrumpida durante un período mayor a cuatro años (Vaz, 2006). Aunque con serias modificaciones, el espíritu de este proyecto fue el que recuperaron los miembros del Consejo de Estado de la dictadura para dar cauce a la reforma.

La cuestión del adulterio y la doble moral sexual ya había sido planteada en 1915 por el diputado colorado Juan Antonio Buero, cuyo proyecto fuera aprobado por la Cámara de Diputados, pero nunca tratado en el Senado. Más tarde, el proyecto de derechos civiles y políticos de la mujer promovido por Brum también planteó explícitamente esto mismo. Es que el Código Penal (art. 17, inc. 14) sostenía que *el marido* estaba "exento de responsabilidad penal" cuando al sorprender a su mujer "infraganti" en delito de adulterio le diera muerte...

Este Código Penal fue reemplazado por uno nuevo en 1934. Pero la doble moral sexual permaneció en referencia a las causales de divorcio. Por eso, en 1946, la senadora Pinto de Vidal llamó la atención al respecto durante los debates que condujeron a la sanción de la Ley de Derechos Civiles de la Mujer. Pero, como se ha visto antes, su moción no fue atendida.

La dictadura impuesta en 1973 había cerrado el Congreso y en su lugar había instituido un Consejo de Estado con facultades legislativas. La reforma de 1978 suscitó encendidos debates en el seno de dicho consejo, siempre en el marco de un feroz autoritarismo, enfrentando a una mayoría (veintiuno de veinticinco legisladores) que sostenía la necesidad de modernización, contra unos pocos que consideraban que los contenidos que se pretendían introducir atentaban contra la estabilidad de la familia. Finalmente, tal como afirma Vaz (2006), prevaleció el criterio de modernización de las instituciones jurídicas, en este caso para reemplazar la noción de divorcio-sanción (que identificaba como culpable de interrumpir la vida en común a uno de los cónyuges) por la más actual noción de divorcio-remedio ya avalada en la jurisprudencia uruguaya.

La reforma de 1978 ocurrió cuando el clima internacional presionaba por la igualación entre los sexos, sobre todo, por los auspicios de la ONU y su Década de la Mujer (1975-1985). Como ya se ha visto, en 1946, Sofía Álvarez Vignoli de Demicheli había sostenido una posición altamente conservadora respecto del adulterio (oponiéndose a afectar, con la Ley de Derechos Civiles de la Mujer, las disposiciones del Código Civil relativas al adulterio de la mujer, con el argumento de defender la "libertad" y no el "libertinaje"). En cambio, en 1978, fue mentora del informe sobre la situación jurídica de las mujeres uruguayas elevado ante la CIM para la celebración de su cincuentenario. Dicho informe encumbraba la legislación avanzada del país en materia de estatus jurídico de las mujeres como valor nacional. Vignoli pudo jactarse de incluir entre los ítems al respecto la reciente reforma de 1978.

En aquel momento el movimiento de mujeres o feminismo no estaba organizado. En 1967, se había creado la Nueva Acción Femenina, que levantó la consigna "las leyes no bastan", sobre todo denunciando la discriminación para el acceso a cargos de responsabilidad (Machado Bonet, 1972: 203). En 1970, también se había creado el Partido Político Femenino, pero la dictadura afectó gravemente su continuidad. Así, el movimiento de mujeres se rearticuló cuando el régimen autoritario sufrió su primera gran derrota en el plebiscito por la reforma constitucional de 1980, a partir de lo cual se inició la transición a la democracia. Se reorganizó el Consejo Nacional de Mujeres Uruguayas (CONAMU), que en 1973 estaba bajo la conducción de Ofelia Machado Bonet. Pero también surgieron movimientos nuevos: el Plenario de Mujeres Uruguayas (PLEMUU) y el Grupo de Estudios sobre la Condición de la Mujer

Uruguaya (GRECMU), por iniciativa de la socióloga Suzana Prates y con una perspectiva más radical (Sapriza, 2006).

La tradición de secularización e inclusión que instaló el *batllismo* en la sociedad uruguaya trascendió la coyuntura 1904-1933 y tuvo efectos duraderos en el imaginario social.[132] La Ley de Derechos Civiles de la Mujer de 1946, aprobada en el marco del *neobatllismo*, estuvo fundada en ese imaginario, tal como se desprende del discurso de una senadora como Demicheli, que sin ser *batllista*, de todos modos refirió a la equidad y la justicia como valores socialmente relevantes:

> [E]l individualismo del siglo XIX ha perdido su total rigidez para dar paso al moderno liberalismo *renovado* cuya expresión más característica al decir de Posadas, es la llamada 'Política Social' [...] gracias a esa 'política social' irá desapareciendo de la tierra la iniquidad y la injusticia. (Demicheli, 1946: 119, el subrayado es mío).[133]

Al respecto, Sapriza (2006: 2) sostiene que "el golpe de Estado de junio de 1973 destruyó uno de los mitos del imaginario social uruguayo, el de la inmutable estabilidad política, al que se adjuntaba el de la igualdad entre varones y mujeres conquistado por la ley en 1946 (Ley de Derechos Civiles de la Mujer)". Como se ha visto hasta aquí, detrás de ese "mito" se observan tensiones, conflictos, frenos a la igualdad...

En Chile, como en los otros casos, la transición a la democracia fue una oportunidad para colocar los postergados derechos de las mujeres en la agenda pública. En ocasión del plebiscito del 5 de octubre de 1988, que definiría si Pinochet

---

[132] Caetano (1999) refiere al respecto en términos de *batllización* del imaginario social.

[133] Exposición de la senadora Demicheli en ocasión de la discusión general y particular del proyecto sustituto de la Comisión de Constitución y Legislación Social, 6 de noviembre de 1944.

continuaría en el poder hasta 1997, hubo grupos de mujeres que participaron activamente en la campaña por el "NO". El Movimiento Feminista presentó las "Demandas de las Mujeres a la Democracia", que reunían una serie diversa de consideraciones: no solo la exigencia de democratización, sino también una crítica al orden de discriminación sexual. También la "Concertación Nacional de Mujeres por la Democracia" elaboró un programa de reivindicaciones, que luego fue la base de las políticas públicas orientadas a las mujeres que sostuvo el gobierno democrático de transición. Entre las reformas más urgentes figuraba el divorcio vincular. No obstante, ya se ha dicho, la legislación sobre este instituto se demoró unos cuantos años más.

En verdad, las mujeres chilenas habían comenzado a organizarse en torno a sus demandas específicas bajo la influencia del feminismo de segunda ola hacia 1977. Es posible que el Año Internacional de la Mujer haya sido un estímulo. Incluso en la Conferencia de México la delegación chilena fue severamente criticada por servir a un régimen autoritario y violento como el de Pinochet.

Sin embargo, también cuenta que el país tenía una historia de participación y organización de las mujeres que mantuvo cierto dinamismo durante todo el siglo XX, lo cual hizo que el feminismo de segunda ola impactara en Chile sobre una realidad muy particular respecto de la experimentada en los otros países del Cono Sur.

En 1976, el gobierno de Pinochet impuso el Día *Nacional* de la Mujer, que se celebró el 2 de diciembre de cada año, en conmemoración del cacerolazo de 1971 organizado por un grupo de mujeres conservadoras contra el gobierno de Allende.[134] La iniciativa gubernamental apuntaba a erradicar los valores subyacentes al Día

---

[134]   También en Brasil, por Ley N.º 6.791 del 9 de junio de 1980, bajo el régimen de dictadura, se estableció el Día Nacional de la Mujer, con el

Internacional de la Mujer, celebrado el 8 de marzo, el cual, según la interpretación del gobierno, tenía una orientación "marxista" (Power, 2002: 247).

En los primeros años de la década de 1980, surgieron movimientos sociales que cuestionaron distintos aspectos de la dictadura, fundamentalmente, los derivados del nuevo orden económico. Entre esos nuevos movimientos estuvo el de mujeres. En 1979, se creó el Círculo de Estudios de la Mujer, de carácter feminista, con el decidido impulso de Julieta Kirkwood. El Círculo funcionó en la sede de la Academia de Humanismo Cristiano. En noviembre de 1983, se disolvió cuando sus premisas entraron en colisión con los principios de la Iglesia católica.[135] Kirkwood había publicado un artículo sobre divorcio y esto había enervado las relaciones con la Iglesia.[136]

Enseguida se fundó el Centro de Estudios de la Mujer (CEM) y la Casa La Morada. También se formó MEMCH '83 (Movimiento Pro Emancipación de las Mujeres de Chile), en el cual volvieron a descollar las feministas históricas Elena Caffarena y Olga Poblete. De estos grupos de mujeres surgiría la conocida consigna "democracia en el país y en la casa", que luego impactó en el resto de la región.

Estas organizaciones fueron tribuna para agitar la causa de los derechos de las mujeres, entre ellos, el divorcio. Como en otros países, este tan controvertido instituto había sido

---

objetivo de "*estimular a integração da mulher no processo de desenvolvimento*" (en Rodrigues, 1982: 24).

[135] También en Brasil algunos sectores de la Iglesia católica jugaron un papel favorable a los nuevos movimientos sociales, y se observa la misma tensión entre las demandas de las organizaciones de mujeres y los principios religiosos de las instituciones que las cobijaban (Goldberg-Salinas, 1996).

[136] Se trata de "El divorcio: ¿también en receso?", septiembre de 1982. Véase: Tompkins y Foster (2001). De la misma autora puede leerse su celebrado *Ser política en Chile, las feministas y los partidos*, Santiago, FLACSO, 1986.

materia de discusión en el momento mismo de sanción de la Ley de Matrimonio Civil, sancionada en 1884, que contemplaba el divorcio como separación de cuerpos, con causales cuidadosamente detallados, pero no habilitaba el divorcio vincular. Desde entonces, por ley, el matrimonio solo se disolvía por muerte natural de uno de los cónyuges o por declaración de nulidad del contrato. Fue este último punto el que, con el tiempo, se impuso como "divorcio a la chilena".

La ley de 1884 estipulaba que el contrato matrimonial debía celebrarse ante un oficial del Registro Civil, en una oficina de la comuna en la que tuviera el domicilio uno de los contrayentes. Desde 1925, por un cambio en la doctrina asumida por la Corte Suprema, los matrimonios pudieron ser declarados nulos aduciendo como causal la incompetencia del oficial del Registro Civil basada en la falsa declaración del domicilio de los contrayentes. Esta maniobra fue tan frecuente que operó, de hecho, como un divorcio por mutuo consentimiento. Mayormente fueron las clases medias y altas del país las beneficiadas, en razón de su mejor posición económica para hacer frente a los costos del trámite judicial.

Durante la dictadura, aun siendo esta un marco muy poco propicio, la cuestión del divorcio volvió a concitar la atención de los tecnócratas aliados al gobierno. Según consta en actas, en la sesión 191ª de la Comisión Constituyente, reunida el 18 de marzo de 1976, se había discutido el tema del divorcio vincular y se había dispuesto que una posible ley en esa materia quedara a criterio del legislador. En aquella oportunidad, el presidente de la comisión, Enrique Ortúzar, había hecho dejar expresa constancia de que no era voluntad de la comisión inmiscuirse en esa materia.[137]

---

[137]   Véase: "Nueva Ley de Matrimonio Civil", *Historia de la Ley*, Biblioteca del Congreso Nacional de Chile, 17 de mayo de 2004, p. 8. Se trata de una referencia que aporta en su discurso el diputado informante de las

Hacia 1990, la cuestión del divorcio fue asumida por las fuerzas políticas que encabezaron el proceso de transición: la Concertación de Partidos por la Democracia. Su candidato, Patricio Aylwin, asumió la presidencia en marzo de 1990. Cinco años más tarde, un grupo de legisladores y juristas se abocaron a la tarea de estudiar una ley sobre divorcio vincular. El trámite legislativo que diera lugar a la Nueva Ley de Matrimonio Civil de 2004 que finalmente habilitó el divorcio vincular en Chile tiene su origen en una moción presentada el 28 de noviembre de 1995 en la Cámara de Diputados por: Isabel Allende Bussi, Mariana Aylwin Oyarzún, Carlos Cantero Ojeda, Sergio Elgueta Barrientos, Víctor Jeame Barrueto, Eugenio Munizaga Rodríguez, María Antonieta Saa, José Antonio Viera-Gallo Quesney e Ignacio Walker Prieto.

Pero había habido proyectos ya presentados en los inicios de la democracia de transición, que aunque no prosperaron fueron tenidos en cuenta durante el proceso legislativo y político de la nueva ley. Entre ellos, cuenta el de la diputada Laura Rodríguez (Partido Humanista), seguido de otro presentado por la diputada Adriana Muñoz (Partido Por la Democracia) y otro más elaborado por los diputados Sergio Aguiló y Carlos Montes (Partido Socialista).

Desde la moción de 1995 hasta la sanción de la nueva ley en 2004 transcurrió casi una década. Varios factores explican esta demora. En materia de disolución del vínculo conyugal, el peso de la Iglesia es evidente. Dada su histórica influencia sobre la sociedad chilena, se entiende que la democracia de transición haya introducido varios cambios en la legislación, pero no haya podido lograr los apoyos necesarios para legislar sobre divorcio.

Comisiones Unidas de Constitución, Legislación y Justicia, y de Familia, Ignacio Walker, en la sesión del 23 de enero de 1997.

En efecto, los gobiernos democráticos recientes produjeron varias leyes relativas al Derecho de Familia que mejoraron sustantivamente la situación jurídica de las mujeres, pero el divorcio vincular siguió siendo un instituto postergado durante largo tiempo. Cabe mencionar que, además de la ya mencionada ley que estableció el régimen de participación en los gananciales como régimen alternativo (al régimen legal, de sociedad conyugal) (Ley N.º 19.335 de 1994), se aprobó: la ley sobre violencia intrafamiliar (Ley N.º 19.325 de 1994, derogada por la Ley N.º 20.066 de 2005 que amplía y mejora la normativa); la ley sobre filiación (Ley N.º 19.585 de 1998); la ley sobre delitos sexuales (Ley N.º 19.617 de 1999); y después de la promulgación de la nueva ley de matrimonio de 2004, la ley sobre creación de tribunales de familia (Ley N.º 19.968 de agosto de 2004).

Fundamentalmente, para entender la demora en la institución del divorcio vincular hay que tener en cuenta que existía un empate de fuerzas a favor y en contra dentro de las filas del Partido de la Democracia Cristiana (PDC), en definitiva un partido vinculado a la Iglesia católica. Cabe subrayar, además, que la Iglesia gozaba de muy positiva imagen en la sociedad chilena, no solo por ser el Partido de la Democracia Cristiana un conspicuo promotor de la transición, sino también por el rol que sectores vinculados a ella jugaron en la defensa de los derechos humanos durante la dictadura. Asimismo, otro dato insoslayable es el carácter "incompleto" de la transición que, fuertemente condicionada por el poder militar, no avanzó sobre algunos de los mecanismos institucionalizados en la Constitución de 1980 para el ejercicio del poder autoritario. Recién en octubre de 2005, la Corte Suprema derogó el artículo constitucional que colocaba a las Fuerzas Armadas como garantes del orden y removió la institución de los senadores designados y vitalicios, entre otras medidas de envergadura.

En estas circunstancias, a partir de la moción presentada en 1995, se inició el trámite de un proyecto de ley que se discutió en la Cámara de Diputados durante el año 1997. El Senado retomó el trámite en julio de 2003. El tema era delicado no solo por la materia sobre la que se estaba legislando, sino también por el hecho de que muchos antidivorcistas defendían su posición amparándose en la inconstitucionalidad del reclamo.

En la discusión en la Cámara Alta, el senador José Antonio Viera Gallo (en 1995 uno de los diputados que apoyó la moción de legislar sobre divorcio vincular) se refirió a ese argumento esgrimido por algunos miembros de la Corte Suprema respecto de la inconstitucionalidad del acto de legislar sobre divorcio absoluto. El senador insistió sobre el antecedente de la mencionada sesión de la Comisión Constituyente de 1976, en la cual se había descartado mandato constitucional alguno sobre la "integridad de la familia", al omitir cualquier mención sobre el tema y dejar a criterio del legislador la eventual decisión de introducir el instituto de divorcio vincular. Con este justificativo, Viera Gallo dejaba en claro que no había en la Constitución ningún elemento ni a favor ni en contra del divorcio absoluto.[138]

Finalmente, el 17 de mayo de 2004, por Ley N.º 19.947, se sancionó la Nueva Ley de Matrimonio Civil, según la cual el divorcio podía solicitarse cuando existiera violación grave de los deberes y obligaciones del matrimonio, que tornase intolerable la vida en común (por ejemplo: atentado contra la vida, maltrato psíquico contra el cónyuge o los hijos, o conducta homosexual), o cuando existiera separación personal de un mínimo de tres años, o cuando se comprobase que la pareja hubiera estado separada de

---

[138]   Véase: "Nueva Ley de Matrimonio Civil", *Historia de la Ley*, Biblioteca del Congreso Nacional de Chile, 17 de mayo de 2004, p. 1416.

hecho por un lapso de entre uno y tres años (exigencia que variaba según se solicitase el divorcio por ambas partes o por parte de un solo cónyuge).

Del largo proceso legislativo y político de la ley interesa destacar que, en razón de la insistente oposición de las fuerzas conservadoras y de la Iglesia católica, el artículo 20 dispuso: "Los matrimonios celebrados ante entidades religiosas que gocen de personalidad jurídica de derecho público producirán los mismos efectos que el matrimonio civil, siempre que cumplan con los requisitos contemplados en la ley, en especial lo prescrito en este Capítulo, desde su inscripción ante un Oficial del Registro Civil". Respecto de dicha inscripción, el mismo artículo estableció: "El acta que otorgue la entidad religiosa en que se acredite la celebración del matrimonio y el cumplimiento de las exigencias que la ley establece para su validez, como el nombre y la edad de los contrayentes y los testigos, y la fecha de su celebración, deberá ser presentada por aquellos ante cualquier Oficial del Registro Civil, dentro de ocho días, para su inscripción. Si no se inscribiere en el plazo fijado, tal matrimonio no producirá efecto civil alguno" (art. 20).

La ley de divorcio, además de beneficiar a las parejas que estuvieran separadas de hecho, benefició especialmente a las mujeres separadas, quienes en virtud de esta ley estuvieron en condiciones de terminar con la sociedad conyugal que las privaba de su autonomía legal y las subordinaba al poder marital en materia económica. Como se ha visto en el capítulo anterior, a pesar de haberse legislado sobre capacidad plena en 1989, en razón del régimen de sociedad conyugal, se mantuvo la potestad marital dentro del matrimonio. Asimismo, este régimen sigue siendo el más frecuente, pues si bien en 1994 se estableció que por capitulaciones matrimoniales se podría optar por el régimen de participación en los gananciales, el hecho de que este régimen tenga un costo mientras que el de sociedad conyugal sea gratuito hizo que en la práctica la opción aludida haya estado limitada.

El escenario internacional era favorable para la promoción de los derechos de las mujeres. No obstante, en Chile todavía pesaban factores inherentes al carácter consensual de la Concertación que encabezó el proceso de transición. De este modo, los factores de continuidad y cambio no fueron sopesados en pos de una reforma más radical que abarcase demandas seculares de las mujeres.

CONCLUSIONES

Esta sección presenta algunas conclusiones temáticas que de algún modo han aparecido intercaladamente a lo largo del libro, pero que aquí se reiteran a modo de cierre. El análisis sociohistórico no es un ejercicio intelectual que busque producir demostraciones a partir de premisas teóricas. Ni es la intención de esta investigación ilustrar con evidencia histórica una teoría general de cambio institucional. En consecuencia, las conclusiones que aquí se ofrecen presentan temas-problemas relevantes para comprender la estructuración del proceso histórico, con las trayectorias delineadas en cada caso, que el libro estudia a lo largo de sus cinco capítulos. Estas trayectorias, ya se ha dicho, no obedecen a un proceso maestro único. Las dinámicas de los procesos son únicas y las trayectorias variables. No obstante, es posible identificar algunos elementos que dan cuenta de la unidad del proceso.

El proceso de reforma que modificó el estatus civil de las mujeres fue *muy lento*. Cuando se considera la construcción de los derechos de ciudadanía como un aspecto de la construcción del orden en la larga duración, se observan *discontinuidades* y *desigualdades*. Sin embargo, el proceso se presenta como *acumulativo* y basado en la *igualdad*, en razón de la utilización de estrategias de neutralización y de universalización propias de la institucionalización del discurso jurídico en las sociedades modernas. Incluso, en general, en el proceso de construcción de los derechos de las mujeres se observa la interesante paradoja de reclamarse los derechos universales para las mujeres en nombre del carácter especial de la condición femenina.

Explicar estas tensiones y paradojas exige adoptar un punto de vista que permita abarcar la complejidad del fenómeno. Aquí se ha optado por el de la sociología histórica y su vocación por los *macro*análisis (larga duración, grandes estructuras) y el de la hibridación de disciplinas, en este caso, con los estudios de género y el derecho. Asumida esta perspectiva, el fenómeno de evolución (multilineal) de los derechos de las mujeres aparece inserto en una lógica única (que incumbe a varones y mujeres) de construcción de un *orden* social moderno, patriarcal, basado en la *familia* como *unidad matricial*.

Puesto que los trabajos que se ocupan de los derechos civiles son escasos, el primer capítulo de este libro estuvo dedicado a definir la categoría. A partir de la definición provista allí, en los siguientes tres capítulos se ha estudiado el recorrido que condujo a la sanción de la fórmula de capacidad jurídica plena, pero prestando atención también a otras fórmulas relativas al régimen patrimonial, la patria potestad sobre los hijos y el divorcio vincular. Por definición, el estatus de incapacidad venía anudado a la noción de *potestad marital*, y esta era observable en esos otros institutos. De aquí la necesidad de estudiar el despliegue del proceso a través de todos esos prismas.

Asimismo, puesto que se ha optado por analizar los derechos civiles desde la perspectiva de la construcción del orden, estos han sido relacionados con otros dos grupos de derechos, los políticos y los sociales.

Si muchos estudios sobre derechos femeninos han puesto fuerte énfasis en el acceso de las mujeres al sufragio, este libro propone otra lectura posible. Cuando se estudia el desarrollo de los derechos de las mujeres desde un punto de vista múltiple y se pone foco en la trayectoria de los derechos civiles y los políticos se constata que las mujeres fueron constituidas como *ciudadanas incapaces*.

Cuando el foco se pone en la trayectoria de los derechos civiles y los sociales otra constatación se hace evidente: *el carácter matricial de la unidad familia* (aunque de modo menos evidente también apreciable en relación con los derechos políticos).

Al mirar los tres grupos de derechos, sus acumulaciones discontinuas y las desigualdades persistentes, se observa el peso estructural de la visión hegemónica de la familia; esto es, su estabilidad y sedimentación en la sociedad que se afirmó con la modernidad y la modernización y se extendió hasta fines del siglo XX, tal como se ha mostrado en la segunda parte del capítulo 5.

Así, las ideologías maternalistas, de domesticidad y de protección social, típicamente asociadas a la esfera de los derechos sociales, aparecen también de modo evidente en la creación de derechos civiles.

Este argumento es válido para explicar el carácter limitado (a la dimensión de voto) de los derechos políticos, pero también lo es, más notoriamente, en el caso de los derechos sociales y civiles, pues tanto unos como otros se basan en el orden familiar (los derechos laborales de las madres, las asignaciones familiares, etc.; y los derechos inscriptos en el capítulo "Derecho de Familia" de los códigos civiles).

A lo largo del libro, la mirada en relación con el proceso de cambio social de largo plazo ha permitido poner de relieve no solo las líneas de ruptura, generalmente enfatizadas en la literatura académica sobre estos temas, sino también las continuidades entre los reclamos del feminismo y las reformas de las primeras décadas del siglo XX, las reformas alcanzadas en el contexto de la segunda posguerra y las instrumentadas en situación de dictadura y transición a la democracia.

En efecto, el denominado primer feminismo colocó la cuestión de los derechos de las mujeres en la agenda pública, como un reclamo crítico de una noción de universalidad que excluía a las mujeres y que estas buscaban franquear con argumentos que las afirmaban en su condición "especial". En general, se aprovechó las conmemoraciones de los centenarios y fue frecuente la práctica de acercar notas y adhesiones al Congreso, donde en los debates se desplegaban los discursos hegemónicos del Derecho practicado, también hegemónicamente, por los varones y donde los oradores eran exclusiva y excluyentemente varones.

Solo unas pocas voces afirmaron la condición "individual" de las mujeres en pie de igualdad con los "individuos" varones. Con todo, salvo en Chile y Argentina, con sendas experiencias reformistas de los años 1920, los reclamos de las mujeres no se vieron reflejados en la legislación. Cabe notar que en ese momento, todas las mujeres estaban excluidas de todas las instancias de la ciudadanía política. Los derechos políticos sancionados en algunas instancias subnacionales (en Argentina, en Santa Fe y San Juan, y en Brasil, en Rio Grande do Norte, donde ni siquiera se implementó) no tuvieron efectos duraderos. Asimismo, cabe subrayar que los derechos civiles sancionados en Chile y Argentina fueron limitados porque fue también limitado el carácter liberal de las burguesías latinoamericanas en la construcción de las democracias.

El caso de Argentina ofrece una nota singular: una enérgica acción en los años 1930 en pos de una reforma del Código Civil que era regresiva respecto de las conquistas de la década previa. El argumento de los legisladores era similar al que Victoria Ocampo reproduce cuando recuerda una conversación con un destacado personaje de la época (posiblemente, él mismo uno de los legisladores), que dijo: "Es preciso [...] que haya un jefe de familia así como hay un capitán en un barco. De otro modo el desorden se establece en el hogar".

En los otros países, en cambio, los años 1930 fueron años de fuerte tematización de los derechos femeninos y de legitimación y legalización de ciertos reclamos. En Chile, en 1934, los derechos políticos y los derechos civiles fueron objeto de legislación. En Brasil, en 1932, se legisló sobre sufragio femenino, y en 1936, se elaboró el Estatuto de la Mujer, finalmente frustrado por la dictadura del *Estado Novo*. En Uruguay, en 1932 también se aprobó el sufragio femenino y hubo varios proyectos de reforma profunda de la condición civil de las mujeres, que, como en Brasil, se vieron frustrados por el avance de las fuerzas conservadoras (recordemos que en Uruguay la dictadura de Terra fue muy breve, pero su gobierno continuó a lo largo de casi toda la década).

Finalmente, hay que señalar que en Uruguay y en Brasil, la reforma del estatuto civil femenino que consagró la fórmula de capacidad civil plena se realizó en el marco de gobiernos democráticos. El caso de Uruguay ofrece notas contrastantes, en sintonía con los rasgos de excepcionalidad que presenta en otras materias. En efecto, el país oriental se destaca por no haber construido ni una dominación oligárquica típica ni un populismo clásico (como en Argentina y Brasil). La experiencia de Estado tutelar, fuertemente anticlerical, encarnada en el *batllismo*, no tuvo parangón en la región. En este marco, la Ley de Derechos Civiles de la Mujer de 1946 afianzó las libertades individuales de las mujeres, afirmando conceptos que no fueron logrados en la legislación de los otros tres países estudiados. La ley uruguaya otorgó la patria potestad común y la libre administración de los bienes, que eran cuestiones que las feministas de todos los países reclamaban desde hacía medio siglo. Además, las mujeres ya habían accedido a cargos en el Congreso y desde allí ellas mismas impulsaron la reforma. Aunque finalmente, la posición conservadora de Sofía Álvarez Vignoli de Demicheli resultara la dominante, no es un dato menor la presencia de otras representantes mujeres con otras posiciones.

En Brasil, como se ha dicho, el impulso reformista de los años 1920 y 1930, con la FBPF en el centro de la escena, se vio abruptamente interrumpido por la dictadura del *Estado Novo*. En los años de la segunda posguerra, como en Uruguay, se retomaron los trabajos por la reforma de la condición jurídica de las mujeres, pero el feminismo fue desplazado. No solo Bertha Lutz se alejó de la actividad político-partidaria, sino también las organizaciones de mujeres fueron vistas como "izquierdistas", en un contexto de proscripción del comunismo y de afirmación de la democracia por oposición al totalitarismo. Asimismo, en Brasil, a diferencia de Uruguay, la fuerte presión de los sectores conservadores vinculados a la Iglesia católica, con representación en el Congreso, inhibió el impulso reformista. Con todo, el populismo brasileño tuvo continuidad en el tiempo a través de las fórmulas desarrollistas y pudo legislarse sobre derechos civiles de las mujeres en el contexto de un régimen democrático. Puede decirse que la ley de 1962, como la de Uruguay de 1946, fue reverberación del ímpetu reformista de las coyunturas previas. No obstante, en Brasil la reforma fue más restringida.

En Argentina, sin duda, la restauración conservadora bajo el gobierno de Justo y de los gobiernos inmediatamente siguientes interrumpió el ímpetu reformista de los años 1920. Asimismo, a diferencia de Brasil, los sucesivos golpes desde 1955 fueron obstáculo para el pasaje populismo-desarrollismo. Insoslayable es también el peso de los sectores más ranciamente conservadores de la Iglesia católica.

El carácter populista de la experiencia peronista que se inició en 1945, por definición antiliberal, restó fuerza a los argumentos de afirmación de los derechos individuales de las mujeres. Pero esto no significó que las reformas se frenaran. Bajo los dos primeros gobiernos de Perón, hubo iniciativas respecto de modificar el Derecho de Familia. No obstante, el abrupto fin que el golpe de 1955 significó para esta experiencia dejó en suspenso las modificaciones que el peronismo había impulsado.

En Chile, la persecución del comunismo, igual que en Brasil, inhibió el activismo de las mujeres en la causa de los derechos femeninos, y esta fue asumida por el Estado, en este caso, por el Poder Ejecutivo. Un antecedente directo de la ley de sufragio aprobada en 1952 fue un proyecto que redactaran las feministas Flor Heredia y Elena Caffarena en 1941, con el apoyo del primer presidente del Frente Popular, Pedro Aguirre Cerda (1938-1941). Sin embargo, bajo el gobierno de González Videla, las feministas del MEMCH fueron excluidas del acto legislativo que finalmente les otorgó el derecho por el que tan largamente habían luchado. Recordemos que el Partido Comunista había integrado el Frente Popular y que el MEMCH había apoyado esta experiencia. Recordemos también que González Videla se apartó de estos apoyos y persiguió e ilegalizó al Partido Comunista.

En Argentina y Chile, a diferencia de Uruguay y Brasil, la reforma que instituyó la capacidad civil plena se dio en el marco de gobiernos de dictaduras institucionales de las Fuerzas Armadas conducidas directamente por las derechas. La reforma de los códigos fue parte de un proyecto de institucionalización política de los regímenes autoritarios. En los dos casos, la modernización encarnó en una tecnocracia civil en alianza con los militares en el gobierno, con argumentos "científicos monopólicos". Este tipo de argumentos de legitimidad política y social supone la existencia de "una organización poseedora de una ciencia histórica capaz de definir el único proyecto político legítimo y viable, así como a la clase o parte de la sociedad destinada a conducir el resto en la construcción del mismo" (Buchrucker, 2004: 117).

En el estudio de los cuatro casos, se observa la tensión entre unas instituciones políticas que controlan y traducen jurídicamente los problemas de la sociedad, y unos procesos sociales que desbordan las fórmulas jurídicas y pujan por el cambio. Más allá de las diferencias señaladas, y sobre todo más allá del binomio dictadura vs. democracia, la tensión fue resuelta en términos de una *modernización excluyente* en los cuatro países. No obstante, esta solución final no debe opacar la *serie de posibilidades históricas* de cambio social que estuvieron en juego.

La pauta de modernización excluyente que finalmente se impuso fue excluyente no solo de las ideas alternativas, sino también de los sujetos mismos que levantaron esos reclamos alternativos (la historia *posible*), fundamentalmente, de las mujeres y sus demandas autónomas y de autonomía. Así, fueron marginales las expresiones como la citada en el capítulo 2, que afirmaba que "lo primero que necesita la mujer es afirmar su yo [...] y persuadirse de que, soltera, casada o viuda, tiene deberes que cumplir, derechos que reclamar, dignidad que no depende de nadie".

En particular hay que señalar que, como ya se ha visto, los cambios en la legislación que se realizaron bajo regímenes autoritarios no fueron resultado de un vínculo con los movimientos y las demandas específicas de las mujeres y, obviamente, tuvieron gravemente disminuida, si no negada del todo, la instancia deliberativa. La escisión respecto de los movimientos sociales y de las demandas que estos levantaron en cada momento del largo proceso analizado ha dado por resultado un proceso de cambio legislativo que ha carecido de un compromiso político para un cambio social más o menos inmediato. En razón de esto, las luchas de hombres y mujeres, y sobre todo de las mujeres, para lograr un cambio más amplio de su estatuto jurídico continuaron más allá de las modificaciones a la letra de la ley que les otorgó capacidad jurídica plena.

A través de los capítulos se puede apreciar quiénes fueron los diversos sujetos que participaron de la confección y de la sanción de las leyes. Hubo abogados, magistrados, legisladores, Iglesia, movimientos de mujeres y feministas, representantes de organizaciones de la sociedad civil, etc., que entablaron conflictos político-ideológicos y de intereses durante el proceso de creación de derechos, que permiten poner de relieve el carácter político del proceso y no simplemente el trámite legislativo.

Como ya se ha dicho en el capítulo 5, es preciso reconocer la autonomía relativa de las esferas de la política y de las mentalidades. En efecto, el proceso político y la mentalidad familialista explican, tanto o mejor que las eventualidades del proceso económico o jurídico, la creación de derechos femeninos subordinados.

La modernización capitalista y la creciente presencia de las mujeres en el mercado de trabajo son factores relevantes para entender el soporte estructural que acompañó las transformaciones en el Derecho que este libro estudia. Pero hay que notar que en algunos países el componente rural de la estructura social es fuerte. También hay que tener en cuenta que en algunos países, las cifras de personas que vivían fuera del matrimonio, y con ello, de la estructura de familia legítima que de esa institución se derivaba, rondaban el tercio de la población durante casi todo el siglo XX. Con esto, debe subrayarse el carácter disciplinador del Derecho, en tanto recurso del Estado moderno para el monopolio de la violencia simbólica, sobre una sociedad y unos procesos sociales que desbordan permanentemente esa pretensión de control. Esta interpretación suaviza el carácter de letra muerta del Derecho, como muchas veces se la ha considerado, dadas las realidades diversas sobre las que opera (subdesarrollo, predominio rural, etc...) y se lo coloca en una posición, digámoslo así, activa.

Con todo, algunas preguntas quedan pendientes. Por ejemplo, una indagación sobre el modo en que las transformaciones legales estudiadas afectan a las mujeres de diferentes clases sociales y de diferentes ámbitos sociales, rurales o urbanos. Puede pensarse que la emancipación civil de las mujeres es una cuestión que ha afectado menos directamente a las mujeres pobres, que no tenían patrimonio que les urgiera garantizar y a quienes el Estado interpelaba a través de políticas públicas orientadas específicamente a la protección y la reproducción social. También puede pensarse que ha afectado menos directamente a las mujeres de familias ricas, quienes contaban con posibilidades de garantizar su posición económica a partir de estrategias familiares y de parentesco largamente institucionalizadas.

Asimismo, debe ser profundizado el papel de la Iglesia. Como se ha visto, la Iglesia católica no es una institución monolítica, y dentro de ella se han expresado fuerzas diversas cuya actuación debe ser diferencialmente sopesada. En el caso de Brasil, la distinción entre el peso de la Iglesia católica y la luterana también ha sido relevante. El despliegue de los cuatro casos analizados señala que no hay una relación de causalidad inmediata entre peso de la Iglesia católica y restricción a las reformas.

En cuanto a una reflexión sobre los derechos civiles en el nuevo milenio, Chile ofrece una nota particular que nos permite avanzar en una línea de investigación interesante. Como en los otros países, los inicios de la democratización trajeron aparejadas reformas del estatuto de las mujeres, del matrimonio y de la familia. Si en Brasil se legisló sobre unión estable y en Argentina sobre matrimonio entre personas del mismo sexo, en Chile la sanción del divorcio vincular se postergó hasta el año 2004 y aún no se ha reconocido legalmente a las uniones de hecho. En 1990, la diputada Laura Rodríguez había defendido un proyecto de su autoría sobre divorcio en estos términos:[139]

---

[139]   Fue electa diputada para el período 1990-1994 por la Alianza Humanista/ Verde. Había participado del movimiento Mujeres por la Democracia

La familia es mucho más que una institución; es todo un mundo de relaciones humanas que siempre busca ir superando las distintas resistencias del vivir cotidiano. La familia está constituida por personas, por seres humanos, que siempre aspirarán a superar el dolor y el sufrimiento personal y de quienes tienen más cerca. Esa aspiración es la mejor protección para la familia. Muchas veces, la familia no necesariamente se funda en el matrimonio. (En "Nueva Ley de Matrimonio Civil", *Historia de la Ley*, Biblioteca del Congreso Nacional de Chile, 17 de mayo de 2004, p. 181).[140]

Desde una perspectiva de cambio social y de larga duración, la institución de los códigos civiles y de las leyes de matrimonio civil (y otras leyes laicas) significó una recomposición de las fronteras entre lo público y lo privado, dotando al varón de un extensísimo poder, pero al mismo tiempo afirmando el poder del Estado sobre la vida de las personas a través del Derecho. A partir de entonces, comenzó una verdadera revolución silenciosa, un proceso de cambio de las estructuras sociales, lento, muy lento. Los derechos de las mujeres fueron ampliándose pero los criterios de universalidad y neutralidad del Derecho adoptados en base a un sujeto masculino (y no neutro) y particular (no universal) siguieron vigentes. Con las reformas de los códigos civiles las mujeres dejaron de ser ciudadanas "incapaces", pero todavía quedaría camino por recorrer para erosionar más profundamente (no digamos disolver) el patriarcado.

---

durante la dictadura y había sido designada candidata dentro de la Concertación de Partidos por la Democracia. Murió en 1992. Véase: Véase: "Laura Rodríguez" en *Reseñas biográficas de parlamentarios de Chile*, Biblioteca del Congreso Nacional de Chile. Disponible en: www.bcn.cl.

[140] Sobre la familia en Chile, véase el excelente libro de Valdés *et al.* (2006).

Referencias bibliográficas

1. Fuentes documentales

1.1. Argentina

Actas del Primer Congreso de Derecho Civil, Universidad Nacional de Córdoba, 23 de mayo de 1927.

Código Civil Argentino, varias ediciones.

Diario de Sesiones de la Cámara de Diputados.

Diario de Sesiones de la Cámara de Senadores.

"Estatuto de la Revolución Argentina", *Boletín Oficial de la República Argentina*, 8 de julio de 1966.

Ley N.º 17.711, Reforma del Código Civil, 22 de abril de 1968.

Primer Congreso Femenino Internacional, Historia, Actas y Trabajos (también publicados recientemente con este título por la Universidad Nacional de Córdoba, Buenos Aires, 2008).

Reforma del Código Civil, Comisión de Jurisconsultos, Kraft, Buenos Aires, 1936.

1.2. Brasil

"Anteprojeto de Código Civil - Revisto (1973)", en *Anteprojetos*, Vol. 5, Tomo II, Subsecretaria de Edições Técnicas, Senado Federal, Brasilia, 1989.

"Anteprojeto de Código Civil (1972)", en *Anteprojetos*, Vol. 5, Tomo I, Subsecretaria de Edições Técnicas, Senado Federal, Brasilia, 1989.

"Anteprojeto de Código Civil Orlando Gomes - Revisto (1964)", en *Anteprojetos*, Vol. 2, Subsecretaria de Edições Técnicas, Senado Federal, Brasilia, 1989.

"Lei Nº 4.121 de 27 de agosto de 1962" en *Lex Coletânea de Legislação*, Ano XXVI, Lex Ltda. Editora, São Paulo, 1962.

"Projeto de Código Civil de 1965 (PL N° 3.263/65)", en "Projetos do Governo Castelo Branco", *Anteprojetos*, Vol. 4, Subsecretaria de Edições Técnicas, Senado Federal, Brasilia, 1989.

Atos Institucionais, N° 1-7.

Diario do Congresso Nacional.

Novo Código Civil Comparado, Centro de Estudos, Governo do Estado de São Paulo, Procuradoria Peral do Estado, São Paulo, Serie Documento N° 21, 2002.

Sitio de la Cámara de Diputados del Congreso de Brasil, www.camara.gov.br

Sitio de la República Federativa de Brasil, www.presidencia.gov.br

Sitio del Instituto dos Advogados do Brasil (IAB), www.iabnacional.com.br

Sitio del Senado Federal de Brasil, www.senado.gov.br

1.3. Chile

"Discurso de Don Arturo Alessandri agradeciendo su designación como candidato a la presidencia de la República", pronunciado en la Convención Presidencial el 25 de abril de 1920.

"Nueva Ley de Matrimonio Civil", *Historia de la Ley*, Biblioteca del Congreso Nacional de Chile, 17 de mayo de 2004.

"Acta Constitucional N° 3", emitida el 11 de septiembre de 1976.

Código Civil de Chile, varias ediciones.

"Decreto-Ley 328", 12 de marzo de 1925.

Diario de Sesiones de la Cámara de Diputados.

Diario de Sesiones del Senado.

Ley N.° 18.802, 23 de mayo de 1989.

Ley N.° 5.521, 19 de diciembre de 1934.

Sitio de la Biblioteca del Congreso Nacional de Chile, www.bcn.cl

1.4. Uruguay

Código Civil de Uruguay, varias ediciones.
Diario de Sesiones de la Cámara de Representantes
Sitio del Congreso Nacional de Uruguay, www.parlamento.
gub.uy

2. Periódicos y revistas

2.1. Argentina

Avanzada Socialista.
Criterio.
El Laborista.
La Nación.
La Vanguardia.
Santa Fe.
Sud-América.
Vida Femenina.

2.2. Chile

Acción Femenina.
La Vanguardia (Valparaíso).

3. Libros y artículos

ABELLA DE RAMÍREZ, María (1908): "Ensayos feministas",
en *En pos de la justicia*, Taller Gráfico D. Milano, La
Plata.
ADAMS, Julia; Orloff, Ann Shola y Clemens, Elisabeth
(2005): "Social theory, modernity and the three waves
of historical sociology", en Julia Adams, Ann Shola
Orloff y Elisabeth Clemens (eds.), *Remaking Modernity:*

Politics, History and Sociology, Duke University Press, Durham and London, pp. 1-72.

ANSALDI, Waldo (1986): "La ética de la democracia. Una reflexión sobre los derechos humanos desde las ciencias sociales", en Waldo Ansaldi (comp.), *La ética de la democracia, Los derechos humanos como límites frente a la arbitrariedad*, CLACSO, Buenos Aires, pp. 22-92.

ANSALDI, Waldo (1995): "Profetas de cambios terribles. Acerca de la debilidad de la democracia argentina, 1912-1945", en Waldo Ansaldi, Alfredo Pucciarelli y José C. Villarruel (eds.), *Representaciones inconclusas. Las clases, los actores y los discursos de la memoria, 1912-1946*, Editorial Biblos, Buenos Aires, pp. 23-69.

ANSALDI, Waldo (2003): "Tierra en Llamas. Una introducción a América Latina en los años 1930", en Waldo Ansaldi (ed.), *Tierra en Llamas. América Latina en los años 1930*, Ediciones Al Margen, La Plata, pp. 13-46.

ANSALDI, Waldo (2004): "Matriuskas de terror. Algunos elementos para analizar la dictadura argentina dentro de las dictaduras del cono sur", en Alfredo Pucciarelli (comp.), *Empresarios, tecnócratas y militares. La trama corporativa de la última dictadura*, Siglo XXI Editores, Buenos Aires, pp. 27-51.

APPLEWHITE, Harriet B. y Gay Levy, Darline (1984): "Women, Democracy, and Revolution in Paris, 1789-1794", en Samia Spencer (ed.), *French Women and the Age of Enlightenment*, Indiana University Press, Bloomington, pp. 64-79.

ARGERI, María E. (2005): *De guerreros a delincuentes. La desarticulación de las jefaturas indígenas y e lpoder judicial: Norpatagonia, 1880-1930*, Consejo Superior de Investigaciones Científicas, Madrid.

AYMERICH Ojea, Ignacio (2003): "Introducción General", en Manuel Guillermo Altava Lavall (coord.), *Lecciones de Derecho Comparado*, Castelló de la Plana, Publicacions de la Universitat Jaume I, Castelló de la Plana, pp. 23-102.

AZEVEDO, Luiz Carlos de (2001): *Estudo histórico sobre A Condição Jurídica da Mulher no direito Luso-Brasileiro, desde os anos mil até o terceiro milêno*, Editora Revista dos Tribunais, São Paulo.

BALTRA Montaner, Lidia (2006): *Señora Presidenta... Mujeres que gobiernan países*, Editorial Mare Nostrum, Santiago de Chile.

BARRÁN, José P. (1990): *Historia de la sensibilidad en el Uruguay*, Ediciones de la Banda Oriental, Montevideo, Vol. 2.

BARRÁN, José P. (2008): *Intimidad, divorcio y nueva moral en el Uruguay del Novecientos*, Ediciones de la Banda Oriental, Montevideo.

BARRÁN, José P. y Nahum, Benjamín (1979): *El Uruguay del novecientos*, Ediciones de la Banda Oriental, Montevideo.

BARRANCOS, Dora (2002): *Inclusión / Exclusión. Historia con Mujeres*, Fondo de Cultura Económica, Buenos Aires.

BARRANCOS, Dora (2005): "Socialismo y sufragio femenino. Notas para su historia (1890-1947)", en Hernán Camarero y Carlos Miguel Herrera (eds.), *El Partido Socialista en Argentina. Sociedad, política e ideas a través de un siglo*, Prometeo, Buenos Aires, pp. 159-184.

BARRANCOS, Dora (2006a): "El divorcio en cuestión. Imágenes de la prensa de gran circulación en torno de 1902", en Marta Madero y Sandra Gayol (eds.), *Historia Cultural: Aproximaciones empíricas y trayectorias historiográficas*, UNGS/Prometeo, Buenos Aires, pp. 181-207.

BARRANCOS, Dora (2007): *Mujeres en la sociedad argentina. Una historia de cinco siglos*, Sudamericana, Buenos Aires.

BENDIX, Reinhard (1974): *Estado Nacional y Ciudadanía*, Amorrortu, Buenos Aires [1ra. ed. en inglés 1964].

BENHABIB, Seyla (2005): *Los derechos de los otros. Extranjeros, residentes y ciudadanos*, Gedisa, Barcelona.

BESSE, Susan K. (1996): *Restructuring Patriarchy. The modernization of gender inequality in Brazil, 1914-1940*, The University of North Carolina Press, Chapel Hill.

BEVILÁQUA, Clóvis (1906): *Em Defeza do Projeto de Codigo Civil Brazileiro*, Livraria Francisco Alves, São Paulo.

BIRGIN, Haydée (comp.) (2000): *Las trampas del poder punitivo. El Género del Derecho Penal*, Biblos/Ceadel, Buenos Aires.

BORDA, Guillermo A. (1971): *La reforma de 1968 al Código Civil*, Editorial Perrot, Buenos Aires.

BORDA, Guillermo, (1972): *Tratado de Derecho Civil*, Vol. 1, Parte general, Abeledo-Perrot, Buenos Aires.

BOURDIEU, Pierre (1986): "La force du droit", en *Actes de la Recherche en Sciences Sociales*, Vol. 64, septiembre, pp. 3-19.

BOURDIEU, Pierre (2000): "Acerca de las relaciones entre la sociología y la historia en Alemania y en Francia. Conversación con Lutz Raphael", en *Sociohistórica. Cuadernos del CISH*, N° 7, La Plata, primer semestre, pp. 183-215.

BRAVO Lira, Bernardino (1992): "Codificación civil en Iberoamérica y en la península ibérica (1827-1917). Derecho nacional y europeización", en Abelardo Levaggi (ed.), *Fuentes ideológicas y normativas de la codificación latinoamericana*, UMSA, Buenos Aires, pp. 81-138.

BRAVO, Mario (1927): *Derechos civiles de la mujer*, El Ateneo, Buenos Aires.

BRITO, Alejandra (2005): *De mujer independiente a madre - de peón a padre proveedor. La construcción de identidades de género en la sociedad popular chilena (1880-1930)*, Escaparate, Santiago de Chile.

BRITO, Alejandra; Mazzei, Leonardo; Rocha, Priscila y Vivallos, Carlos (2007): "Los desamparados por la democracia en la historiografía chilena", en Waldo Ansaldi (dir.), *América Latina. Un barco a la deriva*, Fondo de Cultura Económica, Buenos Aires, pp. 387-409.

BRITO, Eugenia (1997): "Roles sexuales: diversas escenas", en Olga Grau, Riet Delsing, Eugenia Brito, Alejandra Farías (comps.), *Discurso, género y poder. Discursos públicos: Chile 1978-1993*, La Morada/LOM Ediciones, Santiago de Chile, pp. 61-95.

BRUM, Baltasar (1923): *Los derechos civiles y políticos de la mujer*, Peña Hermanos, Montevideo.

BUCHRUCKER, Cristian (2004): "Temas antidemocráticos e identidad nacional en la cultura política del cono sur. Un panorama comparativo de seis trayectorias históricas del siglo XX", en *Estudios Sociales, Revista Universitaria Semestral*, Año XIV, N° 27, Santa Fe, UNL Ediciones, pp. 115-144.

BUNSTER, Ximena; Enloe, Cynthia y Rodríguez, Regina (eds.) (1996): *La mujer ausente. Derechos Humanos en el Mundo*, Isis Internacional / Ediciones de las Mujeres, Santiago de Chile, 2da edición actualizada [1ra ed. 1991].

CAETANO, Gerardo (1999): "Ciudadanía política e integración social en el Uruguay (1900-1933)", en Hilda Sábato (coord.), *Ciudadanía política y formación de las naciones, Perspectivas históricas de América Latina*, Fondo de Cultura Económica, México DF, pp. 405-427.

CAETANO, Gerardo y Rilla, José (1995): "Relaciones interpartidarias y gobierno en Uruguay, 1942-1973", en *Revista Uruguaya de Ciencia Política*, Montevideo, N° 8, pp. 15-34.

CANO, Gabriela (1993): "Revolución, feminismo y ciudadanía en México (1915-1940)", en Georges Duby y Michelle Perrot (dirs.), *Historia de las mujeres en occidente*, Tomo IX, Taurus, Madrid, pp. 301-311.

CÁRCOVA, Carlos (1998): *La opacidad del derecho*, Editorial Trotta, Madrid.

CARDOSO, Fernando H. y Faletto, Enzo (1990): *Dependencia y Desarrollo en América Latina*, Siglo XXI Editores, Buenos Aires [1ª ed. 1969].

CARVALHO, José Murilo de (1990): *A formação das almas. O imaginário da República no Brasil*, Companhia das Letras, São Paulo.

CARVALHO, José Murilo de (1995): *Desenvolvimiento de la ciudadanía en Brasil*, Fondo de Cultura Económica, México DF.

CHACON, Vamireh (2008): *Formação das ciências sociais no Brasil. Da Escola do Recife ao Código Civil*, UNESP, São Paulo.

CIRIA, Alberto (1968): *Partidos y poder en la Argentina moderna (1930-46)*, Editorial Jorge Álvarez, Buenos Aires.

CLEMENS, Elisabeth (1997): *The people's lobby: organizational innovation and the rise of interest group politics in the United States, 1890-1925*, University of Chicago Press, Chicago.

CORRAL Talciani, Hernán (2006): "Luis Claro Solar. Reseña biográfica de un gran jurista", en *La Semana Jurídica*, Nº 285, pp. 8-9.

COSSE, Isabella (2006): *Estigmas de nacimiento: Peronismo y orden familiar 1946-1955*, Fondo de Cultura Económica, Buenos Aires.

COSSE, Isabella y Markarian, Vania (1996): *1975: Año de la Orientalidad: identidad, memoria e historia en una dictadura*, Trilce, Montevideo.

COSTA, Albertina de Oliveira (1997): "Protagonistas ou coadjuvantes: Carlota e os estudos feministas", en Line Bareiro y Clyde Soto (eds.), *Ciudadanas: una memoria inconstante*, Centro de Documentación y Estudios, Nueva Sociedad, Caracas, pp. 81-88.

COUTURE, Eduardo J. (1947): *La ley 10.783 sobre derechos de la mujer. Sus aspectos procesales*, Medina, Montevideo.

DE Demicheli, Sofía Álvarez Vignoli (1946): *Derechos civiles de la mujer. Antecedentes parlamentarios*, Editorial Alfa y Omega, Montevideo.

DEERE, Carmen Diana y León, Magdalena (2000): *Género, propiedad y empoderamiento: tierra, Estado y mercado en América Latina*, Tercer Mundo Editores, Bogotá.

DEERE, Carmen Diana y León, Magdalena (2003): "The Gender Asset Gap: Land in Latin America", en *World Development*, Vol. 31, N° 6, pp. 925-947.

DEERE, Carmen Diana y León, Magdalena (2005): "Liberalism and Married Women's Property Rights in Nineteenth-Century Latin America", en *Hispanic American Historical Review*, Vol. 85, N° 4, pp. 627-278.

DEL Re, Alisa (1988): "El Estado de Bienestar, las mujeres y las políticas sociales en el seno de la UE", en Paloma de Villota (ed.), *Las mujeres y la ciudadanía en el umbral del siglo XXI*, Editorial Complutense, Madrid, pp. 231-148.

DEL Re, Alisa (2002): "Por una redefinición del concepto de ciudadanía" en *Sociohistórica. Cuadernos del CISH*, N° 9/10, Facultad de Humanidades y Ciencias de la Educación, Universidad Nacional de la Plata, La Plata, pp. 189-202.

Déloye, Yves (2004): *Sociología histórica de lo político*, LOM Ediciones, Santiago de Chile.

DEUTSCH, Sandra Mc Gee (2005): *Las derechas. La extrema derecha en la Argentina, el Brasil y Chile 1890-1939*, Universidad Nacional de Quilmes Editorial, Buenos Aires.

DOGAN, Mattei y Pahre, Robert (1993): *Las nuevas ciencias sociales. La marginalidad creadora*, Gribalbo, México DF.

DUTRÉNIT Bielous, Silvia (2003): "Uruguay, golpe malo, golpe bueno: los reajustes del sistema político después de 1930", en Waldo Ansaldi (ed.), *Tierra en llamas. América Latina en los años 1930*, Editorial Al Margen, La Plata.

ECHEGOYEN, Martín R. (1939): *Derechos civiles de la mujer*, Cámara de Senadores, Imprenta Nacional, Montevideo.

EHRICK, Christine (2000): "De Delmira a Paulina: erotismo, racionalidad y emancipación femenina en Uruguay, 1890-1930", en Tina Escaja (comp.), *Delmira Agustini y el modernismo. Nuevas propuestas de género*, Beatriz Viterbo Editora, Rosario.

Ehrick, Christine (2005): *The shield of the weak. Feminism and State in Uruguay, 1903-1933*, University of New Mexico Press, Albuquerque.

EICHLER, Margrit (1988): *Nonsexist Research Methods: A Practical Guide*, Allen & Unwin, New York.

FACIO, Alda (1999): "Metodología para el análisis de género del fenómeno legal", en Alda Facio y Lorena Fries (eds.), *Género y Derecho*, La Morada/Lom/American University, Santiago de Chile, pp. 99-136.

FACIO, Alda y Fries, Lorena (1999): "Introducción", en *Género y Derecho*, La Morada/Lom/American University, Santiago de Chile.

FERRAJOLI, Luigi (1999): *Derechos y garantías. La ley del más débil*, Editorial Trotta, Madrid.

FERRAJOLI, Luigi (2000): "De los derechos del ciudadano a los derechos de las personas", en Héctor C. Silveira Gorski (ed.), *Identidades comunitarias y democracia*, Editorial Trota, Madrid, pp. 235-250.

FRAISSE, Geneviève (1991): *Musa de la razón. Democracia excluyente y la diferencia de los sexos*, Ediciones Cátedra, Madrid.

FRASER, Nancy (1993): "Rethinking the Public Sphere: A Contribution to the Critique of Actually Existing

Democracy", en Craig Calhoun (ed.), *Habermas and the Public Sphere*, MIT University Press, Cambridge, pp. 109-142.

FREGA, Ana; Maronna, Mónica y Trochon, Ivette (1987): *Baldomir y la restauración democrática (1938-1946)*, Ediciones de la Banda Oriental, Montevideo.

FRUGONI, Emilio (1940): *La mujer ante el derecho*, Editorial Indo-Americana, Montevideo.

GARAFULIC Litvak, María Paz (2001): *Mujer y Derecho. Una aproximación a la Situación Legal de la Mujer en tres países Latinoamericanos: Argentina, Chile y Perú*, Proyecto Fundación Ford, Institute for International Education, Santiago de Chile.

GARRETÓN, Manuel Antonio (1984): *Dictaduras y Democratización*, FLACSO, Santiago de Chile.

GARRETÓN, Manuel Antonio (1995): *Hacia una nueva era política. Estudio sobre las democratizaciones*, Fondo de Cultura Económica, Santiago de Chile.

GARRETÓN, Manuel Antonio (2004): "Comentarios al Documento Tres Tesis para el marco teórico del proyecto: El desarrollo de la democracia en América Latina", en *PNUD, La democracia en América Latina. Hacia una democracia de ciudadanas y ciudadanos*, Sección "El Debate conceptual sobre la democracia", Bogotá.

GAVIOLA Artigas, Edda; Jiles Moreno, Ximena; Lopresti Martínez, Lorella; y Rojas Mira, Claudia (1986): *"Queremos votar en las próximas elecciones". Historia del movimiento femenino chileno, 1913-1952*, Centro de análisis y difusión de la condición de la mujer, La Morada, Fempress, Ilet, Isis, Librería Lila Pemci, Centro de Estudios de la Mujer, Santiago de Chile.

GIDDENS, Anthony (1982): "Class division, class conflict and citizenship rights", en Anthony Giddens, *Profiles and critiques in social theory*, University of California Press, Berkeley and Los Angeles, pp. 164-180.

GIDDENS, Anthony (1985): *A contemporary critique of historical materialism*, Vol. II, Macmillan, London.

GIDDENS, Anthony (1996): "T. H. Marshall, the state and democracy", en Martin Bulmer y Anthony M. Rees (eds.), *Citizenship today. The contemporary relevance of T. H. Marshall*, UCL Press, London, pp. 65-80.

GIORDANO, Verónica (2007a): "La legislación civil sobre la mujer en Argentina y Brasil. De las dictaduras a las democracias", en Waldo Ansaldi (coord.), *La democracia en América Latina. Un barco a la deriva*, Fondo de Cultura Económica, Buenos Aires, pp. 469-490.

GIORDANO, Verónica (2009): "Las derechas y la condición civil de las mujeres en el Cono Sur (1945-1990)", en *Estudios Sociales, Revista universitaria semestral*, Nº 37, segundo semestre, pp. 37-62.

GIORDANO, Verónica (2010a): "La ampliación de los derechos civiles de las mujeres en Chile (1925) y Argentina (1926)", en *Revista Mora*, Vol. 16, Nº 2.

GIORDANO, Verónica (2010b): "María Florentina Gómez Miranda y 'la lucha denodada de la mujer argentina por sus derechos'", en Adriana Valobra (ed.), *Mujeres en espacios bonaerenses*, EDULP, La Plata.

GIORDANO, Verónica (2012): "La celebración del Año Internacional de la Mujer en Argentina (1975). Acciones y conflictos", *Estudos Feministas*, Florianópolis, en prensa.

GOLDBERG-SALINAS, Annette (1996): "30 años de feminismo en Brasil", en *Travesías*, Nº 6, Buenos Aires, pp. 49-58.

GROMPONE, Romeo (1947): *Capacidad Civil de la Mujer*, versión taquigráfica del cursillo dictado en la Facultad de Derecho y Ciencias Sociales, Centro de Estudiantes de Derecho.

GUY, Donna (2009): *Women Build the Welfare State: Performing Charity and Creating Rights in Argentina, 1880-1955*, Duke University Press, Durham, NC.

GUZMÁN Brito, Alejandro (2001): "El tradicionalismo del Código Civil Peruano, 1852", en *Revista de estudios histórico-jurídicos*, Nº 23, pp. 547-565.

HAHNER, June E. (1978): *A mulher no Brasil*, Civilização Brasileira, Rio de Janeiro.

HAHNER, June E. (1981): *A mulher brasileira e suas lutes sociais e políticas: 1850-1937*, Editorial Brasiliense, São Paulo.

HAHNER, June E. (1990): *Emancipating the Female Sex: The Struggle for Women's Rights in Brazil 1850-1940*, Duke University Press, Durham.

HALE, Charles A. (1991): "Ideas políticas y sociales en América Latina, 1870-1930", en Leslie Bethell (ed.), *Historia de América Latina*, Tomo VIII, Crítica, Barcelona.

HALPERIN Donghi, Tulio (2004): *La República Imposible 1930-1945*, Ariel, Buenos Aires.

HTUN, Mala (2003): *Sex and the State: Abortion, Divorce, and the Family Under Latin American Dictatorships and Democracies*, Cambridge University Press, Cambridge.

HUNEEUS, Carlos (2000): "Technocrats and politicians in an authoritarian regime. The 'ODEPLAN Boys' and the 'Gremialists' in Pinochet's Chile", en *Journal of Latin American Studies*, Vol. 32, Nº 2, Cambridge University Press, May, Nº 78, pp. 461-502.

IBÁÑEZ, Perfecto Andrés (1999): "Prólogo" a Luigi Ferrajoli, *Derechos y garantías. La ley del más débil*, Editorial Trotta, Madrid.

JACOB, *Raúl (1985): El Uruguay de Terra, 1931-1938*, Ediciones de la Banda Oriental, Montevideo.

JELIN, Elizabeth (1997): "Igualdad y diferencia: dilemas de la ciudadanía de las mujeres en América Latina", en *Ágora. Cuadernos de estudios políticos*, Año 3, Nº 7, pp. 189-213.

JELIN, Elizabeth y Hershberg, Eric (coords.) (1996): *Construir la democracia en América Latina*, Editorial Nueva Sociedad, Caracas.

KLIMPEL, Felicitas (1962): *La mujer chilena: El aporte femenino al progreso de Chile, 1910-1960*, Editorial Andrés Bello, Santiago de Chile.

KLUGER, Viviana (2002): "Algunas particularidades del derecho de familia en Hispanoamérica colonial, y su correlato en el derecho colonial brasileño", en *Revista do Instituto Histórico e Geográfico Brasileiro*, Nº 414, Rio de Janeiro, pp. 9-20.

KLUGER, Viviana (2003): *Escenas de la vida conyugal. Los conflictos matrimoniales en la sociedad virreinal rioplatense*, Editorial Quorum-UMSA, Buenos Aires.

LABARCA, Amanda (1951): "*Evolución femenina*", en *Desarrollo de Chile en la primera mitad del siglo XX, Ediciones de la Universidad de Chile*, Santiago de Chile, Vol. 1. En *Biblioteca digital de la Universidad de Chile, disponible en: http://mazinger.sisib.uchile. cl/repositorio/lb/uchile/desarrollochile01/*

LACERDA, Paulo de (1916): "Synthese histórica e critica", en *Código Civil Brasileiro, Lei Nº 3071 de 1 janeiro 1916*, Jacintho Ribeiro dos Santos, Rio de Janeiro.

LAU Jaiven, Ana (2009): "En la búsqueda por la igualdad de derechos para las mujeres", en *Temas de Mujeres, Revista del CEHIM* (Centro de Estudios Históricos e Interdisciplinarios sobre las Mujeres), Año 5, Nº 5, pp. 16-31.

LAVRIN, Asunción (1997): "Cambiando actitudes sobre el rol de la mujer", *European Review of Latin American and Caribbean Studies*, Nº 62, junio, pp. 71-92.

LAVRIN, Asunción (2005): *Mujeres, Feminismo y Cambio Social en Argentina, Chile y Uruguay, 1860-1940*, Centro de investigaciones Diego Barros Arana, Santiago de Chile.

LEÓN, Magdalena y Rodríguez Sáenz, Eugenia (ed.) (2005): *¿Ruptura de la inequidad? Propiedad y género en la América Latina del siglo XIX*, Siglo del Hombre Ediciones, Bogotá.

LERNER, Pablo (2002): "El Código Civil italiano de 1942 y las reformas al Código Civil argentino", en *Boletín Mexicano de Derecho Comparado*, Año XXXV, Nº 103, enero-abril, pp. 517-588.

LEVAGGI, Abelardo (1992): "Alberdi-Vélez Sársfield: Una polémica trascendental sobre la codificación civil argentina", en Abelardo Levaggi (ed.), *Fuentes ideológicas y normativas de la codificación latinoamericana*, UMSA, Buenos Aires.

LEVAGGI, Abelardo (2002): "El problema del método en los codificadores iberoamericanos hacia la mitad del siglo XIX", en *Cuadernos de Historia*, Instituto de Historia del Derecho y de las Ideas Políticas Roberto I. Peña, Nº 12, Córdoba, pp. 177-189.

LEVAGGI, Abelardo (2006): "Historia del Derecho Argentino del Trabajo (1800-2000)", en *Iushistoria, revista electrónica*, Nº 3, septiembre. Disponible en: www.salvador.edu.ar/juri/reih/index.htm.

LLAMBÍAS, Jorge J. (1968): *Anteproyecto de Código Civil de 1954*, Instituto de Derecho Civil y Comparado, Facultad de Derecho y Ciencias Sociales, Imprenta Universidad Nacional, Tucumán.

LLAMBÍAS, Jorge J. (1995): *Tratado de derecho civil*, Vol. 1, Parte General, Abeledo Perrot, Buenos Aires [16º edición].

LOBATO, Mirta Zaida (1997): "El Estado en los años treinta y el avance desigual de los derechos y la ciudadanía", en *Estudios Sociales, Revista Universitaria Semestral*, Año VII, Nº 12, Santa Fe, pp. 41-58.

LOBATO, Mirta Zaida (2007): *Historia de las trabajadoras en la Argentina (1869-1960)*, EDHASA, Buenos Aires.

MACHADO Bonet, Ofelia (1972): *Hacia la revolución del siglo*, Imprenta Goes, Montevideo.

MAHONEY, James (2001): *The legacies of liberalism. Path dependence and political regimes in Central America*, The Johns Hopkins University Press, Baltimore.

MANN, Michael (1988): "Ruling Class Strategies and Citizenship", en *Sociology*, Vol. 21, N° 37, pp. 339-354.

MARQUES, Teresa Cristina de Novaes y Melo, Hildete Pereira de (2008): "Os direitos civis das mulheres casadas no Brasil entre 1916 e 1962: ou como são feitas as leis", en *Revista Estudos Feministas*, Vol.16, N° 2, pp. 463-488.

MARSHALL, T. H., Bottomore, Tom (1998): *Ciudadanía y Clase Social*, Alianza Editorial, Madrid, [1ª edición en inglés del libro de Marshall, T. H. *Citizenship and social class*, 1950].

MARX, Jutta; Borner, Jutta y Caminotti, Mariana (2007): *Las Legisladoras. Cupos de género y política en Argentina y Brasil*, Siglo XXI Editores, Buenos Aires.

MATUS Acuña, Alejandra (1999): *El libro negro de la justicia chilena*, Santiago de Chile, Planeta.

MILLIAR Carvacho, René y Fernández Abara, Joaquín (2005): "La elección presidencial de 1920. La rebelión del "Cielito Lindo", en Alejandro San Francisco y Ángel Soto, *Camino a La Moneda. Las elecciones presidenciales en la Historia de Chile. 1920-2000*, Instituto de Historia de la Pontificia universidad Católica de Chile y Centro de Estudios Bicentenario, Santiago de Chile.

MOISSET de Espanés, Luis (1980): "El cambio social y el Derecho Comparado", en *Boletín de la Facultad de Derecho de Córdoba*, Año XLIV, p. 207.

MOISSET de Espanés, Luis (s/f): "Los últimos 50 años del Derecho civil argentino (1941-1991)", Academia Nacional de Derecho y Ciencias Sociales de Córdoba, Córdoba. En línea: http://www.acader.unc.edu.ar/artlosultimos50anos.pdf

MOULIAN, Tomás (1997): *Chile actual. Anatomía de un mito*, Santiago de Chile, Arcis Universidad-LOM.

NARI, Marcela (2005): *Políticas de maternidad y maternalismo político. Buenos Aires (1890-1940)*, Biblos, Buenos Aires.

NARI, Marcela M. A. (2000): "Maternidad, política y feminismo", en Fernanda Gil Lozano; Valeria Pita y Gabriela Ini (comps.), *Historia de las mujeres en Argentina. Siglo XX*, Taurus, Buenos Aires, 197-221.

O'DONNELL, Guillermo (1993): "Acerca del Estado, la democratización y algunos problemas conceptuales. Una perspectiva latinoamericana con referencias a países poscomunistas", en *Desarrollo Económico*, Vol. 33, Nº 130, Buenos Aires, pp. 163-184.

O'DONNELL, Guillermo (1995): "Democracias y exclusión", entrevista realizada por Sebastián Mazzuca a Guillermo O'Donnell, en *Ágora. Cuaderno de Estudios Políticos*, Vol 1, Nº 2, Buenos Aires, pp. 165-172.

OCAMPO, Victoria (1936): "La mujer sus derechos y sus responsabilidades", en *La mujer y su expresión*, Ediciones Sur, 1937, pp. 49-67.

OCAMPO, Victoria (1954): *Virginia Woolf en su Diario*, Ediciones Sur, Buenos Aires.

OLIVER, María Rosa (1969): *La vida cotidiana*, Sudamericana, Buenos Aires.

OLSEN, Frances (2000): "El sexo del derecho", en Alicia Ruiz (comp.), *La identidad femenina y el discurso del derecho*, Biblos, Buenos Aires.

ORLOFF, Ann (1993a): "Gender and the social rights of citizenship: the comparative analysis of gender relations and Welfare States", en *American Sociological Review*, Nº 58, Vol. 3.

ORLOFF, Ann (1993b): *The politics of pensions: a comparative analysis of Britain, Canada and the United States, 1880-1940*, University of Wisconsin Press, Madison.

OSTA, María Laura (s/f): *El Sufragio: una conquista femenina*, Observatorio del Sur (OBSUR) - Centro de Documentación, Investigación y Promoción Social, Montevideo.

PALERMO, Silvana (1998): "El sufragio femenino en el Congreso Nacional: ideologías de género y ciudadanía en la Argentina (1916-1955)", en *Boletín del Instituto de Historia Argentina y Americana Dr. Emilio Ravignani*, 3ª serie, N° 16-17, pp. 158-160.

PATEMAN, Carol (1995): *El Contrato Sexual*, Anthropos, Madrid.

PECHENY, Mario (2009): "Parece que no fue ayer: el legado político de la Ley de Divorcio en perspectiva de derechos sexuales", en Roberto Gargarella, María Victoria Murillo y *Mario Pecheny* (comps.), *Discutir Alfonsín*, Siglo XXI Editores, Buenos Aires.

PEDRO, Joana M. (2006): "Narrativas fundadoras do feminismo: poderes e conflitos (1970-1978)", en *Revista Brasileira de Historia*, Vol. 26, N° 52, p. 249-272.

PIÑEIRO, Elena (1997): *La tradición nacionalista ante el peronismo. Itinerario de una esperanza a una desilusión*, A-Z editora, Buenos Aires.

PNUD, Programa de las Naciones Unidas para el Desarrollo (2004): *La democracia en América Latina. Hacia una democracia de ciudadanas y ciudadanos*, Bogotá.

POBLETE Poblete, Olga (1993): *Una mujer: Elena Caffarena*, Editorial Cuarto Propio, Santiago de Chile.

POTASH, Robert (1994): *El Ejército y la política en la Argentina, 1962-1973*, Buenos Aires, Editorial Sudamericana.

POWER, Margaret (2002): *Right-wing women in Chile. Feminine power and the struggle against Allende, 1964-1973*, The Pennsylvania State University Press, University Park.

PUCCIARELLI, Alfredo (1993): "Conservadores, radicales e yrigoyenistas. Un modelo (hipotético) de hegemonía compartida", en Waldo Ansaldi, Alfredo Pucciarelli y José C. Villarruel (eds.), *Argentina en la paz de dos guerras 1914-1945*, Biblos, Buenos Aires.

QUIROGA, Hugo (1994), *El tiempo del "Proceso". Conflictos y Coincidencias entre políticos y militares 1976-1983*, Homo Sapiens y Fundación Ross, Santa Fe.

RAMACCIOTTI, Karina I. (2004-2005): "Las trabajadoras en la mira estatal: Propuestas de reforma de la Caja de Maternidad (1934-1955)", en *Trabajos y Comunicaciones*, 2da época, N° 30-31, pp. 191-216.

RILLA, José P. (2007): "Uruguay entre dos siglos y entre dos grandes. Crisis y cambio electoral en la globalización", en Waldo Ansaldi (coord.), *La democracia en América Latina, un barco a la deriva,* Fondo de Cultura Económica, Buenos Aires.

RODRIGUES, João Batista Cascudo (1982): *A mulher brasileira. Direitos políticos e civis*, Editora Renes, Rio de Janeiro, 2da edición [1ra ed. 1962].

RODRÍGUEZ Pinto, María Sara (2010): "Una relectura de la patria potestad como función tuitiva sobre la persona y bienes de los hijos", en *Ius et Praxis,* Vol. 16, N° 1, pp. 55-84.

RODRÍGUEZ Sáenz, Eugenia (2006): "Movimientos de mujeres y feministas en América Central", en Guadalupe *Gómez Ferrer, Gabriela Cano, Dora Barrancos y Asunción Lavrin (coords.), Historia de las Mujeres en España e Hispanoamérica*, Cátedra, Madrid, Vol. 4, pp. 553-576.

RODRÍGUEZ Villamil, Silvia (1996): "A cincuenta años de los derechos civiles de la mujer Ley 10.783", en *Cotidiano Mujer,* N° 23, pp. 19-32.

RODRÍGUEZ Villamil, Silvia (1997): "Mujeres y género en la historiografía latinoamericana reciente. Algunas reflexiones", en Line Bareiro y Clyde Soto (eds.), *Ciudadanas. Una memoria inconstante*, Nueva Sociedad, Caracas.

RODRÍGUEZ Villamil, Silvia y Sapriza, Graciela (1983): "El voto femenino en el Uruguay: ¿conquista o concesión?", en *Documentos ocasionales 2*, GRECMU, Montevideo, pp. 3-33.

RODRÍGUEZ Villamil, Silvia y Sapriza, Graciela (1984): *Mujer, Estado y Política en el Uruguay del Siglo XX*, Ediciones de la Banda Oriental, Montevideo.

ROUQUIÉ, A. (1981): "Dictadores, militares y legitimidad en América Latina", en *Dictaduras y dictadores, Crítica y Utopía latinoamericana de Ciencias Sociales*, N° 5, Buenos Aires, pp. 11-28.

ROUQUIÉ, Alain (1984): *El Estado militar en América Latina*, Siglo XXI Editores, México DF.

ROUQUIÉ, Alain (1992): *Poder militar y sociedad política en la Argentina, 1943/1973* (segundo volumen), Buenos Aires, Emecé Editores.

ROZAS Vial, Fernando (1989): "Consideraciones sobre las modificaciones que la ley N° 18.802 introduce al Código Civil", en *Revista Chilena de Derecho*, Vol. 16, pp. 99-110.

RUBIO Carracedo, José (2000): "¿Derechos liberales o derechos humanos?", en José Rubio Carracedo, José María Rosales, Manuel Toscano Méndez, *Ciudadanía, nacionalismo y derechos humanos*, Editorial Trotta, Madrid, pp. 153-170.

RUBIO Carracedo, José; Rosales, José María y Toscano Méndez, Manuel (comps.) (2000): *Ciudadanía, nacionalismo y derechos humanos*, Editorial Trotta, Madrid.

SÁBATO, Hilda (coord.) (1999): *Ciudadanía política y formación de las naciones, Perspectivas históricas de América Latina*, Fondo de Cultura Económica, México DF.

SALAZAR, Gabriel y Pinto, Julio (2002): *Historia Contemporánea de Chile*, Tomo IV, LOM Ediciones, Santiago de Chile.

SAPRIZA, Graciela (1988): *Memorias de rebeldía: siete historias de vida*, GRECMU, Puntosur, Montevideo.

SAZBÓN, José (ed.) (2007): *Cuatro mujeres en la Revolución francesa*, Editorial Biblos, Buenos Aires.

SCOTT, Joan W. (1990): "El género: una categoría útil para el análisis histórico", en Amelang, James S. y Nash, Mary (eds.), *Historia y Género. Las mujeres en la Europa moderna y contemporánea*, Edicions Alfons El Magnanim, Valencia, pp. 23-56.

SCOTT, Joan W. (1992): "'A Woman Who Has Only Paradoxes to Offer': Olympe de Gouges Claims Rights for Women", en Melzer, Sarah y Rabine, Leslie (eds.), *Rebel Daughters: Women and the French Revolution*, Oxford University Press, Oxford, pp. 102-120.

SCOTT, Joan W. (1996): *Only Paradoxes to Offer: French Feminists and the Rights of Man*, Harvard University Press, Cambridge, Massachusetts.

SCOTT, Joan W. (2008): "'Unanswered Questions', contribution to AHR Forum 'Revisiting Gender: A Useful Category of Historical Analysis'", en *American Historical Review*, Nº 113, Vol. 5, December, pp. 1422-1430.

SCOTT, Joan W. (2010): "Gender: Still a Useful Category of Analysis?", en *Diogenes*, Vol. 57, Nº 225.

SELSER, Gregorio (1986): *El onganiato*, Tomo 1, Editorial Hyspamérica, Buenos Aires.

SIDICARO, Ricardo (1993): *La política mirada desde arriba. Las ideas del diario* La Nación *1909-1989*, Editorial Sudamericana, Buenos Aires.

SIMÕES, Solange de Deus (1985): *Deus, Pátria e Família. As mulheres no golpe de 1964*, Editora Vozes, Petropolis.

SINEAU, Mariette (1993): "Las mujeres en la ciudad: derechos de las mujeres y democracia", en Georges Duby y Michelle Perrot (dirs.), *Historia de las mujeres en occidente*, Tomo X, Taurus, Madrid, pp. 126-153.

SKOCPOL, Theda (1992): *Protecting soldiers and mothers. The political origins of social policy in the United States*, Harvard University Press, Cambridge Massachusetts.

SKOCPOL, Theda (ed.) (1991): *Vision and Metod in Historical Sociology*, Cambridge University Press, Cambridge, New York.

SLEDZIEWSKI, Elizabeth G. (1993): "Revolución francesa. El giro", en George Duby y Michelle Perrot (dirs.), *Historia de las mujeres en Occidente*, Taurus, Madrid, Vol. 4, pp. 44-45.

SOIHET, Rachel (2006a): *O feminismo tático de Bertha Lutz*, Editora Mulheres, Florianópolis.

SOIHET, Rachel (2006b): "Movimientos femeninos y lucha por el voto en Brasil", en Guadalupe *Gómez Ferrer, Gabriela Cano, Dora Barrancos y Asunción Lavrin (coords.), Historia de las Mujeres en España e Hispanoamérica*, Cátedra, Madrid, Vol. 4, pp. 619-631.

STEPAN, Alfred (1974): *Brasil: los militares y la política*, Amorrortu Editores, Buenos Aires.

TABAK, Fanny y Toscano, Moema (1982): *Mulher e Política*, Paz e Terra, Rio de Janeiro.

THERBORN, Göran (1999): *Europa hacia el siglo veintiuno*, Siglo XXI Editores, México.

THERBORN, Göran (2004): *Between Sex and Power. Family in the World 1900-2000*, Routledge, London.

TILLY, Charles (1991): *Grandes estructuras, procesos amplios, comparaciones enormes*, Alianza Editorial, Madrid.

TILLY, Charles (1995): "The Emergence of Citizenship in France and Elsewhere", en *International Review of Social History*, Vol. 40, supplement Nº 3, pp 1-17.

TOMKINS, Cynthia M. y Foster, David W. (eds.) (2001): *Notable Twentieth Century Latin American Women, a biographical dictionary*, Greenwood Publishing Group, Westport.

TURNER, Bryan S. (1990): "Outline of a Theory of Citizenship", en *Sociology*, N° 24, pp. 189-217.

TURNER, Bryan S. (1993): *Citizenship and Social Theory*, Sage Publications, London.

VALDÉS, Teresa (2000): *De lo social a lo político. La acción de las mujeres latinoamericanas*, LOM Ediciones, Santiago de Chile.

VALDÉS, Teresa y Gomariz, Enrique (coords.) (1995): *Mujeres latinoamericanas en cifras*, Volumen comparativo, FLACSO/Instituto de la Mujer (España), Santiago de Chile.

VALDÉS, Ximena; Castelain-Meunier, Christine y Palacios, Margarita (2006): *Puertas adentro. Masculino y femenino en la familia contemporánea*, LOM Ediciones, Santiago de Chile.

VALOBRA, Adriana (2005): "Partidos, tradiciones y estrategias de movilización social: de la Junta de la Victoria a la Unión de Mujeres de la Argentina", en *Revista Prohistoria*, N° 9, Rosario, pp. 112-129.

VALOBRA, Adriana (2009): "*...Del hogar a las urnas...* consideraciones sobre la ciudadanía política femenina, 1946-1947", en *e-l@tina. Revista electrónica de estudios latinoamericanos*, Vol. 7, N° 27, Buenos Aires, abril-junio, pp. 45-65. Disponible en: http://www.iealc.fsoc.uba.ar/hemeroteca/elatina/elatina27.pdf.

VALOBRA, Adriana M. (2010): *Del hogar a las urnas. Recorridos de la ciudadanía política femenina. Argentina, 1946-1955*, *Prohistoria* Ediciones, Rosario.

VAZ, Wanda Maria Cabella (1998): "*Evolución del divorcio en Uruguay (1950-1995)*", en *Notas de población*, Santiago de Chile, Año 26, N° 67-68, enero-diciembre, p. 209-245.

VERUCCI, Florisa (1999): "A mulher no direito de família brasileiro, uma historia que não acabou", en *Revista dos Tribunais*, São Paulo, Vol. 88, Nº 769, novembro, pp. 48-67.

WEFFORT, Francisco C. (1998): "El populismo en la política brasileña", en Moira Mackinnon y Mario Petrone (comps.): *Populismo y neopopulismo en América latina*, Eudeba, Buenos Aires.

YORIO, Aquiles (1943): *Tratado de la capacidad jurídica de la mujer*, El Ateneo, Buenos Aires.

4. Tesis

ALMEIDA, Maria Isabel de Moura (2010): "Rompendo os Vínculos, Os caminhos do divórcio no Brasil, 1951-1977", Tese de la Facultade de Ciências Humanas e Filosofia, Programa de Pós-Graduação em História, Doutorado, Universidad Federal de Goiás.

ARCHANJO, Daniela Resende (2008): "Um debate sem embate: A discussão sobre o divórcio no Congresso Nacional (Brasil, 1951-1977)", Tese de Doutorado, Programa de Pós-Graduação em História, Universidade Federal do Paraná.

BECERRA, Marina (2006): "Enrique Del Valle Iberlucea (1877-1921): marxismo y feminismo en el primer socialismo argentino", Tesis doctoral, Facultad de Ciencias Sociales, UBA. Publicado como libro por Prohistoria Ediciones, Rosario, 2009.

BELLO Muñoz, María Graciela y Morales Jiménez, Lilian Patricia (2006): "Capacidad jurídica de la mujer casada en sociedad conyugal en relación con el principio de igualdad", Tesis de la Facultad de Ciencias Sociales y Jurídicas de la Unversidad Católica de Temuco, Chile.

DIGGIOVANI, Rosângela (2003): "Rasuras nos álbuns de família. Um estudo sobre separaçoes conjugais em processos jurídico", Tese de Doutorado en Ciências Sociais, Departamento de Antropologia do Insituto de Filosofia e Ciências Humanas, Universidad Estadual de Campinas, Campinas.

GIORDANO, Verónica (2003): *Corrupción y Poder Político en Argentina. 1890 Cien años después.* UDISHAL, Buenos Aires. Disponible en http://catedras.fsoc.uba.ar/sociologia/udishal. [Versión revisada y ampliada de "Corrupción y Poder Político en Argentina (1886-1890). Una mirada desde la prensa", Tesis realizada para la Maestría en Investigación en Ciencias Sociales, Facultad de Ciencias Sociales, Universidad de Buenos Aires, 2001].

GIORDANO, Verónica (2007b): "Cambio social y derechos civiles de las mujeres en la coyuntura de 1930. El caso de Argentina en perspectiva comparativa con Brasil y Uruguay", Tesis de Doctorado, Facultad de Ciencias Sociales, Universidad de Buenos Aires.

VAZ, Wanda Maria Cabella (2006): "Dissoluções e formação de novas uniões: uma análise demográfica das tendências recentes no Uruguai", Tese de Doutorado, Universidad Federal de Campinas, São Paulo.

5. Documentos de trabajo

ALBERDI, Inés (2010): "Reflexiones sobre el progreso de las mujeres", Fundación Carolina. Disponible en: http://www.fundacioncarolina.es/es-ES/nombrespropios/Documents/NPAlberdi1003.pdf

ARCHANJO, Daniela Resende (2006): "A Mulher nos Discursos Parlamentares sobre o Divórcio. Brasil: Décadas de 1950, 1960 e 1970", Fazendo Gênero 7, Universidad Federal de Santa Catarina, Florianópolis, Brasil.

BARRANCOS, Dora (2006b): "Fantasías sexuales en los discursos parlamentarios sobre el divorcio (Argentina, 1932)", 52º Congreso de Americanistas, Sevilla, España.

BARRANCOS, Dora (2008): "Imágenes de Género. Repercusiones de la suspensión de la ley del divorcio de 1954 en la Argentina", mimeo.

Brazuna Manes, Andrea (2006): "Cómo ser mujer [oriental] y no morir en el intento. Uruguay, 1975: entre el Año Internacional de la Mujer y el *Año de la Orientalidad*", en I Jornadas "Historia, Género y Política en los 70", Museo Roca, Buenos Aires. Una versión revisada y ampliada fue publicada con el mismo título en *Hilvanando historias: mujeres y política en el pasado reciente latinoamericano*, compilado por Andrea Andújar et.al., Luxemburg, Buenos Aires, 2010, pp. 113-126. Disponible en Internet.

COSSE, Isabella (2003): "Victoria Ocampo, los derechos de las mujeres y la Unión Argentina de Mujeres", VII Jornadas Nacionales de Historia de las mujeres y en el II Congreso Iberoamericano de Estudios de Género, Universidad Nacional de Salta, Salta, Argentina.

GIORDANO, Verónica y Valobra, Adriana (2009): "El divorcio en Argentina: ideas y prácticas sociales en torno a la aplicación de la ley 14.394 de 1954", XII Jornadas Interescuelas y/o Departamentos de Historia, Bariloche.

GIORDANO, Verónica y Valobra, Adriana (2010): "El divorcio vincular en Argentina, 1954. Las repercusiones de su sanción en la prensa masiva y partidaria", Fazendo Gênero 9, Universidad Federal de Santa Catarina, Florianópolis, Brasil.

GRAMMÁTICO, Karin (2010): "La I Conferencia Mundial de la Mujer: México, 1975. Una aproximación histórica a las relaciones entre los organismos internacionales, los Estados latinoamericanos y los movimientos de mujeres y feminista", en Andrea Andújar et.al. (Comps.): *Hilvanando historias: mujeres y política en el pasado reciente latinoamericano*, Luxemburg, Buenos Aires, pp. 101-112.

GUZMÁN Brito, Alejandro (2004): "La influencia del código civil francés en las codificaciones americanas". Disponible en: http://www.senat.fr/colloques/colloque_codification/colloque_codification_mono.html.

MAZA Valenzuela, Erika (1997): "Liberals, Radicals and Women's citizenship in Chile, 1872-1930", Working Paper, Helen Kellogg Institute for International Studies.

NICHNIG, Claudia Regina (2006): "Os movimentos feministas e as mudanças no direito de família", Fazendo Gênero 7, Universidad Federal de Santa Catarina, Florianópolis, Brasil.

QUEIROLO, Graciela (2003): "La mujer en la sociedad moderna a través de los escritos de Victoria Ocampo (1935-1953)", 51° Congreso Internacional de Americanistas, Santiago de Chile, Chile.

SAPRIZA, Graciela (2006): "Sobre el difícil matrimonio. Una indagatoria sobre feminismos e izquierdas en épocas crueles", Fazendo Gênero 7, Universidad Federal de Santa Catarina, Florianópolis, Brasil.

VITALE, Luis (s/f): "Cronología comentada del movimiento de mujeres de Chile". Disponible en: http://mazinger.sisib.uchile.cl/repositorio/lb/filosofia_y_humanidades/vitale/obras/sys/fmu/e.pdf.